國家出版基金項目

唐仲英基金會資助項目

國家社會科學基金重大項目

日本京都大學藏珍稀漢籍十一種　冊六　楊海崢　主編

附釋音春秋左傳註疏

6

〔西晉〕杜預　註

〔唐〕孔穎達　疏

北京大學出版社
PEKING UNIVERSITY PRESS

日本京都大學藏珍稀漢籍十一種　册六

目　録

附釋音春秋左傳註疏卷五三—卷六〇

1005
東方文化學院京都研究所

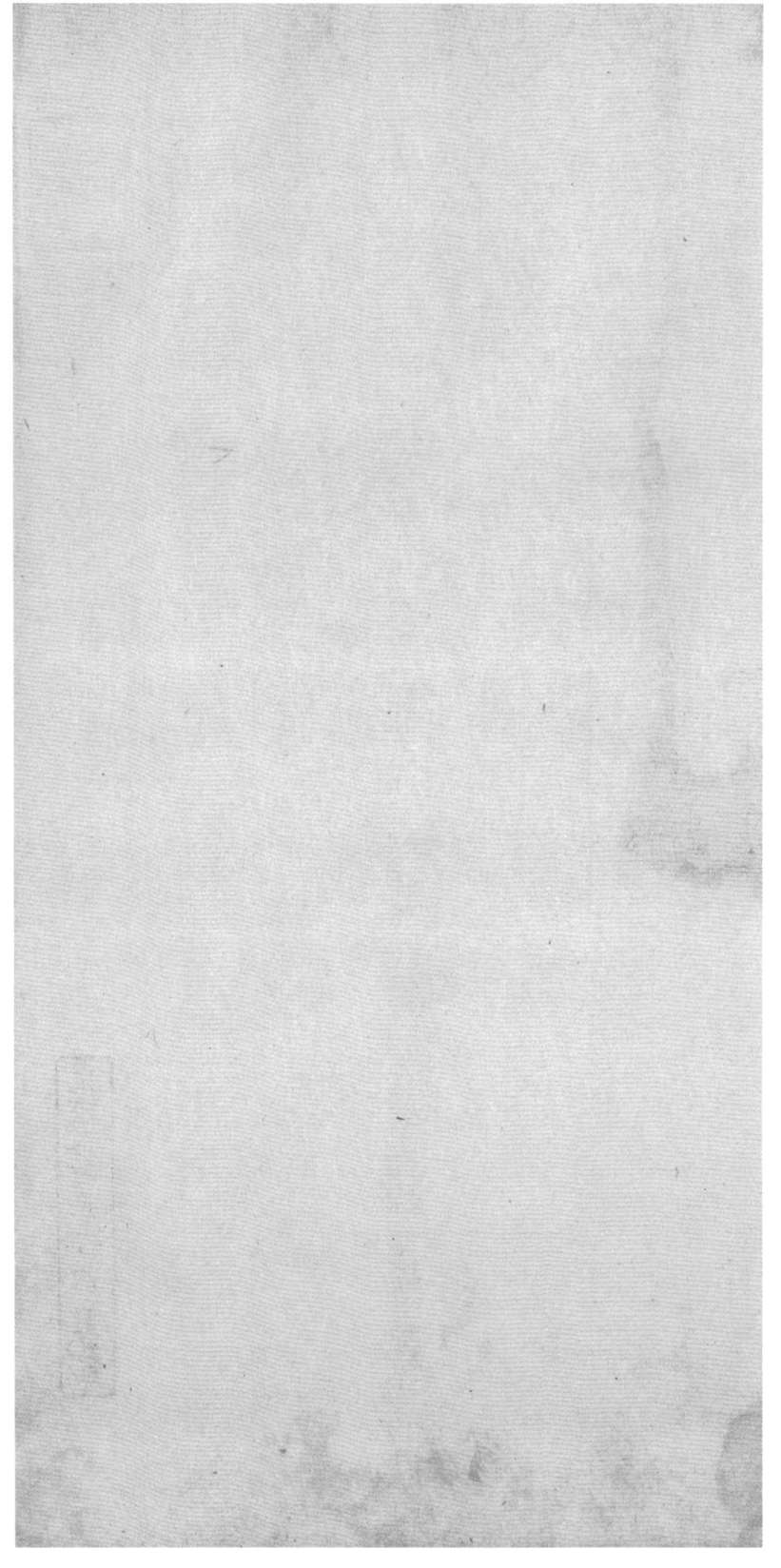

附釋音春秋左傳註疏卷第五十三 昭二十九年盡三十二年

杜氏註　孔穎達疏

經二十有九年春公至自乾侯居于鄆以乾侯至不得見晉侯故〔疏〕注以乾至晉侯故○正義曰二十五年公孫于齊次齊侯唁公于野井二十六年經書公至自齊公雖不至齊都既入齊竟得與齊侯相見故書公至自齊廿八年公如晉次于乾侯雖入晉竟不得與晉侯相見故書至自乾侯以乾侯致告於廟者爲不得見晉侯故也

齊侯使高張來唁公唁公至晉不見受高張高偃子○唁音彥〔疏〕注唁公至晉不見受○正義曰詩毛傳曰弔失國曰唁二十五年公新失國齊侯唁公可矣於此復唁公者公以齊不憂己棄而適晉竟不得晉人矜之晉侯不肯見公齊侯心復恨公嫌公此與之故遣唁公跡以嗤笑公也故云唁公至晉不見受又恐更復失國故唁之

○公如晉次于乾侯復不見受往乾侯○復扶又反

○夏四月庚子叔詣卒無傳

○秋七

月。冬十月鄆潰與傳民逃其上曰潰潰散叛公。○潰戶對反【疏】注民逃至叛公。○正義曰民逃其上曰潰文三年傳例也公自二十六年以來常居于鄆此時公既如晉必留人守鄆鄆人潰散而叛公使公不得更來當是季氏道之使然

傳二十九年春公至自乾侯處于鄆齊侯使高張來唁公稱主君比公於大夫【疏】注比公於大夫。○正義曰傳稱子犯宣子撫荀偃云事吳敢不如事主醫和謂趙文子曰主是謂矣如此之類大夫稱主傳文多矣今高張以齊侯之命稱公為主君以晉不受公故輕海之比公於大夫也子家子曰齊卑君矣君祇辱焉言往事齊適取辱。○祇音支公如乾侯為齊所卑故復適晉冀其見恤。○復扶又反

○三月己卯京師殺召伯盈尹氏固及原伯魯之子皆子朝黨也稱伯魯子終不說學。○召上照反說音悅尹固之復也十二

八年尹固與子朝俱奔楚而道還（疏）注二十至道還○正義曰尹固復之年傳雖不載以婦人元之云其過三歲乎知以二十六年在道而還至此爲三歲也有婦人遇之周郊尤之曰處則勸人爲禍行則數日而反是夫也其過三歲乎夏五月庚寅王子趙車入于鄻以叛陰不佞敗之趙車子朝之餘也見王殺伯盈等故叛鄻周邑○數所主反鄻列勉反平王每歲賈馬賈買也○賈古買反具從者之衣屨而歸之于乾侯公執歸馬者賣之賣其馬乃不歸馬衛侯來獻其乘馬曰啓服啓服馬名○乘如字（疏）注啓服馬名○正義曰釋畜云馬前右足白啓郭璞曰左傳曰啓服詩云兩服上襄鄭玄云兩服中央夾轅者此馬名啓公用以夾轅故以啓服爲名也塹而死隋塹死也○塹七豔反公將爲之櫝爲作棺也○將爲如字

音子偽反積徒木反爲作于偽反下同子家子曰從者病矣請以食之乃以幃裹之禮曰敝幃不弃爲埋馬也○食音似裹古火反【疏】注禮曰敝至馬也
正義曰檀弓文也禮有埋馬之法子家子請以馬肉食從者以公將爲之櫝所以深抑之公感子家子之言方始依禮以帷裹之史記滑稽傳云楚莊王有所愛馬衣以文繡置之華屋之下席之以露牀啗之以棗脯馬病肥死欲以棺椁大夫禮葬之優孟者故楚之樂人也多辯常以談笑風諫於是入門大哭王驚而問其故優孟曰馬者王之所愛也以楚國之大何求不得而以大夫禮葬之薄請以人君禮葬之王曰何如對曰臣請以彫玉爲棺文梓爲椁發甲卒爲穿壙老弱負土廟食大牢奉以萬戶之邑諸侯聞之皆知大王賤人而貴馬也王曰寡人過一至於此爲之奈何優孟曰請大王以六畜葬之以壠竈爲椁銅歷爲棺齎以薑棗薦以木蘭祭以粳稻衣以火光葬之人腸於是王乃使以馬屬大官無令天下聞之續亦久之類也公賜公衍羔裘使獻龍輔於齊侯龍輔【疏】注龍輔玉名○正義曰周禮使澤國用龍節皆金也以英蕩輔之杜子春云蕩謂以函器盛此節謂鑄金

爲龍以玉爲函韜盛龍節謂之龍韜此獻函不獻節故直云獻龍輔玄鄉云盛龍節之玉函耳案說文云龍禱旱玉也爲龍文又玉人云上公用龍今輔與龍連文故云龍輔玉名蓋用此意遂入羔裘齊侯喜與之陽穀陽穀齊邑公衍公爲之生也其母皆出出之産舍【疏】注出之産舍○正義曰內則云妻將生子及月辰居側室夫使人日再問之作而自問之妻不敢見使姆衣服而對至于子生夫復使人日再問之夫齊則不入側室之門子生男子設弧於門左女子設帨於門右三日始負子男射女否然則産舍是側室也公衍先生公爲之母曰相與偕出請相與偕告留公衍所使待己共白公三日公爲生其母先以告公爲爲兄公私喜於陽穀而思於魯曰務人爲此禍也務人公爲也始與公若謀逐季氏且後生而爲兄其誣也久矣乃黜之而以公衍爲大子

○秋龍見于絳郊絳晉國都○見賢遍反下見龍朝夕見皆同魏獻子問於蔡墨蔡墨晉太史曰吾聞之蟲莫知於龍以其不生得也謂之知信乎對曰人實不知非龍實知言龍無知乃人不知之耳○莫知音智下謂之知實知注無知同○【疏】人實至實知○正義曰人以龍不可生得而謂之爲知者此是人實不知非是龍實能知言龍可生得非是不生得也故說古有養龍之事以證龍可生得也以人不知有此事故今說之古者畜龍故國有豢龍氏有御龍氏豢御養也○豢音患【疏】注豢御養也○正義曰服虔曰豢養也穀食曰豢御亦養也養馬曰圉禮養犬豕曰豢知其以穀養之龍亦食穀也御與圉同言養龍猶養馬故稱御獻子曰是二氏者吾亦聞之而知其故是何謂也對曰昔有飂叔安飂古國也叔安其君名○飂力彫反有裔子曰董父裔遠也玄孫之

後爲裔○裔以制反實甚好龍能求其耆欲以飲食之龍多歸之乃擾畜龍以服事帝舜帝賜之姓曰董擾順也○好呼報反耆市志反飲於鴆反下同食之音嗣下不能食飲食之食夏后同擾而小反【疏】乃擾畜龍○正義曰擾順也順龍之所欲而畜養之氏曰豢龍豢龍官名官有世功則以官名封諸鬷川鬷夷氏其後也鬷水上夷皆董姓○鬷子工反【疏】注鬷水至董姓○正義曰鄭語云黎爲高辛氏火正命之曰祝融其後八姓董姓鬷夷豢龍則夏滅之矣是也故帝舜氏世有畜龍及有夏孔甲擾于有帝孔甲少康之後九世君也其德能順於天○夏戶雅反下皆同少詩照反下少皞同【疏】注孔甲至九世○正義曰帝王世紀云少康子帝杼杼子帝芬芬子帝芒芒子帝泄泄子帝不降不降弟帝扃扃子帝廑也至帝孔甲孔甲不降子帝賜之乘龍河漢各二合爲四○乘繩證反河漢各二服云河漢各一乘【疏】注合爲四

正義曰服虔云四頭爲乘四乘十六頭也傳言賜之乘龍則之一乘之龍也即云河漢各二是河漢共一乘也又云各有
雌雄是河漢之二皆一雌一雄也故杜以爲合爲四各有雌雄孔甲不能食
而未獲豢龍氏有陶唐氏既衰其後有劉累
陶唐堯所治地○治直吏反學擾龍于豢龍氏以事孔甲能
飲食之夏后嘉之賜氏曰御龍夏后孔甲以更豕
韋之後更代也以劉累代彭姓之豕韋累尋遷魯縣豕韋復國至商而滅累之後世復承其國爲豕韋氏[illegible]
襄二十四年○更音庚注同復扶又反疏注更代至四年○正義曰傳言以更豕韋之後則豕韋是舊國其
君以劉累代之鄭語云祝融之後八姓大彭豕韋爲商伯矣又云彭姓彭祖豕韋則商滅之矣如彼文豕韋之國至商乃
滅於夏王孔甲之時彭姓豕韋未全滅也下文云劉累懼而遷于魯縣明是累遷之後豕韋復國至商乃滅耳襄二十四
年傳說宣子自言其祖在夏爲御龍氏在商爲豕韋氏則劉累子孫復封豕韋非其事知累之後世更復其國爲豕韋

氏也舊無此辭杜自爲證故云在襄二十四年龍一雌死潛醢以食夏后潛藏也藏以爲醢明龍不知○醢音海知音智夏后饗之既而使求之求致龍也懼而遷于魯縣不能致龍故懼遷魯縣自貶退也魯縣今魯陽也○范氏其後也晉范氏也獻子曰今何故無之對曰夫物物有其官官脩其方方法術朝夕思之一日失職則死及之失職有罪○朝如字下朝夕皃同失官不食不食祿○官宿其業宿猶安也其物乃至設水官脩則龍至若泯弃之物乃坻伏泯滅也坻止也○泯彌忍反坻音旨又丁禮反鬱湮不育鬱滯也湮塞也育生也○湮音因

【疏】夫物至不育○正義曰此論致能之事物謂龍也夫物物各有其官當謂如龍之輩盖言鳳皇麒麟白虎玄龜之屬每物各有其官主掌之也其人居此官者脩其爲官方術從朝至夕終日脩之若一日失其所掌之

職令其官方不理則有死罪及之居官者當死失其官方則不得食祿得死罪是不食祿也居官者安其爲官之業使職事脩理則其所掌之物乃自生至水官脩則龍至其餘亦當然也若滅棄所掌之事令職事不脩則其物乃止息而潛伏沉滯湮塞不復生育以此故不可生而得也。注宿猶安也。正義曰夜宿所以安身故云宿猶安也謂安心思其職業服虔云宿思也今日當預思明日之事如家人宿火矣玄卿以服義大迂曲。注泯滅也坻止也。正義曰釋詁文也上言官宿其業其物乃至職業不脩則物不至物雖不至尚有物在若滅棄所掌職事不理則其物止而潛伏不復生育乃令雖有此物不至而已。注鬱滯也湮塞也。正義曰賈逵云然杜用之也鬱積是沉滯之義故爲帶也塞并是也言此塞不生也

故有五行之官是謂五官實列受氏姓封爲上公爵上公【疏】實列受氏姓正義曰列謂五官皆然也人臣有大功者天子封爲國君又以國爲氏言其得封又得姓兼受之也

祀爲貴神社稷五祀是尊是奉五官之君長能脩其業者死皆配食於五

行之神爲王者所尊奉○長丁丈反下文同【疏】注五官至尊奉○正義曰五官之君長死則皆爲貴神王者社稷五祀則尊奉之如祭則食於五行之神即下重該脩熙犂是也王者祭木火土金水之神而以此人之神配之此非專祭此人也分五行以配四時故五行之神句芒祝融之徒皆以時物之狀而爲之名此五者本爲五行之神作名耳非與重該之徒爲名也晉語云虢公夢在廟有神人面白毛虎爪執鉞行西河公懼而走神曰無走帝命曰使晉襲于爾門公拜稽首覺召史嚚占之對曰如君之言則蓐收也天之刑神也如彼文虢公所夢之狀必非該之貌自是金神之形耳由此言之知句芒祝融玄冥后土之徒皆是木火水土之神名非所配人之神名也雖本非配人之名而配者與之同食亦謂取彼神名以爲配者神名猶社本土神之名稷本穀神之名配者亦得稱社稷也此五行之官配食五行之神天子制禮使祀焉是爲王者所尊奉也

木正曰句芒注正官長也取木生句曲而有芒角也其祀重焉○句古侯反注及下皆同重直龍反下文同【疏】注正官至重焉○正義曰正訓爲長故爲官長木官之最長也其火金水土正亦然賈逵云摠言萬物句芒非專木生如句杜誤耳木正順春萬物始生句而有芒角杜獨言木者以木爲其

主故經云六工且木比萬物芒角爲甚故舉木而言劉炫以杜不取賈義而獨舉於木而規杜非也**火正曰祝融**焉○犂力兮反【疏】注祝融至犂焉○正義曰杜不解祝則謂祝融二字共爲明貌祝也賈逵云夏陽氣明朗祝甚也融明也亦以夏氣爲之名耳鄭語云黎爲高辛氏火正以淳燿敦大光明四海故命之曰祝融祝融如彼文又似由人生名者彼以其官掌夏德又稱之故以夏氣昭明命之耳**金正曰蓐收**秋物摧蓐而可收也其祀該焉○蓐音辱本又作辱摧祖回反**水正曰玄冥**水陰而幽冥其祀脩及熙焉○冥亡丁反**土正曰后土**土爲羣物主故稱后也其祀句龍焉在家則祀中霤在野則爲社○霤力救反【疏】注土爲至爲社○正義曰后者君也羣物皆土所載故土爲羣物之主以君言之故云后土也賈逵云句芒祀於戶祝融祀於竈蓐收祀於門玄冥祀於井后土祀於中霤鄭玄云在家則祀中霤是同賈說也家謂宮室之內對野爲文故稱家非謂大夫之家也言在野者對家爲文雖在庫門之內尚無宮室故稱野且卿大夫以下社在野田故周禮大司徒云辨其邦國都鄙之數制其畿疆而溝封之設其社稷之壝而樹之田主各以其野之所

草木遂以名其社鄭玄云社稷后土及田正之神田主田神后土田正之所依也詩人謂之田祖所宜木謂若松栢栗也是在野則祭爲社也此野田之社民所共祭即月令仲春之月擇元日命人社是也劉炫云天子以下俱荷地德皆當祭地但名位有高下祭之有等級天子祭地祭大地之神也諸侯不得祭地使之祭社也家又不得祭社使祭中霤也霤亦地神所祭小故變其名賈逵以句芒祀於戶云云言雖天子之祭五神亦如此耳社以別祭五行神以五官配之非祀此五神於門戶井竈中霤也門戶井竈直祭門戶等神不祭句芒等也唯有祭后土者亦是土神故特辨之云在家則祀中霤在野則爲社言彼與中霤亦是土神但祭有大小郊特牲云社所以神地之道也地載萬物取財於地教民美報焉家主中霤而國主社示本也是在家則祀中霤也大司徒以下同此禮也

龍水物也水官弃矣故龍不生得弃廢也

【疏】龍水至生得○正義曰漢氏先儒說左氏者皆以爲五靈配五方龍屬水鳳屬火麟屬土白虎屬金神龜屬水其五行之次木生火火生土土生金金生水水生木王者脩其母則致其子水官脩則龍至木官脩則鳳至火官脩則麟至土官脩則白虎至金官脩則神龜至故爲其說云視明

禮脩而麟至思睿信立而白虎擾言從文成而神龜在沼聽聰知正而名川出龍貌共體仁則鳳皇來儀皆脩其母而致其子也解此龍水物者言龍為東方之獸是此方水官之物也水官廢矣故龍不生得言毋不脩故子不至也杜氏既無其說未知與舊同否此下不注以與舊說異成當以為龍是水內生長故為水官之物水官廢矣故龍不生得言水官不脩故無水內之靈獸也若如此解則上云物有其官當謂五靈之物各各自有其官官能脩理各自致物龍是水內之物可令水官致龍其鳳皇麟虎之輩共在天地之間不是寢金食火赤生土出未知何官致鳳何官致虎未測杜旨不可強言是用闕疑以俟來哲

不然周易有之易無緣有龍言若不尔周在乾䷀乾下乾上乾○乾其運反本亦作乾之姤䷫巽下乾上姤乾初九變○姤古豆反曰潛龍勿用乾初九爻辭○爻户交反其同人䷌離下乾上同人乾九二變曰見龍在田乾九二爻辭其大有䷍乾下離上大有乾九二變曰飛龍在天乾九五爻辭其夬䷪乾下兌上夬乾上九變○夬古快反兌徒外反曰亢龍

有悔乾上九爻辭○亢苦浪反其坤䷁坤上坤下坤乾六爻皆變○坤本又作巛空門反
曰見羣龍無首吉乾用九爻辭坤之剝䷖坤下艮上剝坤上六
變○剝邦角反艮古恨反曰龍戰于野上爻辭疏在乾至于野○正義曰傳例上下雖
不用筮但指此卦某爻之義者即以某爻之變更別爲卦即
云此卦之某卦則此乾之姤宣十二年師之臨是也劉炫云
杜以之爲適炫謂易之爻變則成一卦遂以彼卦名爻乾之
初九姤卦爻九二同人爻九五大有爻上九夬卦爻用九全
變則成坤卦故謂用九爲坤蔡墨此意取易文耳非揲蓍求
卦安有之適之義若以之爲之適則其非之適之意何以言
其同人其大有此本當言初九九二但以爻變成卦即以彼
卦名爻其意不取於之適所言其同人其大有猶引詩言其
二章其三章先引初九故言乾卦之姤爻初九言乾以下不
復須云乾故言其同人其大有就乾卦而其之其此同人爻
其此大有爻以下文勢悉皆若是也○之姤○正義曰巽下
乾上姤乾之初九爻變而成姤卦也其彖曰姤遇也柔遇剛
也乾爲天爲剛巽爲風爲柔風行必有所遇猶女行而遇男
故名此卦爲姤也○注乾初九爻辭○正義曰蔡墨此言取

易有龍字而已無取於易之義理故杜注唯指其辭之所在不解其辭之意其說易者自具於此不復煩言也○同人○正義曰離下乾上同人乾之九二爻變而成同人之卦也其象曰天與火同人天體在上火性炎上同于天也猶君設政教而臣民從之和同之義故名此卦爲同人也服虔云天在上火炎上同于天天不可同故曰同人○大有○正義曰乾下離上大有乾之九五爻變而成大有之卦也其彖曰大有柔得尊位大中而上下應之曰大有柔得尊位謂六五也五位尊而柔居之處尊以柔居中以大體無二陰以分其應上下應之無所不納大有之義故名此卦爲大有○夬○正義曰乾下兑上夬乾之上九爻變而成夬卦也其彖曰夬決也剛決柔也此卦五陽而決一陰乾爲天爲剛爲健兑爲澤爲柔之說以剛正決柔邪故名此卦爲夬○注乾用九爻辭○正義曰乾之六爻皆陽坤之六爻皆陰以二卦其爻既純故別總其用而爲之辭故乾有用九坤有用六餘卦其爻不純無總用也六爻皆變乃得總用乾之六爻皆變則成坤卦故謂用九之辭爲其坤也六爻既變而不用卦下之辭者周易用變卦下之辭非變又無龍文史墨指說於龍故以用爲語○坤之剥○正義曰坤下艮上剥坤之上六爻變而成剥卦也其彖曰剥剥也柔變剛也剥卦五陰而一陽陰漸長而滅

陽猶邪長而剥損正道故名此卦爲剥也若不朝夕見誰能物之物謂所稱龍名不同也今説易者皆以龍喻陽氣如史墨之言則爲皆是真龍【疏】若不至物之○正義曰蔡墨言古者龍可生得人皆見之故周易之辭以龍爲喻若使龍不朝夕出見誰能知其動靜而得以物名之易言潛龍飛龍亢龍戰之等明是見其飛潛見其戰鬬而得以物名之是知龍可生得古人見龍形也獻子曰社稷五祀誰氏之五官也問五官之長皆是誰對曰少皞氏有四叔○少皞金天氏皞戶老反【疏】少皞氏有四叔○正義曰少皞氏有四叔四叔是少皞之子孫非一時也未知於少皞遠近也四叔出於少皞耳其使重爲句芒非少皞使之世族譜云少皞氏其官以鳥爲名然則此五官皆在高陽之世也楚語云少皞氏之衰也九黎亂德民神雜擾不可方物顓頊受之乃命南正重司天以屬神命火正黎司地以屬民是則重黎居官在高陽之世也又鄭語云黎爲高辛氏火正命之曰祝融則黎爲祝融又在高辛氏之世案世本及楚世家云高陽生稱稱生卷章卷章生黎如彼文黎是顓頊之曾孫也楚語云少皞之衰顓頊受之即命重黎似是即

位之初不應即得命曾孫爲火正也少皥世代不知長短顓頊初已命黎至高辛又加命不應一人之身緜歷兩代事旣久遠書復散亡如此參差難可考校世家云共工作亂帝嚳使黎誅之而不盡帝誅黎而以其弟吳回爲黎復居火正爲祝融即如此言黎或是國名官號不是人之名字顓頊命黎高辛命黎未必共是一人傳言世不失職二者或是父子或是祖孫其事不可知也由此言之少皥四叔未必不有在高辛世者也此五祀者居官有功以功見祀不是一時之人脩熈相代爲水正即非一時也且傳言世不失職便是積世能官其功益大非是暫時有功遂得萬世承祀明是歷選上代取其中最有功者使之配食亦不知初以此人配食何代聖王爲之盡在高辛唐虞之世耳

曰重曰該曰脩曰熈實能金木及水能治其官○重直龍反該古咳反使重爲句芒木正該爲蓐收金正脩及熈爲玄冥二子相代爲水正世不失職遂濟窮桑此其三祀也窮桑少皥之號也四子能治其官使不失職濟成少皥之功死皆爲民所祀窮桑地在魯北

〔疏〕注窮桑至魯北○正義曰

窮桑少皞之號帝王世紀亦然賈逵云處窮桑以登爲帝故天下號之曰窮桑帝賈以濟爲渡也言四叔子孫世不失職遂濟少皞之世杜以少皞之世以鳥名官不得有木正火正故以濟爲成四子能治其官使不失職濟成少皞之功言少皞有五功子孫能成之故死皆爲民所祀也少皞居窮桑定四年傳稱封伯禽於少皞之虛故云窮桑地在魯北土地名窮桑闕言在魯北相傳云耳 **顓頊氏有子曰犂爲祝融** 犂爲火正。顓音專頊許玉反 **共工氏有子曰句龍爲后土** 共工在大皞後神農前以水名官其子句龍能平水土故死而見祀。共音恭（疏）注共工至見祀。正義曰十七年傳郯子言前世名官從下而上先言炎帝以火名次言共工以水名次言大皞以龍名是共工在大皞後神農前以水名官者也祭法曰共工氏之霸九州也其子曰后土能平九州故祀以爲社能平九州是能平水土也言共工有子謂後世子耳亦不知句龍之爲后土在於何代少皞氏既以鳥名官此當在顓頊以來耳 **此其二祀也后土爲社** 方荅社稷故明言爲社（疏）注方荅至爲社。正義曰獻子問社稷五祀既荅五祀當更荅社稷但句龍既爲后土又亦配社祭墨既答五祀方答社稷故明言后土爲社也稷田正也掌播殖也（疏）稷田正也○正義曰月令云孟春行冬令則首種不入鄭玄云首種謂稷也周語云宣王不藉千畝虢文公諫曰民之大事在農是故稷爲大官然則百穀稷爲其長遂以稷名爲農官之長正長也稷是田官之長有烈山氏之子曰柱爲稷烈山氏神農世諸侯。烈如字礼記作厲山（疏）烈山至諸侯○正義曰魯語及祭法皆云烈山氏之有天下也其子能殖百穀故祀以爲稷言有天下則是天子矣杜注不得爲諸侯也賈逵鄭玄皆云烈山炎帝之號杜言神農世諸侯者案帝王世紀神農本起烈山然則初封烈山爲諸侯後爲天子猶帝堯初爲唐侯然也若然烈山即神農而云神農世爲諸侯者案世祀神農爲君摠有八世至揄罔而滅亦稱神農氏是摠號神農也故烈山氏得於神農之世爲諸侯後爲神農也劉炫以爲烈山氏即神農非諸侯而規杜非也此及魯語皆云其子鄭柱祭法云農者劉炫云蓋柱地名其官曰農猶呼周棄爲稷自夏以上祀之祀柱○上時掌反周棄亦爲稷棄周之始祖能播百穀湯既勝夏廢柱而以棄代之（疏）注棄周至代之○正義曰棄爲周之始祖能播殖百穀經傳稱有其事以其後世有天下號國曰周故以周冠棄棄時未稱周也書序云湯既勝夏欲遷其社不可作夏社孔安國云湯承堯舜禪代之後順天應人逆取順守而有慙德故革命創制改正易服變置社稷而後世無及句龍者故不可而止是言成湯變置社稷之由也湯於帝世年代猶近功之多少傳習可知故得量其優劣故改易祀典意欲遷之而無及句龍棄功乃過於柱廢柱以棄爲稷也其五祀之神亦不聽之者若更有賢能亦應遷去但其功莫之非先帝王之所改易故但求過萬代常在祀典良由後世之臣弱於前代之臣謙讓不敢也自商以來祀之傳言蔡墨之博物○冬晉趙鞅荀寅帥師城汝濱趙鞅趙武孫也荀寅中行荀吳之子汝濱晉所取陸渾地○濱音賓行戶郎反遂賦晉國一鼓鐵以鑄刑鼎令晉國各出功力共鼓石爲鐵計令一鼓而足因軍役而爲之故言遂○鑄之樹反令力呈反【疏】注令晉至言遂○正義曰服虔云鼓量名也曲禮曰獻米者操量鼓取晉國一鼓鐵以鑄之但禮之將命置重而執輕鼓可操之以將命耶豆區之類亦大器也雖用一鼓則不足以成鼎家賦一鼓而

鐵又六冬且金鐵之物當稱之以權衡數之以鈞石寧用量
米之器量之哉故杜以為賦晉國若令民各出功力均賦取
其功也冶石為鐵用橐鞴扇火動橐謂之鼓今時俗語猶然令
衆人鼓石為鐵計令一鼓使足故云賦晉國一鼓鐵也遂者
因上生下之辭因賦汝
濱遂鑄刑鼎故言遂也著范宣子所為刑書焉仲
尼曰晉其亡乎失其度矣夫晉國將守唐叔
之所受法度以經緯其民卿大夫以序守之
序位
次也（疏）晉節至刑書○正義曰范宣子制作刑書施於晉
國自使朝廷承用未嘗宣示下民今荀寅謂此等
宣子之書可以長為國法故鑄鼎而銘之以示百姓
猶前鄭鑄刑鼎仲尼譏之其意亦與叔向譏子産同民是
以能尊其貴貴是以能守其業貴賤不愆所
謂度也（疏）民是至度也○正義曰守其舊法民不敢犯
臨時制宜輕重難測民是以能尊其貴畏其
威刑也官有正法民常畏威貴是以能守其業保祿位也貴
者執其權柄賤者畏其威嚴貴賤尊卑不愆此乃所謂度矣

言所謂法度正如此是也文公是以作執秩之官爲被廬之法僖二十七年文公蒐被廬脩唐叔之法○被皮義反廬力居反蒐本又作搜所求反以爲盟主今弃是度也而爲刑鼎民在鼎矣何以尊貴弃禮徵書故不尊貴貴何業之守民不奉上則上失業貴賤無序何以爲國疏今弃至爲國○正義曰今弃是貴賤常度而爲刑書之鼎民知罪之輕重在於鼎矣貴者斷獄不敢加增已犯罪者取驗於書更復何以尊貴威權在於鼎民不忘上貴復何業之守貴之所以爲貴只爲權勢在焉勢不足畏故業無可守貴无可守則賤不畏威貴賤既无次序何以得成爲國且夫宣子之刑夷之蒐也晉國之亂制也范宣子所用刑乃夷蒐之法也夷蒐在文六年一蒐而三易中軍帥賈季箕鄭之徒遂作亂故曰亂制○帥所類反疏注范宣至亂制○正義曰於時晉侯將以士穀梁益耳將中軍先克曰狐趙之勳不可廢也以狐射姑將中軍趙盾佐之陽處父改蒐于董更以趙盾將中軍狐射姑佐之是

一蒐而三易中軍帥三易者士穀梁益耳將中軍是易代前以是一易也狐射姑將中軍是二易也又趙盾將中軍是三易也致使賈季箕鄭之徒怨恨而作亂其事文公傳具矣因此蒐而有此亂故曰晉國之亂制若之何以
爲法蔡史墨曰范氏中行氏其亡乎蔡史墨即蔡墨中
行寅爲下卿而干上令擅作刑器以爲國法
是法姦也又加范氏焉易之亡也范宣子刑書中既廢矣於復興之是成其咎○擅市戰反復扶又反咎其九反【疏】又加至亡也○正義曰宣子刑書既已廢矣今復變易興之以成其滅亡也劉炫云范氏取蒐之法以爲國制雖則爲非書已廢矣縱應有禍亡與咎已歇今荀寅更述其事又加增范氏之惡焉范氏已欲免禍今復改易之而使亡其及趙氏趙孟與焉然不
得已若德可以免鑄刑鼎本非趙鞅意不得已而從之若能脩德可以免禍爲定十三年荀寅士吉射入朝歌以叛○與音預朝如字

經三十年春王正月公在乾侯釋不朝正于廟夏六月庚辰晉侯去疾卒未同盟而赴以名○去起呂反○秋八月葬晉頃公三月而葬速○頃音傾疏頃公○正義曰謚法慈仁和民曰頃○冬十有二月吳滅徐徐子章羽奔楚徐子稱名以名告也

傳三十年春王正月公在乾侯不先書鄆與乾侯非公且徵過也徵明也二十七年二十八年公在鄆二十九年公在乾侯而經不釋朝正之禮者所以非責公之妄且明過誤猶可掩故不顯書其所在使若在國然自是鄆人潰叛齊晉卑公子家忠謀終不能用內外弃之非復過誤所當掩塞故每歲書公所在○徵直升反或本作懲誤復扶又反疏春王至過也○正義曰經書公在乾侯者季氏以北告朝釋公不得朝正故國史書之于策也釋例曰昭公之孫每正月必書者以遜告廟也公二十五年始出居鄆及乾侯累歲居外而仲尼不書于經故傳曰不先書鄆與乾侯非公且徵過也既以非

責公之妄且明過謬之可掩故不顯書其在外使若在國然也自三十年至於終沒則皆顯書其所在之地傳皆隨年而互言其事明罪之在公非復過謬也三代封建自上及下降殺以兩君不亢高臣不極卑彊弱相參衆力相須賢愚相厠故雖有昏亂之君亦有忠賢之輔我周東遷晉鄭是依無知之亂實獲小白驪姬之妖重耳以興天下雖瓦解而不土崩海內雖鼎沸而不盆溢天生季氏以二魯侯季氏未有簒奪之惡公雖失志亦無抽筋倒懸之急聽用隷豎寵倖之私既不能強又不能弱所以自死於外見貶於春秋也是言罪在公書公在之意也杜言見貶於春秋者公當在國治民每歲書公在外是其貶責公也劉炫云序云諸言不書皆仲尼新意然則前三年魯史皆書公在仲尼去之仲尼所以不於此先書公在鄆與乾侯者所以非公之妄妄伐季氏且明過謬猶可掩此年書者自是鄆人潰叛云云此年云非公且徵過三十一年云言不能外內三十二年云言不能外內又不能用其人每歲發傳言公之罪也○注欲明至所在○正義曰不先書鄆與乾侯一事之中有兩種之意一者非責公之妄一者明公過謬猶可掩也非責公之妄者以君舉必書公在乾侯與鄆臣子當委曲詳錄今輒畧不記似若不足可錄然所以非責公之妄也明公過謬猶可掩者被臣所逐出居於

外若顯然書之則恥惡尤甚故隱而不書猶若在國欲明公過謬之失尚可容掩也此以微爲明明公過可掩也襄二十八年傳云王人來告喪問崩日以甲寅告故書之以徵過徵亦爲明明告喪者之過也彼言徵審也審其事知無他故以明其過失也服虔云非公且徵過昭公無道久在外季氏非公不肯釋言公在某地春秋之義亦以不書徵季氏之過此年書者公不得入晉外內有困辱季氏悶而釋之所謂事君如在國案明年傳云言不能外內又明年傳文言不能外內又不能用其人皆是傳說經意非責昭公不是季氏非公也即如服言往前季氏非公不肯釋公所在此年以後方始悶而釋之所謂事君如在國則往前未得之時不如在國矣二十七年扈之會范獻子何以已言季氏事君如在國也季氏奪公鄆邑與公交戰行貨齊晉使不納公禱于煬宮求君不入及其死也猶欲絕其兆域加之惡謚閔公之事復安在乎

○夏六月晉頃公卒秋八月葬鄭游吉弔且送葬魏獻子使士景伯詰之曰悼公之喪子西弔子蟜送葬在襄十五年○詰起吉反蟜居表反今吾子無貳

何故弔喪共使。使所吏反對曰諸侯所以歸晉君禮也禮也者小事大大字小之謂事大在共其時命隨時共所求。共音恭注及下同字小在恤其所無以敝邑居大國之間共其職貢與其備御不虞之患豈忘共命言不敢忘共命以新備御者多不及辨之。御魚呂反注同辨皮莧反先王之制諸侯之喪士弔大夫送葬唯嘉好聘享三軍之事於是乎使卿晉之喪事敝邑之間先君有所助執紼矣紼輓索也禮送葬必執紼。好呼報反間音閒下同紼音弗輓本又作輓音晚索悉各反【疏】注紼輓至執紼。正義曰紼禮或作綍禮記緇衣云王言如絲其出如綸王言如綸其出如綍綍是大繩也周禮天子葬用六綍喪大記君葬用四綍大夫葬用二綍紼爲葬之所用是輓索也案禮雜記諸

侯執紼五百人大夫三百人鄭玄云天子蓋千人也天子諸
侯之喪殯于西序而畫紼焉備火災而塗之也王制云喪三
年不祭唯祭天地社稷爲越紼而行事謂喪在殯踰紼而行
祭也周禮大司徒云大喪帥六鄉之衆庶屬其六引又遂人
云大喪帥六遂之役屬六紼鄭玄云喪大記注云在棺曰紼行
道曰引至壙將窆又曰紼是紼引一物從所在而異名耳禮
送葬必執紼曲禮文也鄭玄云葬喪之大事紼引車索也鄭
之文先君親送晉侯葬者傳無其文游吉今言之蓋亦嘗有矣不得知也

若其不閒雖士大夫有所不獲數矣王禮數大國之惠亦慶其加慶善也謂善其君自行而不討其乏明厎其情厎致也。厎音旨取備而已以爲禮也靈王之喪在襄二十九年【疏】慶其至而已。○正義曰善其有加不討其乏明知鄭國致其情實取充備而已我先君簡公在楚我先大夫印段實往敝邑之少卿也少年少也。○印一刃反少詩照反注同【疏】我先君簡公在楚○正義曰由簡公在楚上卿守国故少卿行耳鄭玄以爲簡公若在君當自行其言非傳旨也王吏不討恤所無也今大夫曰女盍從舊盍何不也○女音汝盍胡臘反下同舊有豐有省不知所從從其豐則寡君幼弱是以不其從其省則吉在此矣唯大夫圖之晉人不能詰傳言大叔之敏○省所景反下同○吳子使徐人執掩餘使鍾吾人執燭庸二十七年奔故二公子奔楚楚子大封而定其徙大封與土田定其所徙之居使監馬尹大心逆吳公子使居養二子奔楚楚使逆之於竟也養即所封之邑○監古銜反竟音境莠尹然左司馬沈尹戍城之城養○莠音誘取於城父與胡田以與之胡田胡子之地將以害吳也子西諫

曰吳光新得國而親其民視民如子辛苦同之將用之也若好吳邊疆使柔服焉猶懼其至柔服謂不與吳構怨○若好呼報反一本作吾好疆居良反吾又疆其讎以重怒之無乃不可乎讎謂二公子○重直用反吳周之冑裔也而棄在海濱不與姬通今而始大比于諸華光又甚文將自同於先王先王謂大王王季亦自西戎始比諸華○冑直又反大王音泰不知天將以為虐乎使翦喪吳國而封大異姓乎其抑亦將卒以祚吳乎其終不遠矣言其事行可知不久○喪息浪反祚字故反我盍姑億吾鬼神億安也○億於力反而寧吾族姓以待其歸善惡之歸將焉用自播

揚焉（播揚猶旁動也○焉於虔反　播波我反又波賀反注同）王弗聽吴子怒冬十二月吴子執鍾吾子遂伐徐防山以水之（防壅山水以灌徐○壅於勇反灌古亂反）己卯滅徐徐子章禹斷其髮（斷髮自刑示懼○斷丁管反注同）攜其夫人以逆吴子吴子唁而送之使其邇臣從之遂奔楚（遂近也）楚沈尹戌帥師救徐弗及遂城夷使徐子處之（夷城父也）吴子問於伍員曰初而言伐楚（在二十年○員音云）余知其可也而恐其使余往也又惡人之有余之功也今余將自有之矣伐楚何如對曰楚執政衆而乖莫適任患若爲三師以肆焉（肆猶勞也○惡烏路

反適丁歷反任音壬肄本又作肄以制反下同一師至彼必皆出彼出則歸彼歸則出楚必道敝罷敝於道○罷音皮下文同亟肄以罷之亟數也○亟欺冀反數所角反多方以誤之既罷而後以三軍繼之必大克之闔廬從之楚於是乎始病爲定四年吳入郢傳

經三十有一年春王正月公在乾侯○季孫意如會晉荀躒于適歷適歷晉地○躒力狄反適丁歷反夏四月丁巳薛伯穀卒襄二十五年盟重丘○重直龍反

【疏】注襄二至重丘○正義曰傳言同盟故書此穀與魯昭公皆同盟矣薛於重丘以前謚穀與魯曾盟而薛入春秋以來卒葬不見經傳未知此穀以何年即位故卒夫今近者言之○晉侯使荀躒唁公于乾侯將使意如

迎公故荀躒來言○秋葬薛獻公无傳○冬黑肱以濫來奔黑肱邾大夫濫東海昌慮縣不書邾史闕文○濫力甘反或力暫反慮音閭又如字【疏】注不書邾史闕文○正義曰公羊穀梁亦以濫爲邾邑而傳解其无邾之意言邾人以濫封此黑肱使爲別國故不繫於邾以非天子所封故无子男爵說其言不可通於左氏左氏无傳明是闕文二傳見其文闕而妄爲說耳○十有二月辛亥朔日有食之

傳三十一年春王正月公在乾侯言不能外內也公內不容於臣子外不容於齊晉所以久在乾侯○晉侯將以師納公范獻子曰若召季孫而不來則信不臣矣然後伐之若何晉人召季孫獻子使私焉曰子必來我受其無咎言我爲子受无咎之任○咎其九反下同放此召命于膺反【疏】

我受其無咎○正義曰言我爲子受其重任其復子必无咎受其貨故保任之季孫意如會晉

荀躒于適歷荀躒曰寡君使躒謂吾子何故

出君有君不事周有常刑子其圖之季孫練

冠麻衣跣行示憂戚○武如字又勑律反跣素典反（疏）季孫至跣行○正義曰練冠蓋亦喪服斬衰既練之後亦冠也麻衣當是布深衣也問喪云親始死徒跣跣行不屨以其不得事君示已憂戚之深也

伏而對曰事君臣之所不得也敢逃刑命言[illegible]事君君不肯還不敢辟罪

君若以臣爲有罪請因于費以待

君之察也亦唯君若以先臣之故不絕季氏

而賜之死雖賜以死不絕其後○費音秘（疏）不絕至之死○正義曰此季孫躒言罪已之意不絕季氏之祀或更立其子弟直賜其身死而已服虔云言賜不使死是爲以死賜之若賜死即是不殺下句何須更言

弗殺弗亡若弗殺弗亡君之惠也死且不朽若得從君而歸則固臣之願也敢有異心君[illegible]皆謂魯侯也蓋季孫陽言[illegible]已許重以荅荀躒○探他西反夏四月季孫從知伯如乾侯知伯荀躒○知音智子家子曰君與之歸一慙之不忍而終身慙乎公曰諾衆曰在一言矣君必逐之言晉既寡君君一言使晉晉必逐之荀躒以晉侯之命唁公且曰寡君使躒以君命討於意如意如不敢逃死君其入也公曰君惠顧先君之好施及亡人將使歸糞除宗祧以事君則不能見夫人已所能見夫人者有如河夫人謂季孫也言若見季孫已當受禍明如河以自誓○好呼報反施以

臧反恐他歷反夫音扶下及注同荀躒掩耳而走揺公所言示不忍聽曰寡君其罪之恐敢與知魯國之難言恐獲不納君之罪今乃納而不入何敢復來耶○與音預難乃旦反復扶又反臣請復於寡君退而謂季孫君怒未怠子姑歸祭歸攝君事子家子曰君以一乘入于魯師季孫必與君歸公欲從之衆從者脅公不得歸傳言君弱不得復自在○乘繩證反衆從才用反○薛伯穀卒同盟故書嘗明書名也○春秋來薛始書名故發傳經在荀躒唁公上傳在下者欲曾事閒夾入○秋吳人侵楚伐夷侵潛六皆楚邑楚沈尹戌帥師救潛吳師還楚師遷潛於南岡而還吳師圍弦左司馬戌右司馬稽帥師救弦及

豫章（左司馬沈尹戌。○戌音恤，又[illegible]反）。吳師還，始用子胥之謀也。

（[illegible]年○）冬，邾黑肱以濫來奔。賤而書名，重地故也（黑肱非命卿，故曰賤）。君子曰：名之不可不慎也如是（是黑）。夫有所有名而不如其已（有所謂有地也。言雖有名，不如无名已止）。

（[illegible]也）以地叛，雖賤必書地，以名其人，終為不義，弗可滅已。是故君子動則思禮，行則思義，不為利回（回，邪也。○不為，于偽反。下不為同），不為義疚（疚，病也。見義則為之。○疚，久又反）。或求名而不得，或欲蓋而名章，懲不義也。

齊豹為衛司寇，守嗣大夫（守先人嗣，言其尊。○[illegible]引反，下同），作而不義，其書為盜（求名而不得也。二十年，豹殺衛侯兄縶，欲求不畏彊禦之名）。邾

庶其 在襄二十一年 莒牟夷 在五年 邾黑肱以土地出求

食而已不求其名賤而必書 春秋叛者多唯取三人來適魯者三人皆

小國大夫故曰賤 此二物者所以懲肆而去貪也 物事也肆

放也齊豹書盜懲肆也三叛人名去貪也○去起呂反 若艱難其身 身為艱難 以險

危大人 大人在位者 而有名章徹 謂得勇名 攻難之士將

奔走之 走猶作也奔走猶赴趣也○難乃旦反 若竊邑叛君以徼大

利而無名 謂不書其人名○徼古堯反 貪冒之民將寘力焉

盡力為之不顧於見書○冒亡北反又亡報反寘之豉反 是以春秋書齊豹曰盜

三叛人名以懲不義數惡無禮其善志也 无乱

辟遜皆數而不志記事之善者也○數所主反注同 故曰春秋之稱微而顯 文微

而義著。稱尺證反婉而辨辭婉而有別。婉於阮反別彼列反疏婉而辨。正義曰此婉而辨則與微而顯其意一也故杜云辭婉而有別辭婉則文微道有別則義顯也上句微而顯者據文雖微隱而義理顯著下句婉而辨者辭雖婉順相似而旨意有殊故重起其文也此與成十四年婉而成章其事異也彼謂諱君惡與此不同也

上之人能使昭明上之人謂在位者在位者能行其法非賤人所能善人勸焉淫人懼焉是以君子貴之○十二月辛亥朔日有食之是夜也趙簡子夢童子臝而轉以歌轉婉轉也○臝本又作裸力果反旦占諸史墨曰吾夢如是今而日食何也簡子夢適與日食會謂咎在己故問之對曰六年及此月也吳其入郢乎終亦弗克史墨知夢非日食之應故釋日食之咎而不釋其夢○郢以井反反下同應應對之應入郢必以庚辰庚辰有變日在

辰尾故曰以庚辰定四年十一月庚辰吳入郢【疏】注庚日至入郢○正義曰於天文房心尾爲大辰尾是辰後之星也日在辰尾自謂在辰星庚辰入郢乃謂日是辰日二辰不同而以日在辰尾配庚爲庚辰者二辰實雖不同而同而同名曰辰以其名同故取以爲占此則史墨能知非是入情所測定四年十一月庚辰吳入郢是其言之驗也此十二月日食彼十一月入郢則是未復其月而云及此月者長歷定四年閏十月庚辰吳入郢是十一月二十九日杜云昭二十一年傳曰六年十二月庚辰吳入郢今十一月者并閏數也然則彼是新閏之後且十一月二十九日又其月垂盡故得爲及此月也

日月在辰尾辰尾龍尾也周十二月今之十月日月合朔於辰尾而食【疏】注辰尾至而食○正義曰東方七宿角亢氐房心尾箕共爲蒼龍之躰南首北尾角即龍角尾即龍尾釋天云大辰房心尾也是房心與尾共爲大辰故言辰尾龍尾也周十二月今之十月月令孟冬之月日在尾是此時日月合朔於辰尾而日食也

庚午之日日始有謫火勝金故弗克謫變氣也庚午十月十九日去辛亥朔四十一日雖食在辛亥更以始變爲占也午南方楚之位也午火庚金也日以庚午有變故

災在楚楚之仇敵唯吳故知入郢必吳火勝金者金爲火妃食在辛亥亥水也水數六故六年也○謫直革反【疏】注謫變至年也○正義曰昬義云陽事不得適見於天日爲之食謫譴責也人有咎責氣見於天故謫爲變氣也長曆此年十月壬子朔故庚午是十月十九日也從庚午下去十二月辛亥朔爲四十一日雖食在辛亥之日而更以庚午爲占舍近而取遠自是史墨所見其意不可知也午爲南方之辰楚是南方之國故午爲楚之位也午是南方之辰火也庚是西方之日金也日以庚午有變午在南方必南方之國當其咎故災在楚楚之仇敵唯有吳耳故知入郢必是吳也其日庚午庚金午火五行相刻火勝金金以畏火之故金爲火妃夫妻相得而彊是楚彊盛之非雖被吳入必不亡國故知吳入郢終亦弗克言其不能滅楚也食在辛亥之日亥在北方水位也北方水數六故曰六年吳入郢也

經三十有二年春王正月公在乾侯取闞無傳

公別居乾侯遣人誘闞而取之不用師徒○闞口暫反【疏】公別至師徒○正義曰公羊傳曰闞者何邾婁之邑也案傳定元年將葬昭公季孫使役如闞公氏將溝焉則闞是魯公葬地非是邾邑公羊不可通於左氏也土地名東平

須昌縣東南有闞城是也賈逵云昭公得闞季氏奪之不因師徒謂此取闞爲季氏取於公也案檢經傳公自出奔以來唯齊侯取鄆以居公耳未有公取闞之處安得取於公也且若是季氏奪公無由得告廟書經故杜以爲公取之也四年傳例曰凡克邑不用師徒曰取知公遣人誘而取之不用師徒也

夏吳伐越○秋七月○冬仲孫何忌會晉韓不信齊高張宋仲幾衛世叔申鄭國參曹人莒人薛人杞人小邾人城成周世叔申世叔儀孫也國參子產之子不書盟將公在外未及告公公已薨○參七南反

疏注世叔至已薨○正義曰傳稱晉魏舒合諸侯之大夫于狄泉尋盟令城成周則此時爲盟矣而不書盟者賈逵云魯有昭公難故會而不盟案傳文無魯人辭盟之事其城成周又魯人共城之矣何以言會而不盟也若以難辭當辭不會身既在會何故辭盟以昭公在外而欲背盟乎故杜以爲不書盟者將公在外未及告公而公已薨既不得告公故不書於經也案傳尋盟令城成周則盟在城前猶得書城而盟不書者晉合諸侯大夫本以城事召之孟懿子將

從晉命即以告公雖會還乃書而已告公訖故得書之其尋盟之事晉不豫令諸侯大夫既集晉始發意尋盟之事未嘗告公故行還不得書也此云城成周者實未城也晉人始討功庸賦丈數以令諸侯耳明年傳稱正月庚寅栽三旬而畢是明年始城也此未城而已書城知本以城事召集因集而書城耳　十有二月己未公薨于乾侯十五日【疏】注十五日○正義曰傳言十一月令城成周雖無其日明年乃始城之當在月之將末杜顯言此未五日者言盟去公薨日近以明未及告意也

傳三十二年春王正月公在乾侯言不能外内又不能用其人也其人謂子家羈也言公不能○用其人故於今猶在乾侯

夏吳伐越始用師於越也自此之前雖疆埸小爭未嘗用大兵○疆居良反爭爭闘之爭　史墨曰不及四十年越其有吳乎存亡之數不過三紀歲星三周三十六歲故曰不及四十年哀二十二年越滅吳至此三十八歲　越得歲而

吳伐之必受其凶此年歲在星紀星紀吳越之分也歲星所在其國有福吳先用兵故反受其殃。分扶問反殃於良反

疏注此年至其殃。正義曰十一年傳稱萇弘對景王云歲在豕韋言十一年歲星在豕韋也又曰歲在大梁蔡復楚凶謂十三年歲星在大梁也十三年距此十九年耳歲星歲行一次十二年而行天一周則二十五年復在大梁從彼而歷數之則此年始至析木之津而此年歲在星紀者歲行一次舉大數耳其實一歲之行有餘一次故劉歆三統之術以為歲星一百四十四年行天一百四十五次計一千七百二十八年為歲星歲數言數滿此年剩得行天一周三統之歷以庚戌為上元從上元至襄二十八年積十四萬二千六百八十六歲置此歲數以歲星歲數一千七百二十八除之得積終八十二去之歲餘九百九十以一百四十五乘歲餘得十四萬三千五百五十以一百四十四除之得九百九十六為積次不盡一百二十六為次餘從襄二十八年至昭十五年合有一千八年歲星年行一次年有一餘以次加次得一千一十四以餘加餘得一百四十四餘數滿法又成一次以從積次得一千一十五也以十二去之餘餘次一百四十四周七个一百四十四年還得剩行天一周也餘七命起星紀筭外得鶉火是昭十五

年歲星在鶉火也計十三年在大梁十五年當在鶉首而在
鶉火者由其餘分數㒼剩得一次猶如閏餘滿而成月也以
十五年歲在鶉火歷而數之則二十七年復在鶉火故此年
在星紀也於十二次分野星紀是吳越之分也歲星是天之
貴神所在之次其國有福今越得歲星故吳伐之則凶也吳
越同分而得越福吳凶者以吳先用兵故反受其殃賈逵云
然杜從之也鄭玄云天文分野斗主吳牽牛主越此是歲星
在牽牛故吳伐之凶案史傳所云吳越同分不言於次之內
更復分星姜氏任氏共守玄枵復以何星主齊何星主薛也
且據三統之術星紀之初斗十二度至於牽牛初度乃爲申
耳十五年餘分始滿則此年之初歲星初入此次
伐越在夏末得已至牽牛鄭之此說爲妄之甚也○秋八
月王使富辛與石張如晉請城成周子朝之亂其餘黨多
在王城敬王畏之徙都成周成周狹小故請城之○狹音洽天子曰天降禍于周
俾我兄弟並有亂心以爲伯父憂俾使也兄弟謂子朝也伯
父謂晉侯○俾本又作卑同必爾反注同我一二親暱甥舅不皇啓處

於今十年謂二十三年二師圍郊至于今。昵女乙反【疏】注謂二至于今 正義曰案二十七年十二月晉籍秦致諸侯之戍于周而此杜云二十八年者以二十月垂盡去在十二月至周則在二十八年故云五年也勤戍五年謂二十八年晉籍秦致諸侯之戍至于今余一人無日忘之念諸侯勞閔閔焉如農夫之望歲懼以待時閔閔憂貌王憂亂常閔閔冀望安定如農夫之憂飢冀望來歲之將熟伯父若肆大惠復二文之業弛周室之憂肆展放也二人謂文侯仇文公重耳弛猶解也○弛式氏反注同重直龍反徼文武之福以固盟主宣昭令名則余一人有大願矣昔成王合諸侯城成周以爲東都崇文德焉作成周遷殷民以爲京師之東都所以崇文王之德○徼古堯反下同【疏】注作成至之德○正義曰杜知作成周爲崇文王之德者以上傳云徼文武之福即云成王合諸侯城成阔以崇文德故以爲崇文王之德劉炫以爲崇文德之教而規杜非也令我欲徼福假靈于成王脩成周之城俾戍人無勤諸侯用寧蝥賊遠屏晉之力也○蝥賊謂災害蝥亡侯反【疏】注蝥賊喻災害正義曰蝥賊食苗之蟲釋蟲云食根蟲食節賊故以蝥賊喻災害也其委諸伯父使伯父實重圖之俾我一人無徵怨于百姓徵召也○徵張升反而伯父有榮施先王庸之庸功也先王之靈以爲大功○施式豉反范獻子謂魏獻子曰與其戍周不如城之天子實云云欲罷戍而城雖有後事晉勿與知可也從王命以紓諸侯晉國無憂是之不務而又焉從事魏獻子曰善使伯音對伯音韓不信○勿與音預紓音舒焉於虔反

曰天子有命敢不奉承以奔告於諸侯遲速衰序衰差也序次也○衰初危反注同於是焉在在周所命冬十一月晉魏舒韓不信如京師合諸侯之大夫于狄泉尋盟且令城成周尋平丘盟魏子南面居君位衛彪傒曰魏子必有大咎干位以令大事非其任也彪傒衛大夫○彪彼虯反傒音兮咎其九反詩曰敬天之怒不敢戲豫敬天之渝不敢馳驅詩大雅戒王者言當敬畏天之譴怒不可遊戲逸豫驅馳自恣渝變也○渝羊朱反譴弃戰反【疏】注詩大至譴怒○正義曰此詩大雅板之篇刺厲王之詩也詩注以天謂厲王此據上天斷章取意況敢干位以作大事乎己丑士彌牟營成周計丈數計所當城之丈數也【疏】注計所至丈數○正義曰謂周廻

余堅

遠近之丈數也知者下別云揣高甲度厚薄故也揣高甲度高曰揣○揣丁累反又初委反度待洛反下文及注同度厚薄仞溝洫度深曰仞○仞本又作刃而愼反洫况域反物土方議遠邇物相也相取土之方面遠近之宜○相息亮反下同量事期知事幾時事○幾居豈反下皆同計徒庸知用幾人功慮財用知費幾材用○費芳貴反書餱糧知用幾糧食○餱音侯本亦作糇糧音良以令役於諸侯屬役賦丈付所當城尺丈○屬之欲反

疏屬役賦丈○正義曰屬役謂屬聚下役也武文謂課付尺人上既號令下役之事以告諸侯令諸國國各出若干之役築若干之丈故云屬役賦丈書以授帥也書以授師帥諸侯之大夫○帥所類反注同而效諸劉子效致也○效戶孝反韓簡子臨之以為成命臨履其事以命諸侯經所以不書魏舒○十二月公疾徧賜大夫從公者○徧音遍從才用反下同大夫不受賜子家

子雙琥琥玉器。琥音虎〔疏〕注琥玉器。正義曰周礼大宗伯云以玉作六器以礼天地四方白
琥礼西方鄭玄云虎猛象秋嚴礼經及記言琥多矣都不說其狀蓋刻玉為虎形也一環一璧輕
服細好之服〔疏〕一環一璧。正義曰釋器云肉倍好謂之璧肉好若一謂之環李巡曰肉倍好璧邊肉大
其孔小也肉好若一其孔及邊肉大小適等曰環也受之大夫皆受其賜已未
公薨子家子反賜於府人曰吾不敢逆君命
也大夫皆反其賜書曰公薨于乾侯言失其
所也不薨路寢為失所趙簡子問於史墨曰季氏出其
君而民服焉諸侯與之君死於外而莫之或
罪也對曰物生有兩有三有五有陪貳故天
有三辰謂有三。陪蒲回反地有五行謂有五體有左右謂有

稱各有妃耦。謂陪貳。妃音配。○王有公，諸侯有卿，皆有貳也。天生季氏，以貳魯侯，爲日久矣。民之服焉，不亦宜乎？魯君世從其失，季氏世脩其勤，民忘君矣。雖死於外，其誰矜之？社稷無常奉，奉之無常人，言唯德也。○從，子用反，本亦作縱。君臣無常位，自古以然。史墨蹟古今以實言。故詩曰：高岸爲谷，深谷爲陵。詩小雅，言高下有變易。【疏】故詩至爲陵。○正義曰：詩小雅十月之交，大夫刺幽王也。三后之姓，於今爲庶，主所知也。三后，虞、夏、商。【疏】注三后虞夏商。○正義曰：從周而上，故數此三代。三代子孫自有爲國君者，言其賤者爲庶人也。在易卦，雷乘乾曰大壯☳☰，乾下震上，大壯。震在乾上，故曰雷乘乾。【疏】雷乘乾曰大壯。○正義曰：乾爲天，爲剛，震爲雷，爲動。天以剛而動，動則爲雷，雷壯之太者故曰大壯天之道也乾爲天子震爲諸侯而在上君臣臣易位猶臣大強壯若天上有雷疏注乾爲至有雷○正義曰說卦乾爲天爲君君之極尊者是天子也震爲長子其卦云震驚百里聲達百里之内而有震曜之威是諸侯而在天子之上象如君臣易位是天之道也昔成季友桓之季也

文姜之愛子也始震而卜卜人謁之曰生有嘉聞嘉名聞於世○始震如字一音身聞音問疏始震而卜○正義曰震動也懷妊始動知有震娠而即卜也其名曰友爲公室輔及生如卜人之言有文在其手曰友遂以名之既而有大功於魯立僖公○名之音武政反受費以爲上卿至於文子武子文子行父武子宿○費音秘世增其業不費舊績魯文公薨而東門遂殺適立庶魯君於是乎失國失國權○適丁歷反政

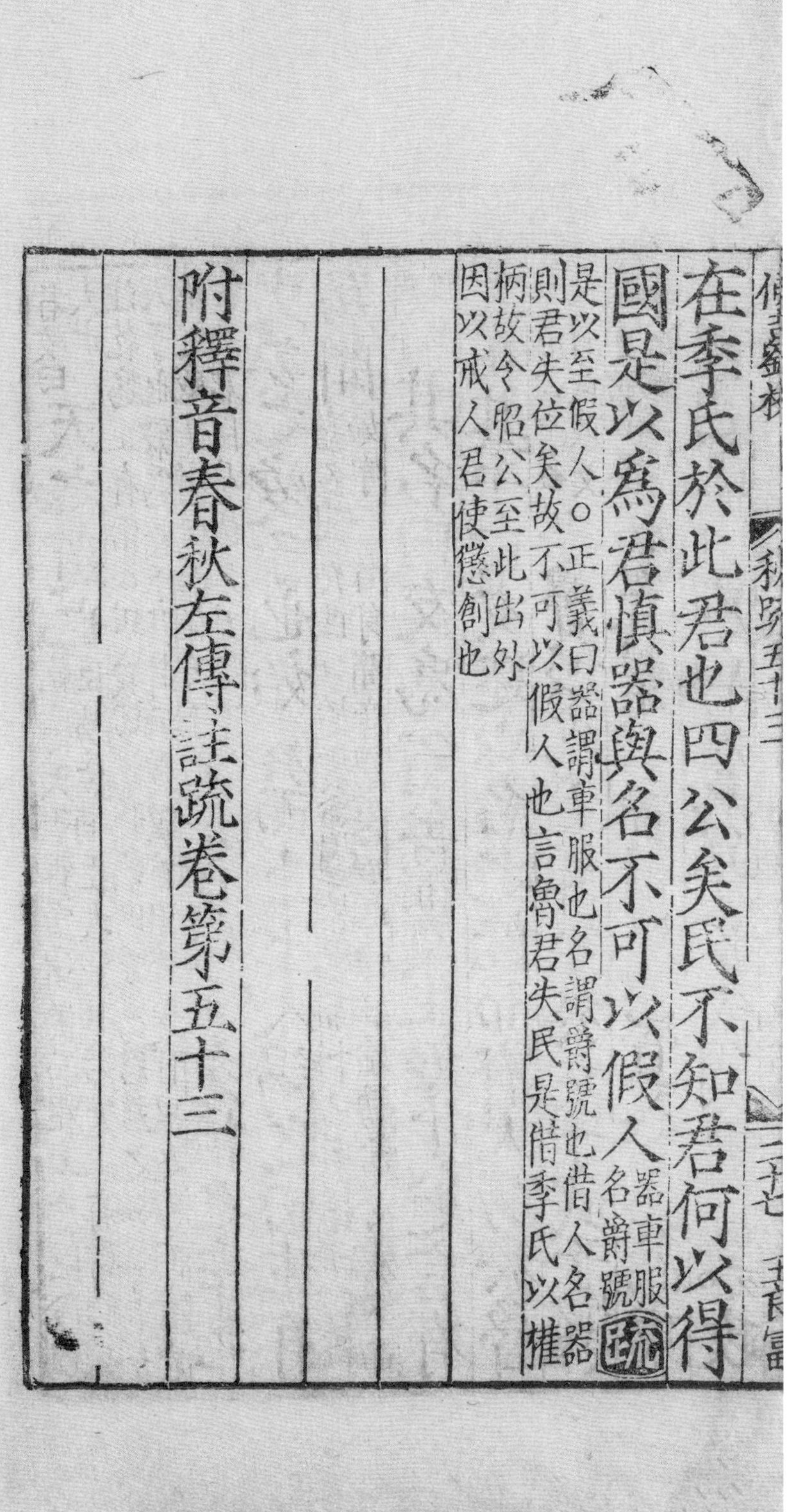

在季氏於此君也四公矣民不知君何以得國是以爲君慎器與名不可以假人器車服名爵號疏是以至假人○正義曰器謂車服也名謂爵號也借人名器則君失位矣故不可以假人也言魯君失民是借季氏以權柄故令昭公至此出外因以戒人君使懲創也

附釋音春秋左傳註疏卷第五十三

附釋音春秋左傳註疏卷第五十四 定元年盡四年

杜氏註　孔穎達疏

定公○陸曰定公名宋襄公之子昭公之弟謚法安民大慮曰定 疏 正義曰魯世家定公名宋襄公之子昭公之弟史傳不言其母不知誰所生也以敬王十一年即位謚法安民大慮曰定

經元年春王 公之始年而不書正月公即位在六月故 疏 注公之至月故 正義曰凡新君初立必於歲首元日朝正於廟因即改元正位百官以序國史因書於策云元年春王正月公即位也其或國有事故下得行即位之禮國史亦書元年春王正月見此月公應即位而有故不得隱莊閔僖四公元年無事而空書春王正月其義也此年不書正月者公即位在六月故也傳稱昭公喪及壞隤公子宋先入則正月之時定公猶從昭公之喪在於乾侯未入魯竟國內無君不是即位闕禮故不須書正月也釋例曰癸亥公之喪至自乾侯戊辰公即位喪在外踰年乃入故因五日改殯之節國史用元年即位之禮因以元年爲此年也然則正月之時未有公矣公未即位元必不改而於春

夏即稱元年者公未即位必未改元未改之日必乘前君之年於時春夏當名此年為昭公三十二年及六月既改之後方以元年紀事及史官定策須有一統不可半年從前半年從後雖則年初亦統此歲故入年即稱元年也漢魏以來雖於秋冬改元史於春夏即以元年冠之是有因於古也

三月晉人執宋仲幾于京師

晉執人于天子之側而不以歸京師故但書其執不書所歸○幾音機

疏 注晉執至所歸○正義曰晉執仲幾傳無日月據經所書是三月始執案傳則不然也傳稱辛巳合諸侯之大夫于狄泉長歷辛巳是正月七日也既會而魏舒始卒庚寅栽是正月十六日也宋仲幾不受功當於栽時不肯役耳士彌牟云晉之從政者新是士鞅巳代魏舒矣乃執仲幾以歸三月歸諸京師必是既栽之後三月以前執以歸晉至三月乃歸於京師耳經書三月始執者晉人初執不告後知以歸不可至三月復歸於京師諱其以歸乃歸王故以三月初執告也縱晉執人諸侯不得相治事當使歸伏於天子况在天子之側不以歸於京師晉人自知不可不以歸晉告魯故經但書其執不書所歸既不言歸王亦不言歸晉是不以所歸告也

○夏六月癸亥公之喪至自乾

侯告於廟故書至○戊辰公即位定公不得以正月即位出其時故詳而日之記事之宜無義例疏註定公至義例○正義曰公羊傳曰即位不日此何以日錄乎內也穀梁以為公喪在外踰年六月乃得即位危故日之左氏無此義故杜顯而異之正月即位正也定公不得以正月即位為失其時故詳而日之宜記事之宜書日旡義例○秋七月癸巳葬我君昭公公在外薨故八月乃葬○九月大雩○无傳過也雩音于○立煬宮煬公伯禽子也其廟已毀季氏禱之而立其宮書以譏之○煬羊讓反禱丁老反疏註煬公至譏之○正義曰謚法好內怠政曰煬煬公伯禽子也世本世家文諸侯之禮親廟有四計煬公玄孫既甍其廟即已毀矣季氏禱于煬公以求昭公不入公死於外謂禱有益而更立其宮寵之於禮不合更立惡其改變國典故書以譏之公羊穀梁皆云立者不宜立立煬宮非禮也○冬十月隕霜殺菽无傳周十月今八月隕霜殺菽非常之災○隕于敏反菽本又作尗音同疏註周十至之災○正義曰月令九月霜始降八月未應霜殺菽菽者大豆之苗又是耐霜之穀今以八月隕霜

霜能殺菽殺是非常之災故書之僖三十三年隕霜不殺草此云殺菽彼言不殺草者穀梁傳曰未可以殺而殺舉重可殺而不殺舉輕其曰菽殺舉重也

傳元年春王正月辛巳晉魏舒合諸侯之大夫于狄泉將以城成周魏子涖政涖臨也代天子大夫爲政○涖音利又音類衞彪傒衞大夫曰將建天子立天子之居而易位以令非義也大事奸義必有大咎晉不失諸侯魏子其不免乎是行也魏獻子屬役於韓簡子及原壽過簡子韓起孫不信也原壽過周大夫○屬音燭又之欲反過古禾反

疏易位以令○正義曰卅二年傳魏子南面衞彪傒云干位以令此云魏子涖政彪傒云易位以令文不同者鄭注郊特牲云君之南鄉答陽之義也臣之北面答君也然則禮國君乃南面今魏子亦南面是干君之位故云干位

此時諸國爲天子築城伯當爲君各致徒役而已宜使天子
之臣自號令之而魏子涖政代天子大夫改易上下故爲易位所譏
故與文異**而田於大陸焚焉**禹貢大陸在鉅鹿北嫌絶遠疑此田在汲郡吳澤荒蕪之
地火田并見焚也爾雅廣平曰陸○蕪音無（疏）註禹貢至曰陸○正義曰禹貢云導河積石至于大伾北過降
水至于大陸孔安國云大陸澤名釋地十藪云晉有大陸郭
璞曰今鉅鹿北廣河澤孫炎曰廣河猶大陸以地名言之近
爲是也計鉅鹿之與吳周相去千有餘里魏子不應在彼田
獵故嫌絶遠疑此田當在汲郡吳澤吳澤在脩武縣北還卒
於甯甯即脩武城是也當是荒蕪之地故亦以大陸名焉引
爾雅以證平地皆名陸也案爾雅高平曰陸杜言廣平者以
吳澤之地地下寬平故以廣平言之非是下不
見爾雅劉君以爾雅高平曰陸而規杜氏非**還卒於甯**甯今脩武縣近吳
澤○近附近之近**范獻子去其柏椁以其未復命**
而田也范獻子代魏子爲攻去其柏椁示貶之○去起呂反注同椁音郭（疏）注去其柏椁正義曰喪
大記云君松椁大夫柏椁士雜木椁是鄭葬於礼用柏椁
也以其未復君命而爲田獵故獻子去其柏椁不使用也**孟**

懿子會城成周不書公未即位䟽注不書公公未即位。正義曰懿子往年雖受魏令知所得丈尺人功而巳今復將徒役城之計當更書之於策以公未即位無君可告故不書庚寅栽栽設板築○栽才代反又音再注同宋仲幾不受功曰滕薛郳吾役也欲使三国代宋受功役也○郳五兮反小邾国薛宰曰宋為無道絕我小國於周以我適楚故我常從宋晉文公為踐土之盟在僖二十八年曰凡我同盟各復舊職若從踐土若從宋亦唯命仲幾曰踐土固然固曰復舊薛舊為宋役薛宰曰薛之皇祖奚仲居薛以為夏車正皇大也奚仲為夏禹掌車服大夫○夏戶雅反注同奚仲遷于邳邳下邳縣○邳蒲悲反仲虺居薛以為湯左相仲虺奚仲之後○虺許鬼反相息亮反

若復舊職，將承王官，何故以役諸侯？承，奉也。仲

幾曰：「三代各異物，薛焉得有舊？言居周世，不得以夏殷爲舊。○

爲宋役，亦其職也。」爲，於僞反。士彌牟曰：「晉之從政

者新，言范獻子新爲政，未習故事。疏注言范至故事。○正義曰：魏舒以辛巳會諸侯，至庚寅栽，去辛巳十日耳。魏舒始卒，已得范鞅代者，范鞅本是中軍之佐，於次當代魏舒，蓋晉人聞舒卒，即使范鞅代之。子姑受

功，歸，吾視諸故府。」求故事。仲幾曰：「縱子忘之，山

川鬼神其忘諸乎？」山川鬼神，盟所告。士伯怒，謂韓簡子

曰：「薛徵於人，與籍故事，人所知也。宋徵於鬼，取證於鬼神。宋罪

大矣。且已無辭而抑我以神，誣我也。啓寵納

侮，其此之謂矣。開寵過分，則納受侮。○侮，亡甫反。分，扶問反。疏啓寵至謂矣。○

正義曰尚書說命傳說進戒於王云無啓寵納侮古有此言故云其此之謂矣開彼寵人過其本分其人不知止足乃至侵侮在上據在上受之故云納侮必以仲幾爲戮乃執仲幾以歸三月歸諸京師知以歸不可且復歸之京師。復扶又反城三旬而畢乃歸諸侯之戍齊高張後不從諸侯後[illegible]不及諸侯之役晉女叔寬曰周萇弘齊高張皆將不免叔寬女寬也。萇直良反萇叔違天高子違人天既厭周德萇弘欲遷都以延其祚故曰違天諸侯相帥以崇天子而高子後期故曰違人。厭於豔反祚才故反天之所壞不可支也衆之所爲不可奸也爲哀三年周人殺萇弘八年高張來奔起○夏叔孫成子逆公之喪于乾侯成子叔孫婼之子季孫曰子家子亟言於我未嘗不中吾志也吾

欲與之從政，子必止之，且聽命焉。衆士皆諾閔子家子。○亟起冀反，中丁仲反。

【疏】季孫至命焉。○正義曰：言子家子數於公衆致言於我，云意如事君，不敢不以言君。既一乘入於魯師，季孫必與之歸。季孫之意實然，故云未嘗不中吾志。吾欲與之從政，欲用爲大夫也。公喪歸，則從者散，故令止之。且聽命者，一聽子家之所爲，子家欲將歸者，即與之歸。

子家子不見叔孫，易幾而哭。幾哭會也，不欲見叔孫，故朝夕哭不同會。○朝如字。叔孫請見子家子，子家子辭曰：「羈未得見，而從君以出。出時戍子未爲卿。○羈居宜反，子家子名。見賢遍反，下同。從才用反，注義從同，又如字，下從君、從公放此。君不命而薨，羈不敢見。」言未受周公之命，訖辭以距叔孫。叔孫使告之曰：「公衍、公爲實使羣臣不得事君。二子始謀逐季氏。

【疏】註二子至季氏。○正義曰：謀逐季氏，公爲爲之處，文不言公衍謀也。但以公衍見復爲入子，季氏欲得因致之，故言訖也。

若公子宋主社稷則羣臣之願也宋昭公弟定公辰從君出而可以入者將唯子是聽子家氏未有後季孫願與子從政此皆季孫之願也使不敢以告不敢叔孫成子名對曰若立君則有卿士大夫與守龜在羈弗敢知若從君者則貌而出者入可也貌出謂以公弟從公與季氏無賓怨○守手又反寇而出者行可也與季氏爲寇離者自可以入若羈也則君知其出也君昭公而未知其入也羈將逃也喪及壞隤公子宋先入從公者皆自壞隤反出奔○壞徐音懷又戶怪反隤徒回反六月癸亥公之喪至自乾侯戊辰公即位諸侯薨五日而殯

殯殯則嗣子即位癸亥昭公喪至五日殯於宮定公乃即位【疏】注諸侯至即位。○正義曰王制云天子七日而殯諸侯五日而殯自癸亥至戊辰五日殯訖則嗣子即位故定公以此日即位也公羊穀梁皆云正棺於兩楹之閒然後即位案正棺兩楹之間即禮所謂夷於堂者也喪大記君薨之禮云既小斂男女奉尸夷于堂鄭玄云諸侯之小斂於兆書但三日也戊辰去癸亥五日非正棺之日不得為正棺即位也雜記云諸侯行而死歸至於廟門遂入適所殯鄭玄云適所殯謂兩楹之間自外來者正棺於兩楹之間尸亦夷之於此因殯焉殯於兩楹之間者以其死不於室而自外來當之於中不忍遠也鄭取二傳之說言死從外來者殯時兩楹之間若謂殯為正棺則與杜言合矣季孫使役如闞公氏將溝焉闞魯群公墓所在也季孫惡昭公欲溝絶其兆域不使與先君同。○闞口暫反惡烏路反又如字【疏】闞公氏。○正義曰闞是先公葬地春秋言氏猶如言家故謂公之墓地為公氏言是公死之家宅也玄鄉以為闞屬上句公氏將溝焉猶言將溝公氏焉古人多倒語公氏則昭公榮駕鵞曰生不能事死又離之以自旌也駕鵞魯大夫榮成伯

也旌章也○駕音加鵝五何反旌音精縱子忍之後必或恥之乃止
季孫問於榮駕鵝曰吾欲為君謚使子孫知
之欲為惡謚疏註為惡謚○正義曰知者下云死又惡之所以知也對曰生弗能
事死又惡之以自信也將焉用之乃止秋七
月癸巳葬昭公於墓道南孔子之為司寇也
溝而合諸墓明臣旡貶君之義○惡之如字又烏路反焉於虔反疏以自信也正義曰信
明也以自明已之不臣也○溝而反正義曰孔子之為司寇在定公十年以後未知何年溝之昭公出故
季平子禱于煬公九月立煬宮平子逐君懼而請禱於煬公煬
公死於外自以為獲福故立其宮疏禱于煬公○正義曰既毀其廟而得禱者蓋就祧而禱之○周
鞏簡公棄其子弟而好用遠人簡公周卿士遠人異族也為明

年華氏賊簡公張本。華九勇反好呼報反

疏 簡公。正義曰謚法平易不從曰簡

經二年春王正月○夏五月壬辰雉門及兩觀災無傳雉門公宮之南門兩觀闕也天火曰災○觀古亂反注及下同

疏 注雉門至曰災○正義曰明堂位云庫門天子臯門雉門天子應門是魯之雉門公宮南門之中門也釋宮云觀謂之闕郭璞曰宮門雙闕周禮大宰正月之吉縣治象之法于象魏使萬民觀治象鄭衆云象魏闕也劉熙釋名云闕在門兩旁中央闕然爲道也然則其上縣法象其狀魏魏然高大謂之象魏使人觀之謂之觀也是觀與象魏闕一物而三名也觀與雉門俱災則兩觀在雉門之兩旁矣公羊傳曰其言雉門及兩觀災何兩觀微也然則曷爲不言雉門災及兩觀主災者兩觀也主災者兩觀則曷爲後言之不以微及大也穀梁亦云災自兩觀始先言雉門尊尊也公羊稱子家駒云設兩觀諸侯僣天子其意以其奢僣故天災之左氏無此義案禮器云天子諸侯臺門此以高爲貴也郊特牲云臺門大夫之僣禮也唯言大夫異於諸侯不言諸侯異於天子兩觀爲僣禮無其文天之所災不可意卜言主災兩觀以門尊先門若災先從門起又將何以爲

吳丘明無文或是災起雉門而延及兩觀也天火曰災宣十六年傳例○秋楚人伐吳囊瓦
稱人見誘以敗軍○囊乃郎反○冬十月新作雉門及兩觀無傳
傳二年夏四月辛酉鞏氏之羣子弟賊簡公
傳言棄親用踈所以敗也○桐叛楚桐小國盧江舒縣西南有桐鄉吳子使舒鳩
氏誘楚人舒鳩楚屬國曰以師臨我教舒鳩誘楚使以師臨吳我
伐桐爲我使之無忌吳伐桐也僞若畏楚師之臨已而爲伐其叛國以取媚者也欲
使楚不忌吳所請多方以誤之○爲我于僞反注及下同【疏】桐叛至無忌○正義曰桐是小國世屬於楚桐今叛
楚楚有間隙故吳子因是而謀之舒鳩自是楚之屬國居吳楚之閒亦兩取其實故意吳得使之也吳子使舒鳩誘楚人
又救舒鳩爲辭曰令楚以師臨我我吳自稱我令楚臨吳也我當僞若畏楚爲楚伐桐女舒鳩當爲我誘楚我軍楚師或
曰囊瓦本出師伐吳見吳欲伐桐而不設備遂被吳敗之又擊楚巢邑潛師圍而克之獲其守邑大夫爲我使之無忌謂

爲我之畏楚形狀使楚人無復防忌於我也若楚不忌吳則師文設備欲因其無備而掩襲取之耳下云吳人見舟于豫章爲欲伐桐也吳軍楚師于豫章掩其不備也潛師于巢吳人詐巢邑人云此師將伐桐也其實本擬取巢故不遂圍巢克之言潛者對豫章之師稱潛○秋楚囊瓦伐吳師于豫章從討鳩言吳人見舟于豫章爲將爲楚伐桐○見賢遍反而潛師于巢實欲以繫楚冬十月吳軍楚師于豫章敗之楚不忌故遂圍巢克之獲楚公子繁繁守巢大夫○邾莊公與夷射姑飲酒私出射姑邾大夫出辟酒○射音亦一音夜閽乞肉焉奪之杖以敲之奪閽杖以敲閽頭也爲明年邾子卒傳○閽音昏守門人也敲苦孝反又苦孝反說文作毃云擊頭也字林同又一曰擊聲也口交反又口卓反又訓從敲云橫擿也又或作𢾅或作㲉口交反

經三年春王正月公如晉至河乃復無傳

疏公如

至乃復。正義曰三傳皆無其説不知何故乃復賈逵云刺
緩朝見辭失所不諱罪已賈雖爲此解於傳無文不可從故
杜不言刺䟽謂公以六月即位此年便即往朝於事未爲緩
也晉人何以辭之若以緩見遣當退謝罪何由此後更無謝
愆空言罪已經無孫謝自罪之狀復安在乎晉若以緩致辭
必當要有譴責何由明年會次復得依常班序乃復之意不
可縣知。二月辛卯邾子穿卒再同盟。○穿音川（䟽）註再同盟。○正
義曰穿以昭二年即位十一年盟于祲祥二十六年于鄟陵皆魯邾俱在是再同盟也。○夏四月。○
秋葬邾莊公六月乃葬緩。○冬仲孫何忌及邾子盟
于拔拔地闕。○拔皮八反
傳三年春二月辛卯邾子在門臺門上有臺臨廷
閽以缾水沃廷邾子望見之怒閽曰夷射姑
旋焉旋小便。○廷音庭下並同缾步丁反本又作瓶命執之見其不絜執射姑弗得

滋怒自投于床廢于鑪炭爛遂卒廢隋也○鑪力吳反炭他
旦反隋徒火反先葬以車五乘殉五人欲藏中之絜故先內車及殉別爲便
房盡其遺命○先悉薦反又如字乘繩證反殉辭俊反藏才浪反【疏】註欲藏至遺命○正義曰以人從葬謂之
殉邾子好絜以人爲殉欲備地下埽除若令與柩同入恐其
汚穢藏內欲其藏中之絜故先內車及殉別爲便房處之傳
言此事意在非責邾子若是葬者自爲則非莊公之罪亮爲
鄭說此事故云盡其遺命也邾子隊鑪而卒不應得有遺命
疑其是遺命者礼国君位而爲鄭初立即營莊公卞急
死事當是平素之時先有此命葬者奉行之
而好潔故及是卞躁疾也○卞皮彥反好呼報反下文及注同躁早報反秋九
月鮮虞人敗晉師于平中平中晉地獲晉觀虎恃
其勇也爲五年士鞅圍鮮虞張本○冬盟于郯郯即拔也○郯音脩邾
好也公即位故脩好○蔡昭侯爲兩佩與兩裘佩佩玉也以

如楚獻一佩一裘於昭王昭王服之以享蔡侯蔡侯亦服其一子常欲之弗與三年止之唐成公如楚有兩肅爽馬子常欲之成公唐惠侯之後肅爽駿馬名○肅如字又所六反爽音霜駿音俊（疏）註成公至馬名○正義曰宣十二年傳有唐惠侯故云唐惠侯之後也釋畜云於馬無肅爽之名爽或作霜賈逵云色如霜紈馬融說肅爽鴈也其羽如練高首而脩頸馬似之天下稀有故子常欲之杜以馬名臨時所作本意不可得知故直云駿馬名弗與亦三年止之唐人或相與謀請代先從者許之飲先從者酒醉之竊馬而獻之子常子常歸唐侯自拘於司敗竊馬者自拘○從才用反下同飲於鴆反拘九于反（疏）請代至許之○正義曰謂請楚之也知非請唐侯者若唐侯許之自合[illegible]爲何須言飲先從者竊馬以獻乎曰君以弄馬之

故隱君身隱憂約也○弄魯貢反棄國家羣臣請相夫人以償馬必如之相助也夫人謂養馬者○相息亮反夫音扶注同償市亮反唐侯曰寡人之過也二三子無辱皆賞之蔡人聞之固請而獻佩于子常子常朝見蔡侯之徒命有司曰蔡君之久也官不共也言楚所以禮遣蔡侯之物不共備故○共音恭注同明日禮不畢將死遣蔡侯之禮蔡侯歸及漢執玉而沈曰余所有濟漢而南者有若大川自誓言若復度漢當受禍明如大川○沈音鴆復扶又反蔡侯如晉以其子元與其大夫之子爲質焉而請伐楚爲明年會召陵張本○質音致

經四年春王二月癸巳陳侯吳卒无傳未同盟而赴以名癸巳正月七日書二月從赴〔疏〕註癸巳至從赴○正義曰杜以長曆推之知癸巳是正月七日故云書二月從赴也知非日誤者以崩薨之事皆以赴爲文故平王崩赴以庚戌陳侯卒赴以甲戌己丑杜依大例而言故云從赴劉炫以爲諸侯五月而葬下云六月葬陳惠公則陳侯卒在二月以爲日誤而規杜氏今知非者但諸侯雖五月而葬春秋之時或緩或速无復常準此陳侯之葬事既无傳何知必五月而葬妄以杜爲失其義非也○三月公會劉子晉侯宋公蔡侯衛侯陳子鄭伯許男曹伯莒子邾子頓子胡子滕子薛伯杞伯小邾子齊國夏于召陵侵楚於召陵先行會禮入楚竟故書侵○國夏戶雅反召上照反竟音境〔疏〕註於召至書侵○正義曰先言于召陵後言侵楚是於召陵先行會禮也土地名召陵楚地也諸侯既入楚竟乃行會禮後乃侵之故經書先會後侵也○夏四月庚辰蔡公孫

姓帥師滅沈以沈子嘉歸殺之五月公及諸侯盟于皐鼬召陵會劉子諸侯摠言之也繁昌縣東南有城皐亭復稱公者會盟異處故○公孫姓音生又作生鼬由又反復扶又反處昌慮反

疏注召陵至處故○正義曰書經而後凡此共盟者還是前會之諸侯前已歷序故於此摠言之也劉子雖是王朝之臣而亦有封爵故諸侯之文可以兼劉子也僖二十九年王子虎與諸侯盟于翟泉貶之稱人此劉子得與諸侯盟者楚僭號稱王不事天子諸侯會而侵楚將以尊崇王室傳言劉文公合諸侯是天子勑之使盟也下文書劉卷卒葬魯人往會依同盟之礼知劉子亦與盟也復稱公者由其會盟異處故也劉炫規杜云會盟異處故復稱公案襄二十五年盟重丘亦是會盟異處何以不言公今劉是知非者但會盟異處理合稱公重丘不書公史官自略耳以此規杜非也○杞伯成卒于會无傳○成音城

疏杞伯成卒于會○正義曰成以昭二十五年即位二十六年盟于鄟陵三十二年于翟泉此年于皐鼬魯杞俱在計杜當云三同盟无注者漏○賤耳諸侯薨于朝會加一等此既薨于會其礼亦當然

六月葬陳惠公 无傳○許遷于容城 无傳○秋七月公至自會 无傳○劉卷卒 无傳即劉蚠也劉子奉命出盟召陵死則天王爲告同盟故不具爵○卷音權一音眷免反蚠扶粉反爲于僞反下吳爲蔡同 疏 註即劉至具爵○正義曰昭二十二年傳曰單子立劉蚠即此是也世族譜伯蚠劉蚠劉文公劉狄劉卷劉子爲一人王朝公卿卒不赴魯魯不會葬文三年書王子虎卒傳曰來赴弔如同盟禮也彼爲同盟于翟泉故也此亦書卒明爲同盟故也畿內之国不得外交諸侯必非劉邑之臣來赴知是天子爲告也天子告臣略言名封而已不言劉子故書不具爵○葬杞悼公 无傳○楚人圍蔡 不服故也○晉士鞅衛孔圄帥師伐鮮虞 无傳孔圄孔羈孫士鞅即范鞅○圄魚呂反○葬劉文公 无傳○冬十有一月庚午蔡侯以吳子及楚人戰于柏舉楚師敗績 師能左右之曰以皆陳曰戰大崩曰敗績吳爲蔡討楚從蔡計謀故書蔡侯以吳子言能

左右之也囊瓦稱人貪以致敗不能死難罪賤之初舉楚地昭三十一年傳曰六年十二月庚辰吳入其郢今以十一月者并數閏○陳直覲反難乃旦反數所主反

疏 注師能至數閏○正義曰師能左右之曰以僖二十六年傳例也皆陳曰戰大崩曰敗績莊十一年傳例也吳大蔡小而蔡能以吳者吳子為蔡討楚言蔡能左右之也釋例曰吳雖大國順蔡侯之請自將其衆唯蔡侯之命故亦言以吳子也囊瓦楚之上卿當稱名氏今稱人者貪以致敗又不能死難罪賤之也釋例曰楚之囊瓦貪佩馬以致討稱人罪賤之也昭三十一年傳言六年十二月庚辰吳其入郢今以十一月與彼期有差殊者長歷推此年閏十月庚辰是十一月二十九日其月垂盡并數閏得為十二月也

楚囊瓦出奔鄭 書名惡之○惡烏路反

疏 註書名惡之○正義曰文八年宋司城來奔十四年宋子哀來奔傳皆云貴之也不稱名為貴之是稱名為惡之

庚辰吳入郢 弗地曰入吳不稱子史畧文

疏 註弗地至畧文○正義曰弗地曰入襄十三年傳例也昭十二年晉伐鮮虞史畧文無義例公羊穀梁以為吳於戰稱子為其憂中國故進而稱爵及其入郢君舍于君室大夫

舍于大夫室反為夷狄之行故貶而稱吳左氏無此義故杜異而顯之

傳四年春三月劉文公合諸侯于召陵謀伐楚也文公王官伯也晉人假王命以討楚之久留蔡侯故曰文公合諸侯疏註文公至諸侯○正義曰劉子是天子大臣故言王官伯也往年蔡侯如晉請晉耳不請天子今稱劉文公合諸侯知是晉人告王假王命以討楚王使劉子會之故言劉文公合諸侯以示禀於王命假王威也晉荀寅求貨於蔡侯弗得言於范獻子曰國家方危諸侯方貳將以襲敵不亦難乎水潦方降疾瘧方起中山不服中山鮮虞○潦音老瘧魚畧反棄盟取怨無損於楚晉楚同盟伐之為怨而失中山不如辭蔡侯吾自方城以來楚未可以得志晉敗楚侵方城在襄十六年祇取勤焉乃辭

蔡侯晉人假羽旄於鄭鄭人與之析羽爲旌王者遊車之所建鄭私有之因謂之羽旄借觀之。祇音支旄音毛析星曆反下放此

疏注析羽至觀之。正義曰周禮司常掌九旗之名物全羽爲旞析羽爲旌道車載旞斿車載旌鄭玄云全羽析羽皆五采繫之於旞旌之上所謂注旄於干首也凡九旗之帛皆用絳道車象路也王以朝夕燕出入斿車木路也王以田以鄙是其析羽爲旌王者遊車之所建也釋天云注旄首曰旌李巡曰以旄牛尾著竿首者也孫炎曰析五采羽注旌上亦有旒縿據彼文言之則羽毛者有五色鳥羽又有旄牛尾也言全羽析羽者蓋有全取其羽或析取其翿故有全析二名也繫此鳥羽牛尾於干首猶自別有絳爲旒縿縣之於干今之旗翿猶然此傳直言羽耳注不引全羽而以析羽解之者以全羽尊於析羽鄭人所有未必尊貴故以析羽解之計羽旄所用其費无多晉人自應有之而襄十四年范宣子假羽毛於齊此又假羽旄於鄭者或當制作巧異故聞而借觀之

明日或旆以會或賤者也繼旐曰旆令賤人旆其旆執以從會示卑鄭。旆步貝反旐音兆令力呈反下欲令蔡同

疏注或賤至卑鄭。正義曰鄭玄云注論語云或云言有人不顯其

名而略稱爲或是或寫賤者也繼旐曰旆雜天文也郭璞曰帛續旐末爲燕尾者然則旐謂旒身旆謂旒尾晉令賤人建

此因旌旆其旒旆於下執之以從其會本謂其美而就鄭借觀之既得其物令賤人服用之是示其卑侮鄭也鄭是列国

而晉卑侮之諸侯於是知晉輕蔑心皆怨恨故晉於是乎失諸侯 晉於是乎失諸侯

傳言晉無礼所以遂弱 將會衛子行敬子言於靈公 公子行敬子衛大

夫 曰會同難 難得宜 嘖有煩言莫之治也 嘖至也煩言忿

爭○嘖仕責反一音責爭爭鬬之爭 疏 注嘖至至忿爭○正義曰嘖至賾達云然是相傳訓也易繫辭云聖人有

以見天下之賾謂見其至深之處賾亦深之義也謂至於會時有煩亂忿爭之言無有辨者則莫之能治也 其

使祝佗從 祝佗大祝子魚○佗徒何反從才用反下師從旅從同大音泰下大祝大卜大中大原同

公曰善乃使子魚子魚辭曰臣展四體以率

舊職猶懼不給而煩刑書若又共二 共二一職○共音恭注

同徼大罪也且夫祝社稷之常隸也○隸臣也○徼古堯反夫音扶社稷不動祝不出竟官之制也社稷動謂国遷○竟音境下同【疏】註社稷動謂国遷○正義曰周礼大祝云大師宜于社造于祖設軍社及軍歸獻于社則前祝天子之祝如此則諸侯之祝官亦然也然則彼軍行唯有社无稷今社稷俱動故知謂国遷也国遷唯在竟内得云祝不出竟者詩稱公劉遷豳大王來岐及春秋杞都陳留而遷緣陵及許遷于析之屬並是離棄本国遷適它土故有出竟之事劉以社稷動謂軍行而規杜非也君以軍行祓社釁鼓師出先事祓禱於社謂之宜社於是殺牲以血塗鼓鼙為釁鼓○祓音弗徐音廢釁許靳反鼙步西反本又作鞞【疏】註師出至釁鼓○正義曰釋天云起大事動大衆必先有事乎社而後出謂之宜是軍師將出必有祭社之事也周礼女巫掌祓除釁浴則祓亦祭名故知祓社即宜社是也說文云釁血祭也是殺牲以血塗鼓鼙為釁鼓此皆祝官掌之祝奉以從奉社主也○從如字又才用反【疏】祝奉以從○正義曰礼軍行必以廟主社主從軍而行尚書甘誓云用命賞于

祖弗用命戮于社孔安國云天子親征必載遷廟之祖主及社主行有功則賞祖主前示不專也不用命奔北者則戮之於社主前社主陰陰主殺親祖嚴社之義也是軍行必載社主行故祝官奉主以從於是乎出竟若嘉好之事謂朝會。好呼報反君行師從一千五百人卿行旅從五百人臣無事焉公曰行也及皋鼬將盟（疏）若嘉至事焉。正義曰此會因而侵楚衛侯當以軍行而云臣無事者晉本以會召諸侯傳言將會是赴會之時未知將侵伐而但諸國既集師衆自多故因得行侵耳將長蔡於衛欲令蔡先衛歃。長丁丈反令力呈反先悉薦反下文先衛同歃所洽反又所甲反衛侯使祝佗私於萇弘曰聞諸道路不知信否若聞蔡將先衛信乎萇弘曰信蔡叔康叔之兄也蔡叔周公兄康叔周公弟（疏）注蔡叔至公弟。正義曰史記管蔡世家云武王同母兄弟十人母曰太姒文王正妃也其長子曰伯邑考次曰武王發次曰管叔鮮次曰周公旦次曰蔡叔度次曰曹叔振鐸次曰郕叔武次曰霍叔處次曰康叔封次曰聃季載如彼文則蔡叔周公弟也今以蔡叔爲周公兄者以僖二十四年傳富辰言文之昭十六國蔡在郕上明以長幼爲次賈逵傳皆言蔡叔周公兄故杜從之馬遷之言多辟謬故不用史記爲說

先衛不亦可乎子魚曰以先王觀之則尚德也昔武王克商成王定之選建明德以藩屏周故周公相王室以尹天下尹正也○藩方元反相息亮反於周爲睦睦親厚也以盛德見親厚分魯公以大路大旂魯公伯禽也此大路金路錫同姓諸侯車也交龍爲旂周禮同姓以封○分扶問反下並同路本亦作輅音路下皆同旂其依反錫星曆反

疏注魯公至以封○正義曰周禮巾車云金路建大旂以賓同姓以封鄭玄云金路以金飾諸末大旂九旗之畫交龍者以賓以會賓客同姓以封謂王子母弟以功德出封若魯衞也交龍爲旂司常文也

夏后氏之璜璜美玉名○夏戶雅反下皆同璜音黃疏

注璜美玉名。○正義曰夏后氏所宝歷代傳之知美玉名也哀十四年傳云向魋出於衛地公文氏攻之求夏后氏之璜焉則璜非一也尚書孫㚖及魯語皆云古者分同姓以珎玉展親則先王不以玉賜向魋向魋自規求得之也鄭玄注周礼云半璧曰璜 封父之繁弱封父古諸侯也繁弱大弓名○父音甫下武父同封父国名繁扶元反

疏注封父至弓名○正義曰鄭玄云古者伐国迁其重器以與同姓此繁弱封父之国為之不知向時滅其国而得之也孔叢云楚王張繁弱之弓載忘歸之矢以射蛟於雲夢是繁弱為弓名也 殷民六族條氏徐氏蕭氏索氏長勺氏尾勺氏使帥其宗氏輯其分族將其類醜醜衆也○索素各反下同勺市灼反下同輯音集又七入反 以法則周公用即命于周即就也使六族就周受周公之法制 是使之職事于魯共魯公之職事○共恭下文以共王職同 以昭周公之明德[illegible][illegible]顯也

疏使帥至明德○正義曰使六族之長各自帥其當宗同氏輯合也合

其所分長爲族屬也將其族類人衆以法則周公令其務居魯用就受周公之命是以使之共職事于魯以昭周公之明德也下賜殷民七族亦是使之法則康叔令共職事于衛也賜唐叔及懷姓九宗亦然分之土田陪敦陪增也敦厚也○陪本亦作培同步回反［疏］陪敦○正義曰陪是加增之義敦厚釋詁文也言既封爲大国地方五百里又分以土田更增彼寬厚焉七百里也明堂位云封周公于曲阜地方七百里鄭玄云公之地方五百里加魯以四等之附庸方百里者二十四并五五二十五積四十九開方之得七百里鄭玄周礼大司徒注云凡諸侯爲牧正帥長及有德者乃有附庸公無附庸侯附庸九同伯附庸七同子附庸五同男附庸三同進則取焉退則歸焉魯於周法不得有附庸故言錫之也地方七百里者包附庸以大言之附庸二十四言德兼此四等矣是增厚魯国之事也祝宗卜史大祝宗人大卜大史凡四官備物典策典策春秋之制○策本又作冊亦作筴或作筞皆初革反官司彝器官司百官也彝器常用器○彝羊之反［疏］祝宗至彝器○正義曰祝宗接神之官大卜主卜大史主書與此四等官人使之將歸於魯也服虔云備物国之威物之

精也當謂國君威儀之物若今繖扇之屬備賜魯也杜不解
備物則與典策爲一也備物典策謂史官書策之典若傳之
所云發凡之類賜之以法使依法書時事也官司彝
器謂百官常用之器盂鐺罍俎豆之屬具賜魯也 因商
奄之民 商奄國名也與四國流言或迸散在魯皆令
即屬魯懷柔之○迸彼諍反令徐力呈反 疏
注商奄至柔之○正義曰書傳云武王殺以繼公子祿父及
管蔡流言奄君謂祿父曰武王死成王幼周公疑此百世之
時請舉事然後祿父及三監叛是奄與四國流言也昭九年
傳云蒲姑商奄吾東土也此後云因商奄之民則商奄是東
方之國近魯之地也昭元年傳云周有徐奄杜以徐奄與此
商奄爲一故杜於此名奄商奄二名共爲一國此注言商奄國
名以商奄二字爲國名也詩稱四國流言毛傳以四國爲管
蔡商奄則商奄各自爲國奄則此奄是也商謂紂子祿父下
云管蔡啓商是名祿父爲商也然則毛言商奄爲二杜言商
奄爲一杜言四國流言亦謂管蔡祿父與商奄爲四也商奄
則四國之一言與者據民與四國之君流言故言與也或者
據奄君道三國爲亂故言與總稱四國非爲商奄外別有四
國也言封魯於少皞之虛則商奄非魯也也非魯也而言因
其民者謂商奄之國民或迸散在魯者令使即屬於魯令懷

[illegible][illegible][illegible][illegible]鄉以為三監與商為四國奄在其外故言與四國**命以伯禽**伯禽周公世子時周公唯遣伯禽之國故皆以付伯禽【疏】注伯禽至伯禽○正義曰詩魯頌說封魯之事云王曰叔父建爾元子俾侯于魯是伯禽為周公世子也魯世家云周公相成王使其子伯禽代就封于魯文十三年公羊傳曰周公何以稱大廟于魯封魯公以為周公也周公拜乎前魯公拜乎後曰生以養周公死以為周公主然則周公之魯乎曰不之魯也封魯公以為周公則周公曷為不之魯欲天下之一乎周也其意言周公聖人若使之魯則恐天下迴心尚之故不使之魯也以周公身不適魯唯遣伯禽之國故傳皆言分魯公不言分周公也傳言命以伯禽於體例命以康誥命以康誥則伯禽亦以策命篇名今杜云唯遣伯禽之國故皆以付伯禽則伯禽非是誥誓篇名若以是誥誓當云命以魯誥既為國君不得與君牙伯冏同類也劉炫云伯禽猶下命以康誥是伯禽為命書以書序穆王命君牙為周大司徒作君牙即以君牙為篇與此同也**而封於少皞之虛**少皞虛曲阜也在魯城內○少詩照反注及下同皞胡老反虛起居反注及下皆同【疏】注少皞至城內○正義曰此注少皞之虛即曲阜是也曲阜在魯城內則魯之所都正在

少皞虛矣昭二十九年注窮桑少皞之號窮桑地在魯北與
此異者賈逵云少皞居窮桑登爲帝蓋未登爲帝居魯北既爲
帝乃居嵩也分康叔康叔衛之祖以大路少帛綪茷旃旌
少帛雜帛也綪茷大赤取染草名也通帛爲旃析
羽爲旌○綪七見反茷步具反又音吠旃章然反（疏）注少帛至
爲旌○正義曰周禮司常云通帛爲旜雜帛爲物鄭玄云通
帛謂大赤從周正色無飾雜帛者以帛素飾其側白殷之正
色大赤是通帛知少帛是雜帛也釋草云茹藘茅蒐郭璞曰
今之蒨也可以染絳則綪是染赤之草茷即旆也爾雅繼旐
曰旆旐是旒身旆是旒尾旃用赤則通身皆赤知綪茷是
大赤大赤即今之紅旗取染赤之草爲名也蓋亡以通帛爲旜
帛亦賜旃也然則大赤即是旃也於綪茷之下更言旃者茷
言其旒尾旃言旒身圓其文故具言耳若其不然旌是干之所
建旗亦有旌少帛旃旆之後何須
更復言旌明是圓其文故重言之大呂鍾名（疏）鍾名○正
義曰周鑄
無射爲鐘許鐘皆以律名名鐘知此大呂
亦皆鍾名也其聲應此律相應故以律名焉殷氏七族
陶氏施氏繁氏錡氏樊氏饑氏終葵氏封畛

土略自武父以南及圃田之北竟，略，界也。武父，衛北界。圃田，鄭藪名。○陶，徒刀反。繁，步何反。錡，魚綺反。畛，之忍反，一音真。圃，布五反，本亦作甫，同。塗音徒。徑音經。藪，素口反。【疏】注畛塗至藪名。○正義曰：周禮遂人云：夫間有遂，遂廣深各二尺，遂上有徑，容車馬也。十夫有溝，廣深四尺，溝上有畛，容大車。百夫有洫，洫深八尺，洫上有塗，容乘車一軌。千夫有澮，澮廣二尋，深二仞，澮上有道，容二軌。萬夫有川，川上有路，容三軌。畛是路，故爲塗所經也。桓十二年，公會鄭伯盟于武父。杜云：陳留濟陽縣東北有武父城，彼是鄭地，與此武父非一也。土地名云：傳曰封畛土略自武父以南，則武父衛之北竟也，非河南武父，其地闕，無處。故直云衛北界也。釋地十藪，鄭有圃田。郭璞曰：今滎陽中牟縣西圃田澤是也。衛之南竟至此澤畔。取於有閻之土以共王職。有閻，衛所受朝宿邑，蓋近京畿。○近，附近之近，下近戎同。取於相土之東都以會王之東蒐。爲湯沐邑，王東巡守，以助祭泰山。○相，息亮反。蒐，所求反。守，手又反。【疏】注取於至東蒐。○正義曰：土地名有閻之土與相土之東都，其地皆闕，無其處。言共王職，猶魯之許田盡近京畿也會王東蒐則爲從王巡守助祭泰山爲湯沐之邑若鄭之祊田盡近泰山也王巡守者諸侯爲王守土天子以時出巡行之今言蒐則王之巡守亦因田獵以教習兵士**聃季授土**聃季周公弟司空○聃乃甘反**疏**注聃季至司空○正義曰富辰言文之昭聃季在魯下史記大數十子聃季最少是周公弟也周孔司空主土司徒主民知聃季授土爲司空也下陶叔授民爲司徒也**陶叔授民**陶叔司徒**命以康誥而封於殷虛**康誥周書殷虛朝歌也**皆啓以商政疆以周索**皆魯衛也啓開也居殷故地因其風俗開用其政疆理土地以周法索法也○疆居良反訓及下同**疏**注皆魯至法也○正義曰王制云凡居民材必因天地寒煖燥濕廣谷大川異制民生其間者異俗齊其數不易其俗齊其政不易其宜是已王者布政當順民俗而施之也此民習商之政爲日已久還因其風俗開道以舊政也衛居殷虛開以商政可知矣魯亦開以商政者王者所法不過二代夏在衛西魯在衛東夏政非魯所及故與衛大同以殷之餘民有六族將其醜類以即事于魯故與衛皆啓以商政也疆理土地以周法則三代經界法皆有異其異未盡

聞也索之爲法相傳訓耳考工記量器銘曰時文思索允臻其極鄭亦以索爲法分唐叔唐叔晉之祖以大路密須之鼓密須國名闕鞏甲名○鞏九勇反沽洗鐘名○沽音孤洗息典反懷姓九宗職官五正懷姓唐之餘民九宗一姓爲九族職官五正五官之長○長丁丈反下文乃長衛同

【疏】注懷姓至之長○正義曰懷姓居在晉地而不言殷民知是唐之餘民也言懷姓九宗則皆姓懷矣知一姓而有九族也職官五正杜云五官之長則謂五官之長子孫耳曲禮云天子之五官曰司徒司馬司空司士司寇鄭玄云此殷時制也然則殷時五官居在唐地世爲貴族以賜唐叔使主領之所以榮寵唐叔也殷之五官不必皆在唐地但有三官四官亦得總五言之劉炫云職官五正職主也正長也主官事者有五長分九宗爲五官使主之此九宗蓋宗有一人數少者當宗不足立官并之爲五使五官領此九宗或以爲於懷姓之內立五正使分主九宗未知誰是故備言之或以爲五官之長謂如昭二十九年蔡墨所云五行之官長也是天子之大臣非唐之遺民然姓而有五也并賜唐叔豈天子得以五行官長賜諸侯哉命以康誥而封於

夏虛（康誥誥命篇名也夏虛大夏今大原晉陽也）啓以夏政（亦因夏風俗開用其政）疆以戎索（大原近戎而寒不與中國同故自以戎法）三者皆叔也而有令德故昭之以分物不然文武成康之伯猶多而不獲是分也唯不尚年也管蔡啓商惎間王室（惎毒也周公攝政管叔蔡叔開道紂子祿父以毒亂王室○惎音忌間間厠之間道音導）王於是乎殺管叔而蔡蔡叔（周公稱王命以討二叔蔡蔡放也○蔡蔡叔上素達反注同下蔡叔如字）以車七乘徒七十人（與蔡叔車徒而放之○乘繩證反）其子蔡仲改行帥德周公舉之以爲己卿士（爲周公臣○行下孟反）見諸王而命之以蔡（命爲蔡侯○見賢遍反）其命書云王曰胡無若爾考之違王命也（胡蔡仲名）

【疏】文武至尚年。○正義曰文武成康皆以庶長而立未得更有兄伯封爲諸侯而云伯猶多者以叔年稚於伯仲庶叔而得分多明其長者無所得伯是兄弟之長故舉伯以爲言所云猶多者甚言之耳歷檢書傳文武成康未有兄爲諸侯者幼者分物多長者無所得此唯爲不尚年故也○管蔡至命也○正義曰書序云蔡叔既沒王命蔡仲踐諸侯位作蔡仲之命其經云惟周公位冢宰正百工羣叔流言乃致辟管叔于商囚蔡叔于郭鄰以車七乘降霍叔于庶人三年不齒蔡仲克庸祗德周公以爲卿士叔卒乃命諸王邦之蔡王若曰小子胡惟爾率德改行克愼厥猷肆予命爾侯于東土往即乃封敬哉爾尚蓋前人之愆惟忠惟孝率乃祖文王之彝訓無若爾考之違王命傳之此言皆述書意而爲之辭唯增言徒七十人耳孔安國云郭鄰中國之外地名亦不知何方地名也○註甚毒也○正義曰甚毒間亂賈逵云然是捐傳訓也道祿父作亂將以害周若毒螫然故云毒亂王室也○註周公至放也○正義曰蔡仲之命篇云周公乃致辟管叔于商因蔡叔于郭鄰則是周公誅之矣而此言王者周公稱王命以討之書序云成王既伐管叔蔡叔是稱王命之文也說文云𣪠散之也從米殺聲然則𣪠字殺下米也𣪠爲放散之義故訓爲放也隸書改作巳失字體𣪠字不復可識僞者全類蔡字至有爲一蔡字重點以讀之者今定本作蔡非也○註爲周公臣○正義曰孔安國云明王之法誅父用子言至公周公圻内諸侯二卿治事是爲周公圻内釆邑之卿也

若之何其使蔡先衛也武王之母弟八人周公爲太宰康叔爲司寇聃季爲司空五叔無官豈尚年哉五叔管叔鮮蔡叔度成叔武霍叔處毛叔聃也

【疏】母弟八人○正義曰上言十八而此云八者伯邑考已死不數武王故八人○康叔爲司寇○正義曰尚書蘇公爲司寇此言康叔者爲蘇公出封爲國康叔替之○注五叔○正義曰史記云聃季載杜云毛叔聃又不數叔振鐸者杜以振鐸非周公同母故不數之或杜別有所見不以管蔡世家爲說

曹文之昭也文王子與周公異母○昭上饒反說文作絽晉武之穆也武王子曹爲伯甸非尚年也以伯爵居甸服言小○甸徒練反

【疏】曹文至尚年○正義曰於昭穆曹是晉之叔父也晉爲大國多受分物曹爲伯爵而在甸服非是尊尚年長也桓二年傳云晉甸侯

也晉亦在甸雖侯伯之爵其耳言爲伯甸連言之耳於伯甸升降也鄭玄云曹今濟陰定陶也去王城八百里東鄰之畿
方六百里半之三百里侯服五百里定陶在畿外故爲在甸服言其小也今將尚之是反
先王也晉文公爲踐土之盟衛成公不在夷
叔其母弟也猶先蔡踐土召陵二會經書蔡在衛上霸主以國大小之序也子魚所
言盟秋之次其載書云王若曰晉重文公○重直龍反魯申僖公
衛武叔武蔡甲午莊侯鄭捷文公○捷在接反齊潘昭公○潘普安反
宋王臣成公○宋王臣如字本或作王如林反莒期茲丕公也齊序鄭下周之宗盟異姓爲後
○不普悲反藏在周府可覆視也吾子欲復文武之
略略道也○覆芳服反〔疏〕藏在周府○正義曰言周家府藏之內有此載書在也本或爲盟府由僖五年
傳藏於盟府涉彼而誤耳而不正其德將如之何萇弘說告

劉子與范獻子謀之乃長衛侯於盟反自召陵鄭子大叔未至而卒晉趙簡子爲之臨甚哀曰黃父之會在昭二十五年○説音悅爲于僞反下楚爲沈同臨力鴆反父音甫

疏不正其德○正義曰正長也謂明不長其有德者也○乃長衛侯○正義曰釋例曰周之宗盟異姓爲後故踐土之盟載書齊宋雖大降於鄭衛周而言指謂王官之宰臨盟者也其餘雜盟未必皆然踐土召陵二會皆蔡在衛上時國次也至盟乃正其高下者敬共明神本其始也是言會以國之大小爲次至盟乃先同姓盟之先同姓者唯謂王官之宰臨盟時王踐土則王子虎盟諸侯于王庭此盟則劉子在焉故二者先同姓其餘雜盟亦以國之大小爲次故襄二十七年宋之盟晉楚爭先若其皆先同姓則楚不得競也以此知餘盟不然

大子語我九言曰無始亂無怙富無恃寵無違同無敖禮無驕能以能驕人○語魚據反怙音戶敖五報反

疏九言並爲一○正義曰古者一字與二字言易云伏羲作十言之教

曰乾坤震巽坎離艮兌消息乾坤雖是一字亦一出口爲得言之故謂之一言今則一字爲一言三字以上爲一句無復慾復重也○復扶又反注同無謀非德非所謀也無犯非義傳言蔡子能用善言所以遂興○沈人不會于召陵晉人使蔡伐之

夏蔡滅沈秋楚爲沈故圍蔡伍員爲吳行人以謀楚楚之殺郤宛也在昭二十七年○員音云伯氏之族出郤宛黨伯州犂之孫嚭爲吳大宰以謀楚楚自昭王即位無歲不有吳師蔡侯因之以其子乾與其大夫之子爲質於吳冬蔡侯吳子唐侯伐楚唐侯不書兵屬於吳蔡○犂力兮反嚭普鄙反乾其連反質音致舍舟于淮汭吳乘舟從淮來過蔡而舍之○舍音赦置也又音捨棄也注同汭人銳反自豫章與

楚夾漢豫章漢東江北地名○夾古洽反【疏】註豫章至地名○正義曰漢書地理志豫章郡名在江南此在江北者士地名云定二年楚人伐吳師于豫章吳人見舟于豫章而潛師于巢以軍楚師于豫章又伯舉之役吳人舍舟于淮汭而自豫章與楚師夾漢此皆在江北淮南蓋後徙在江南之豫章左司馬戌謂子常曰子沿漢而與之上下沿緣也緣漢上下遮使勿渡○沿悅全反上時掌反遮正奢反我悉方城外以毀其舟以方城外人毀吾所舍舟還塞大隧直轅冥阨三者漢東之隘道○隧音遂冥亡丁反本或作寘之豉反阨於懈反本或作隘音同子濟漢而伐之我自後擊之必大敗之既謀而行武城黑謂子常黑楚武城大夫曰吳用木也我用革也用軍器不可久也不如速戰史皇謂子常楚以惡子而好司馬史皇楚大夫司馬沈尹戌○惡烏路反好

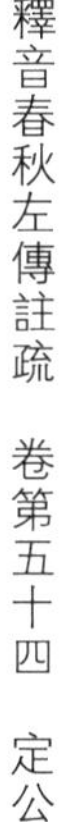

呼報反若司馬毀吳舟于淮塞城口而入城口三隘道之總名是獨克吳也子必速戰不然不免乃濟漢而陳自小別至于大別禹貢漢水至大別南入江然則此二別在江夏界○陳直覲反下文及注同夏戶雅反

疏注禹貢至夏界○正義曰禹貢云嶓冢導漾東流為漢又東為滄浪之水過三澨至于大別南入于江孔安國云三澨水名入漢大別山名[illegible]山[illegible]南入江如後文大別在江北小別當近之小別當在大別之東也何則子常從小別與吳戰退而至大別明其自東而漸西也土地名小別大別皆闕不知所在或曰大別在安豐縣西南傳曰吳既與楚夾漢然後楚乃濟漢而陳自小別至于大別然則二別近漢之名無緣反在安豐也

三戰子常知不可欲奔知吾不可勝史皇曰安求其事求知政事難而逃之將何所入子必死之初罪必盡說言致死以克吳可以免貴賄致寇之罪○難乃旦反十一月庚午二師

陳于柏舉經所以書[illegible]一師吳楚師闔廬之弟夫槩王晨請於闔廬曰楚瓦不仁瓦子常也其臣莫有死志先伐之其卒必奔而後大師繼之必克弗許夫槩王曰所謂臣義而行不待命者其此之謂也今日我死楚可入也以其屬五千先擊子常之卒子常之卒奔楚師亂吳師大敗之子常奔鄭史皇以其乘廣死以戰死○卒子忽反下同乘繩證反廣古曠反

【疏】所謂至入也○正義曰臣見義則行不待君命古有此言故云其此之謂也今日我致死而戰楚可入也

吳從楚師及清發清發水名將擊之夫槩王曰困獸猶鬭況人乎若知不免而致死必敗我若

使先濟者知免後者慕之蔑有鬬心矣半濟而後可擊也從之又敗之楚人爲食吳人及之奔食而從之敗諸雍澨五戰及郢奔食食者走不陳故不在戰數○澨市制反【疏】註奔食至戰數○正義曰五戰謂濟漢而陳自小別至于大別三戰也柏舉也請發也此已五矣若後數雍澨則爲六也傳例皆陳曰戰奔食而從之則食者走不暇爲陳故不數也己卯楚子取其妹季芉畀我以出涉睢睢水出新城昌魏縣東南至枝江縣入江是楚王西走○芉面爾反楚姓畀必利反世族譜季芉畀我皆平王女也服云畀我季芉之字睢音七餘反下同【疏】季芉畀我○正義曰世族譜季芉與畀我二人皆平王女也服虔云季芉許嫁而字畀我季芉弟也禮婦人許嫁笄而稱字季芉稱字是許嫁也蓋遭亂失死而改適鍾建耳○註睢水至西走○正義曰壬地名睢水出新城昌魏縣南發河山東南經襄陽至南郡枝江縣入江此水在郢都之西楚王辟吳而西走鍼尹固與王

同舟王使執燧象以奔吳師燒火燧繫象尾使赴吳師驚却之○鍼之林反燧音遂【疏】注燒火至却之○正義曰賈逵云燧火燧也象獸也以火繫其尾使奔吳師驚却其衆使王得脫杜用其説也礼有金燧木燧皆取火之物故以燧名火也説文云象長牙鼻南越之大獸也南州異物志云象身倍數牛而目則如豕目鼻長七八尺其所食物皆鼻取之性馴良爲人所養使人服乘之史記大宛傳曰身毒國其民皆乘象以戰是象可調馴楚近南邊故有此象王將逃恐吳師來偪故使以火燧繫象尾令奔吳師使焉却之言執燧象者既繫火於尾執而牽向吳師乃放之庚辰吳入郢以班處宮以尊卑班次處楚王宮室子山處令尹之宮子山吳王子夫槩王欲攻之懼而去之夫槩王入之入令尹宮也言吳無禮所以不能遂克左司馬戌及息而還息汝南新息也聞楚敗故還敗吳師于雍澨傷司馬先敗吳師而身被創○創初良反初司馬臣闔廬故恥爲禽焉

司馬嘗在吳爲闔廬臣，是以今恥於見禽。謂其臣曰：「誰能免吾首？」吳句卑曰：「臣賤，可乎？」司馬曰：「我實失子，可哉！」失，不知子賢。句，古侯反。【疏】「我實失子可哉」○正義曰：言我比來失子，不知子有賢行，臨難能免吾首，故今可守此言哉。

三戰皆傷，曰：「吾不用也已。」句卑布裳，剄而裹之，司馬已死，剄取其首。○剄，古頂反。裹音果。【疏】註「司馬已死」○正義曰：言布裳剄之，是司馬傷而自殺，故云已死。

藏其身而以其首免。傳言司馬之忠壯。【疏】註「忠壯」○正義曰：謀毀舟敗吳，是忠也；雖傷猶戰不止，是壯也。

楚子涉雎，濟江，入于雲中。入雲夢澤中，所謂江南之夢。○夢，如字，又音蒙。【疏】註「入雲」至「之夢」○正義曰：《土地名》云：南郡枝江縣西有雲夢城，江夏安陸縣東南亦有夢城。或曰南郡華容縣東南有巴丘湖，江南之夢也。郢都在江北，雎東，王奔而涉雎，又南濟江，乃入于雲中，知此在江南。昭三年「王與鄭伯田於江南之夢」，謂此也。言江南之夢，則江北亦有夢矣。司馬相如《子虛賦》云「雲夢者，方九百里」，則此澤跨江南北王寢盜攻之以戈擊王王孫由于以背受之中肩王奔鄖鍾建負季芈以從鍾建楚大夫○中丁仲反鄖音云從才用反下同一音如字由于徐蘇而從以背受戈故當時悶絕鄖公辛之弟懷將弒王曰平王殺吾父我殺其子不亦可乎辛蔓成然之子鬬辛也昭十四年楚平王殺成然○殺如字又申志反下我殺同蔓音萬辛曰君討臣誰敢讎之君命天也若死天命將誰讎詩曰柔亦不茹剛亦不吐不侮矜寡不畏彊禦唯仁者能之詩大雅言仲山甫不辟彊陵弱○茹音汝矜古頑反（疏）柔亦至彊禦○正義曰詩大雅烝民美宣王之詩其章內言仲山甫不茹柔不吐剛也釋言云啜茹也舍人曰啜茹食也樊光云啜茹飲水啜茹謂食蔬藿也然則茹是啜食之名違彊陵弱非勇

也棄人之約非仁也滅宗廢祀非孝也弒君罪應滅宗動無令名非知也必犯是余將殺女鬭辛與其弟巢以王奔隨吳人從之謂隨人曰周之子孫在漢川者楚實盡之天誘其衷致罰於楚而君又竄之竄匿也○知音智女音汝衷音忠竄七亂反匿女力反【疏】注以王至隨○正義曰桓六年傳曰漢東之國隨為大土地名隨國義陽隨縣其國在楚之東也土地名鄖江夏雲杜縣則是楚之西南吳師猶尚在郢更東來奔隨國者蓋為楚鄰隨有恩謂可保守故也周室何罪君若顧報周室施及寡人以獎天衷獎成也○施以豉反君之惠也漢陽之田君實有之楚子在公宮之北隨公宮也吳人在其南子期似王子期昭王兄公子結也逃王而已

爲王曰以我與之王必免隨人卜與之不吉乃辭吳曰以隨之辟小而密邇於楚楚實存之世有盟誓至于今未改若難而棄之何以事君執事之患不唯一人一人楚王○辟匹亦反難乃旦反若鳩楚竟敢不聽命吳人乃退鳩安集也○竟音境鑪金初官於子期氏實與隨人要言要言無以楚王與吳并欲脫子期○鑪本又作鑢金名音慮是也王使見王喜其意欲引見之以比王已且欲使盟隨人○見賢遍反下注敢見皆同辭曰不敢以約爲利此約謂要言也此一時之事非爲德舉故辭不敢見亦不肯爲盟主○約如字又於妙反王割子期之心以與隨人盟當心前割取血以盟示其至心初伍員與申包胥友包胥楚大夫○包必交反其亡

定四

也，謂申包胥曰：我必復楚國。復，報也。申包胥曰：勉之！子能復之，我必能興之。及昭王在隨，申包胥如秦乞師，曰：吳爲封豕長蛇，以荐食上國，荐，數也。言吳貪害如蛇豕。○荐，在薦反。數，所角反。

疏 註"荐數也"。○正義曰：釋言云："荐，再也。"再亦數之義也。

虐始於楚。寡君失守社稷，越在草莽，使下臣告急，曰：夷德無厭，若鄰於君，疆埸之患也。吳入有楚，則逼秦界。○草莽，舊作茅，亡交反。今本又作莽，莫蕩反，下同。厭，於鹽反。疆，居良反。埸音亦。逮吳之未定，君其取分焉。與吳共分其地。○逮音代。分，扶問反。若楚之遂亡，君之土也。若以君靈撫之，世以事君。撫，存恤也。秦伯使辭焉，曰：寡人聞命矣。子姑就館，將圖而告對曰寡君越在草莽未獲所伏伏猶處也下臣何敢即安立依於庭牆而哭日夜不絕聲勺飲不入口七日秦哀公為之賦無衣詩秦風取其王于興師脩我戈矛與子同仇與子偕作與子偕行○勺市灼反又音灼為于偽反仇音求【疏】無衣○正義曰無衣刺用兵也秦人刺其君好攻戰亟用兵而不與民同欲焉其詩云豈曰無衣與子同袍王于興師脩我戈矛與子同仇鄭箋云此責康公之言也君豈嘗曰女無衣我與女同袍乎言不與民同欲也下注云君不與我同欲而於王興師則云脩我戈矛與子同仇往伐之刺其好攻戰又云豈曰無衣與子同澤王于興師脩我矛戟與子偕作又云豈曰無衣與子同裳王于興師脩我甲兵與子偕行九頓首而坐無衣三章章三頓首秦師乃出為明年包胥以秦師至張本

附釋音春秋左傳註疏卷第五十四

附釋音春秋左傳註疏卷第五十五（定五年盡九年）

杜氏註　孔穎達疏

經五年春王三月辛亥朔日有食之（無傳）○夏歸粟于蔡（蔡爲楚所圍飢乏故魯歸之粟）【疏】註蔡爲至之粟○正義曰公羊傳曰孰歸之諸侯歸之曷爲不言諸侯歸之離至不可得而序故言我也穀梁傳亦然賈逵取彼爲說云不書所會後也杜以傳文唯言周亟矜無資自歸魯歸粟之意不言諸侯歸之諸侯或亦歸之要此經所書其意不及諸侯故顯而異之言魯歸之粟

○於越入吴（於發聲也）【疏】註於發聲也○正義曰公羊傳云於越者何越者何於越者未能以其名通也越者能以其名通也其意言越與於越立文不同事有襃貶左氏無此義越是南夷夷言有此發聲史官或正其名或從其俗越與於越史異辭無義例

六月丙申季孫意如卒○秋七月壬子叔孫不敢卒（無傳）○冬晉士鞅帥

師圍鮮虞

傳五年春王人殺子朝于楚（因楚亂也終閔馬父之言）夏歸粟于蔡以周亟矜無資（亟急也○亟紀力反注同）越入吳吳在楚也○六月季平子行東野（東野季氏邑○行下孟反下相子行同）還未至丙申卒于房陽虎將以璵璠斂（璵璠美玉君所佩○璵本又作與音餘璠音煩又方煩反斂力驗反）

疏註璵璠至所佩○正義曰案說文云璵璠魯之寶玉璵璠是一玉名說文又云瑜美玉與璵璠異也昭公出奔之後平子攝行君事入宗廟佩此玉陽虎以平子嘗佩此玉故將以斂之仲梁懷不與明此玉是君所佩也君之所佩故為美玉也玉藻云公侯佩山玄玉此當時所佩未必是山玄也玉藻又云古之君子必佩玉右徵角左宮羽鄭玄云徵角在右事也民也可以勞宮羽在左君也物也宜逸

仲梁懷弗與（懷亦季氏家臣）曰改步改玉（昭公之出季孫行君事佩璵璠）

祭宗廟今定公立復臣位改君步則亦當法與璠○去起呂反【疏】改步改玉○正義曰步謂行也玉藻云君與尸行接武大夫繼武士中武鄭玄云尊者尚徐接武蹈半迹繼武迹相及也中武迹間容迹是君臣步不同也玉藻又云公佚佩山玄玉大夫佩水蒼玉是君臣玉不同也昭公之出季氏行君事為君行佩君玉及定公立季氏復臣位故步玉皆改故

陽虎欲逐之告公山不狃不狃曰彼為君也子何怨焉不狃季氏臣費宰子洩也為君不欲使僭○狃女九反為子偽反注同洩息列反僭子反【疏】彼為君○正義曰家臣謂季氏為君故注云不欲使僭

既葬桓子行東野相子意如子季孫斯及費子洩為費宰逆勞於郊桓子敬之勞仲梁懷仲梁懷弗敬懷時從桓子行輕慢子洩○勞力報反下同從才用反下從父昆弟皆從王並同子洩怒謂陽虎子行之乎行逐懷也為下陽虎囚桓子起

申包胥以秦師至秦子蒲子虎

帥車五百乘以救楚五百乘三萬七千五百人○乘繩登反注同子蒲曰吾未知吳道道猶法術使楚人先與吳人戰而自稷會之火敗夫槩王于沂稷沂皆楚地○沂魚依反吳人獲薳射於柏舉薳射楚大夫○射食亦反又食夜反其子帥奔徒奔徒楚散卒○卒子忽反以從子西敗吳師於軍祥軍祥楚地也秋七月子期子蒲滅唐從吳伐楚故九月夫槩王歸自立也以與王戰而敗自立為異王號夫槩奔楚為堂谿氏傳終言之○谿苦兮又下同吳師敗楚師于雍澨秦師又敗吳師吳師居麇麇地名○麇九倫反下同子期將焚之子西曰父兄親暴骨焉不能收又焚之不可前年楚人與吳戰多死麇中言

不可并焚　暴步卜反　○子期曰：國亡矣，死者若有知也，可以歆舊祀，言焚吳復楚，則祭祀不廢。○歆，許金反。豈憚焚之？焚之而又戰，吳師敗。又戰于公壻之谿，楚地名。吳師大敗，吳子乃歸。因闉輿罷。闉輿罷請先，遂逃歸。闉輿罷，楚大夫。請先至吳而逃歸。言吳唯得楚一大夫，復失之，所以不克。○闉音因。輿音餘，又作與，羊汝反。罷音皮。復，扶又反。葉公諸梁之弟后臧從其母於吳，不待而歸。諸梁，司馬沈尹戌之子葉公子高也。吳入楚，獲后臧之母。楚定，臧棄母而歸。○葉，舒涉反。從如字，又才用反。葉公終不正視。不義之。○乙亥，陽虎囚季桓子及公父文伯，文伯，季桓子從父昆弟也。陽虎欲為亂，恐二子不從，故囚之。○公父音甫。而逐仲梁懷。冬十月丁亥，殺公何藐。藐，季氏族〇麑丁角反一音弥小反巳丑盟桓子于稷門之內魯南城門庚寅大詛逐公父歜及秦遄皆奔齊歜即文伯也秦遄平子姑壻也傳言季氏之亂〇詛莊慮反歜昌欲反遄市專反〇楚子入于郢吳師已歸初鬬辛聞吳人之爭宮也曰吾聞之不讓則不和不和不可以遠征吳爭於楚必有亂有亂則必歸焉能定楚王之奔隨也將涉於成臼江夏竟陵縣有臼水出聊屈山西南入漢焉於虔反臼其九反欻其勿反又君勿反〇藍尹亹涉其帑亹楚大夫〇藍力甘反亹亡匪反帑音奴不與王舟及寧王欲殺之寧安定也子西曰子常唯思舊怨以敗君何效焉王曰善使復其所吾以志前惡惡過也王賞

鬭辛、王孫由于、王孫圉、鍾建、鬭巢、申包胥、王孫賈、宋木、鬭懷。九子皆從王有大功者子西曰：「請舍懷也。」以初謀弑王也。○舍音捨，又音赦。弑，申志反。王曰：「大德滅小怨，道也。」終從其兄免王大難，是大德。○難，乃旦反。申包胥曰：「吾爲君也，非爲身也。君既定矣，又何求？且吾尤子旗，其又爲諸？」子旗蔓成然也。以有德於平王，求欲無厭，平王殺之，在昭十四年。○爲君，于僞反，下爲身同。厭，於鹽反。遂逃賞。王將嫁季芈，季芈辭曰：「所以爲女子，遠丈夫也。鍾建負我矣。」以妻鍾建，以爲樂尹。司樂大夫。○遠，于萬反。妻，七計反。王之在隨也，子西爲王輿服以保路，國于脾洩。脾洩，楚邑也。失王，恐國人潰散，故僞爲王車服，立國脾洩，以保安道路人。○脾，婢支反。洩，息列反。

疏

王之至脾洩○正義曰王之在隨也國內無王子西以民無所依恐其潰散故僞爲王之車服以安道路之人國于脾洩之地於時子西盖假稱王矣聞王所在而後從王王使由于城麇於麇築城復命子西問高厚焉弗知子西曰不能如辭言自知不能當辭勿行【疏】問高厚焉弗知○正義曰子西問由于所築麇城高厚幾何由于不知董遇云問城高厚丈尺也本或有大小者涉下文而誤耳○不能如辭○正義曰敢爲不敢如爲不如古人之語然也僖二十二年傳云若愛重傷則如勿傷愛其二毛則如服焉經傳之文此類多矣城不知高厚小大何知對曰固辭不能子使余也人各有能有不能王遇盜於雲中余受其戈其所猶在袒而視之背曰此余所能也脾洩之事余亦弗能也傳言昭王所以復國有賢臣也○袒音但【疏】城不至何知○正義曰王肅斷

小大何知爲句注云如是小大何所知也張免古今人論云子西問城之高厚小大而弗知也子西怒曰不能則如辭能之而不知又何知乎張■引辭爲文小大■屬■雖無注盖與張同晉士鞅圍鮮虞報觀虎之役也三年鮮虞獲晉觀虎

經六年春王正月癸亥鄭游速帥師滅許以許男斯歸游速大叔子○二月公侵鄭公至自侵鄭無傳○夏季孫斯仲孫何忌如晉○秋晉人執宋行人樂祁犂稱行人言非其罪○犂力兮反又力之反○冬城中城無傳公爲晉侵鄭故懼而城之○爲于爲反○季孫斯仲孫忌帥師圍鄆無傳何忌不言何闕文鄆貳於齊故圍之○鄆音運

疏季孫至圍鄆○正義曰鄆是魯邑軍曰圍之必是鄆邑叛也三傳並無其事不知何爲而叛明年齊人歸鄆是叛屬齊也

傳六年春鄭滅許因楚敗也○二月公侵鄭取匡爲晉討鄭之伐胥靡也胥靡周地也周儋翩因鄭人以作亂鄭爲之伐胥靡故晉使魯討之匡鄭地取匡不書歸之晉○爲于偽反注同儋丁甘反翩音篇疏討鄭之伐胥靡○正義曰下注云鄭伐周六邑在魯伐鄭取匡前而此獨云胥靡者此時須顯侵鄭之意故言討鄭之伐胥靡畧言之也但鄭伐周事須從下文戍周發之故傳文乃逆指下事爲次也往不假道於衛及還陽虎使季孟自南門入出自東門陽虎將逐三桓欲使得罪於鄰國舍於豚澤衛侯怒使彌子瑕追之彌子瑕衛嬖大夫○豚杜孫反嬖必計反公叔文子老矣文子公孫發輦而如公曰尤人而效之非禮也昭公之難君將以文之舒鼎衛文公之鼎○難乃旦反成之昭兆宝龜疏尤人至非禮○正義曰入其國門非

也過伐其師亦非也尤其罪而復效之爲非禮也下云人以棄之即云天將多陽虎之罪則公叔文子知此出入衞
門是陽虎之計非魯公使然尤人謂尤陽虎也○文之至昭兆○正義曰賈逵云舒鼎鼎名昭兆宝龜杜依用之蓋衞文
公鑄此鼎也其名曰舒不知其故成之昭兆成公新得此鑑以灼之出兆兆文分明故名爲昭兆定之鞶
鑑鞶帶而以鏡爲飾也今西方羌胡猶然古之遺服○鞶又作盤步干反又蒲官反鑑古暫反苟可
以納之擇用一焉公子與二三臣之子諸侯
苟憂之將以爲之質爲質求納魯昭公○質音致注同此羣臣之
所聞也今將以小忿蒙舊德蒙覆也無乃不可
乎大姒之子大姒文王妃○大音泰姒音似唯周公康叔爲相
睦也而效小人以棄之不亦誣乎天將多陽
虎之罪以斃之君姑待之若何乃止止不伐魯師○

夏季桓子如晉獻鄭俘也獻此春取匡之俘。俘芳夫反陽虎強使孟懿子往報夫人之幣虎欲困辱三桓并求媚於晉故強使正卿報晉夫人之聘。強其丈反注同下皆放此【疏】陽虎至之幣。正義曰聘禮者諸侯使卿聘鄰国之禮也執圭以致君命執璧以致享幣其於夫人則聘用璋享用琮聘君與夫人一使兼致之夫人不別使也傳言報夫人之幣則晉之夫人嘗有聘魯者矣禮法夫人不得遣使則晉之夫人聘者亦爲晉君來聘也經無其事蓋遣大夫來聘名氏不合見經故略之也不言報晉君唯言報夫人者桓子如晉獻鄭俘即亦報聘晉也桓子報聘卿亦得報夫人也但陽虎欲困辱三桓又欲求媚於晉故使桓子報聘晉君又別遣正卿報晉夫人所以困辱三桓而重晉禮也晉人兼享之賤魯故不復兩設禮明經所以不備書。復扶又反【疏】注賤魯至備書。正義曰若桓子特爲獻俘懿子專爲報聘則經當兩書如晉不合共文晉人亦當兩設享禮各待一客今乃桓子聘晉孟懿子報夫人則似共爲一使若賓與介然後晉人兼享之賤魯故不復兩爲設禮傳言此者明經所以不備書也不備書謂不各自立文兩書如晉也若然文十八年公子遂叔孫得臣如齊亦是經不備書而經此不備者後傳言惠公立故且拜葬也則是魯並命二卿令行兩事雖各有所主而受命俱行故宜共文書之此則節子獻俘并亦報聘一卿足以兼之懿子不須行矣陽虎強使之行乃是從後而去去時不同受命宜當別書如晉上爲晉人所賊故經不復備書正以傳言強使懿子報夫人之幣知桓子報晉君矣傳言兼享之知其不應兼矣以此明二人不同受命宜應別書略而不備書耳 孟孫立于房外謂范獻子曰陽虎若不能居魯而息肩於晉所不以爲中軍司馬者有如先君辭先君以徵其言若欲使晉必厚待之【疏】孟孫至先君○正義曰懿子之意不爲陽虎求官欲使晉人知陽虎專權爲國所患言若不得居魯而息肩於晉示己知陽虎必將作亂而出奔也中軍司馬晉國大夫之最貴者爲求此官似若欲使晉厚待之然令晉知其情耳諸言有如皆是誓辭稱先君以徵其言似若欲晉必從之 獻子曰寡君有官將使其人擇得其人 鞅何知焉獻子謂簡子

曰魯人患陽虎矣孟孫知其釁以爲必適晉故強爲之請以取入焉欲令晉人聞虎當逃走故強設請託之辭因此言以入晉令晉素知之○釁許靳反爲之于僞反令力呈反【疏】注欲令至知之○正義曰本意不爲陽虎請官欲令晉人知陽虎終必逃走強設託請之辭因此言辭以取入晉之意欲令晉人素知陽虎之必逃○四月己丑吳大子終纍敗楚舟師終纍闔廬子夫差兄舟師水戰○纍力追反又力軌反夫音扶差初佳反獲潘子臣小惟子二子楚舟師之帥○惟位悲反本又作帷亦如字帥所類反及大夫七人楚國大惕懼亡下子期又以陵師敗于繁揚陵師陸軍○惕他歷反【疏】注陵師陸軍○正義曰上云舟師水戰此言陵師陸軍南人謂陸爲陵此猶然釋地云高平曰陸大陸曰阜大阜曰陵是陵陸小大之異名耳令尹子西喜曰乃今可爲矣言知懼而後可治於是乎遷

郢於鄀而改紀其政以定楚國傳言楚賴子西以安。鄀音若。

周儋翩率王子朝之徒因鄭人將以作亂于周儋翩子朝餘黨鄭於是乎伐馮滑胥靡負黍狐人闕外鄭伐周六邑在魯伐鄭取匡前於此見者爲戍周起也陽城縣西南有負黍亭。見賢遍反下文見溷井注同爲于僞反下同六月晉閻沒戍周且城胥靡爲下天王出居姑蕕起。

秋八月宋樂祁言於景公曰諸侯唯我事晉今使不往晉其憾矣樂祁告其宰陳寅以景公言告之。使所吏反憾户暗反陳寅曰必使子往他日公謂樂祁曰唯寡人說子之言子必往陳寅曰子立後而行吾室亦不亡寅知晉多門往必有難難故使樂祁立後而行。說音悅難乃

旦反下文同唯君亦以我爲知難而行也見涸而行

涸樂祁子也見於君立以爲後○涸侯溫反又侯困反趙簡子逆而飲之酒於

緜上獻楊楯六十於簡子楊木名○飲於鴆反楯食允反又音允陳

寅曰昔吾主范氏今子主趙氏又有納焉以

楊楯賈禍弗可爲也已知范氏必然將得禍○賈音古然子死晉

國子孫必得志於宋以其爲國死○爲于僞反下同范獻子言

於晉侯曰以君命越疆而使未致使而私飲

酒不敬二君不可不討也乃執樂祁獻子怒祁比趙氏經

所以稱行人○疆居良反使所吏反下同比毗志反○陽虎又盟公及三桓於

周社盟國人于亳社詛于五父之衢傳言三桓微陪臣專

政為八年陽虎作亂起○亳步各反詛側慮反父音甫猶其俱反○冬十二月天王處于姑蕕姑蕕周地○蕕音由一音由稚酉反辟儋翩之亂也為明年單劉逆王起

○單音善

經七年春王正月○夏四月○秋齊侯鄭伯盟于鹹鹹衛地○鹹音咸○齊人執衛行人北宮結以侵衛稱行人非使人之罪○使所[illegible]齊侯衛侯盟于沙沙結叛晉也陽平元城縣東南有沙亭○沙如字又星和反[illegible]傳也○齊國夏帥師伐我西鄙夏國佐孫○九月[illegible]傳也

疏註過也○正義曰案賈逵云旱也杜言過者杜以春欲旱如賈之所言[illegible]言旱以此傳無旱文故謂之過有雩旱可知不須發傳若然昭二十五年[illegible]雩一月兩雩旱亦可知何須發傳言旱甚也[illegible]非也蓋時有雩旱故傳不言旱

正德十二年刊 [illegible] 秋疏五五

禾應合雩註杜云過也

傳七年春二月周儋翩入于儀栗以叛儀栗周邑○齊人歸鄆陽關陽虎居之以爲政鄆陽關皆魯邑十二於齊齊今歸之不書虎專之○中丁仲反○夏四月單武公穆公子劉桓公文公于敗尹氏于窮谷尹氏復黨儋翩共爲亂也○復扶又反○秋齊侯鄭伯盟于鹹徵會于衛徵召衛也衛侯欲叛晉屬齊鄭也諸大夫不可使北宮結如齊而私於齊侯曰執結以侵我欲以齊師懼諸大夫齊侯從之乃盟于瑣瑣即沙也爲明年涉佗捘衛侯手起○瑣素果反佗徒何反捘子對反齊國夏伐我齊叛晉故陽虎御季桓子公斂處父御孟懿子處父孟氏家臣成宰公斂

隱○斂力檢反又音廉弐音屢點反將宵軍齊師齊師聞之墮伏而

待之一墮毀其軍以誘敵而設伏兵○墮許規反處父曰虎不圖禍而必

死而女也○女音汝下文同（疏）處父至必死○正義曰齊人設伏待之魯若入其伏內是爲禍也虎不謀此

禍而欲夜掩齊師女必死處父欲自殺之苫夷曰虎陷二子於難苫夷季氏家臣

二子季孟○苫始占反難乃旦反不待有司余必殺女虎懼乃還

不敢傳言詹臣強能自相制季孟不敢有心（疏）不待有司○正義曰言不待掌刑戮之有司余必自

殺女也虎見二子以此此言懼之乃還不敢○冬十一月戊午單子劉子

逆王于慶氏慶氏守姑猶大夫晉籍秦送王己巳王入

于王城己巳十二月五日有日無月（疏）注己巳至無月○正義曰此年經傳曰少上下無可考驗

杜自以長曆校之己巳爲十二月五日館于公族黨氏黨氏周大夫○黨音掌而

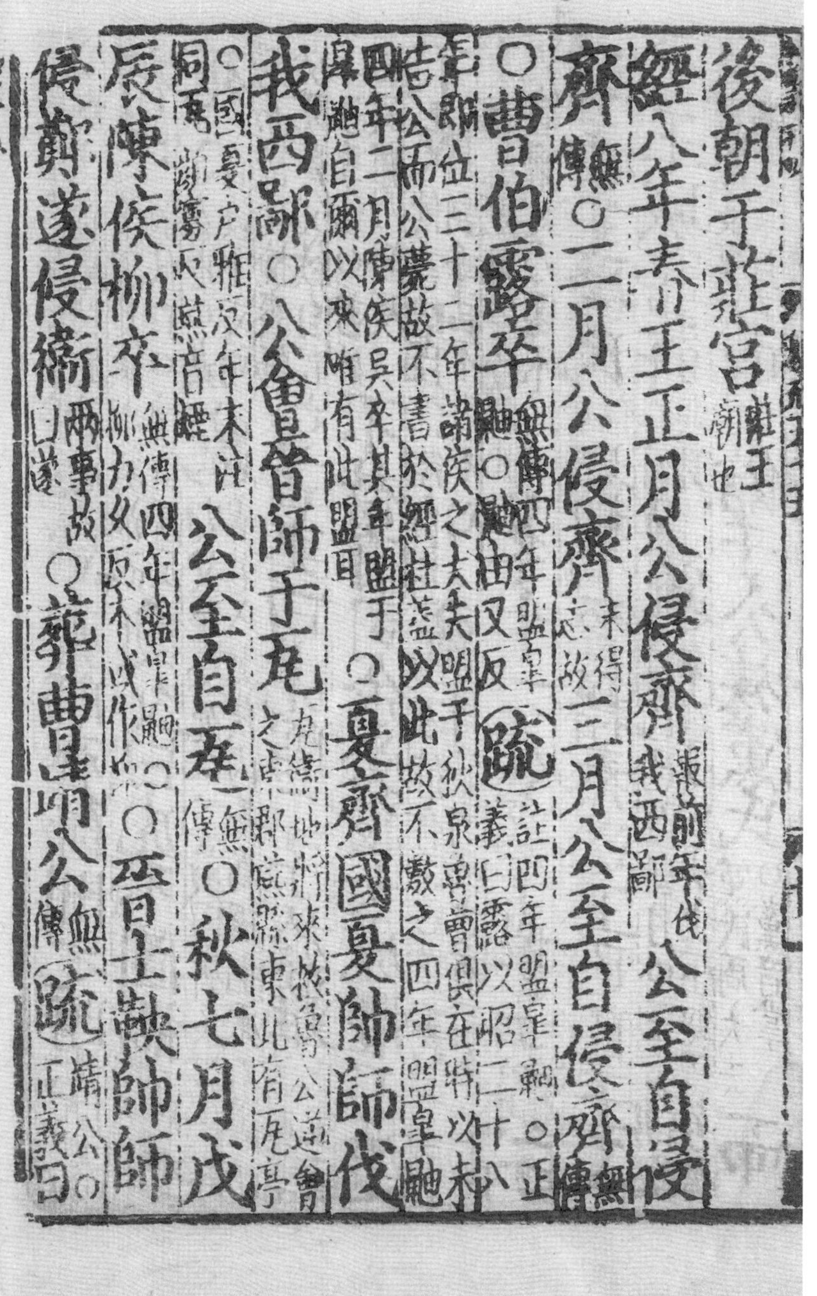

後朝于莊宮朝莊王廟也

經八年春王正月公侵齊報前年伐我西鄙公至自侵齊無傳○二月公侵齊未得志故三月公至自侵齊無傳

○曹伯露卒無傳四年盟皐鼬○鼬由又反疏注四年盟皐鼬○正義曰露以昭二十八年即位二十二年諸侯之大夫盟于狄泉曹與在時以赴告公而公薨故不書於經杜盖以此故不數之四年盟皐鼬四年二月陳侯吳卒其年盟于皐鼬自爾以來唯有此盟耳○夏齊國夏帥師伐我西鄙○公會晉師于瓦瓦衛地將來救魯公逆會之東郡燕縣東北有瓦亭○國夏戶雅反年末注同瓦五寡反燕音煙公至自瓦無傳○秋七月戊辰陳侯柳卒無傳四年盟皐鼬○柳力久反本或作卯○晉士鞅帥師侵鄭遂侵衞兩事故曰遂○葬曹靖公無傳疏靖公○正義曰

定八

謚法共以鮮曰靖○九月葬陳懷公無傳三月而速葬【疏】懷公○正義曰謚法慈仁短折曰懷○季孫斯仲孫何忌帥師侵衛○冬衛侯鄭伯盟于曲濮無傳結叛晉曲濮衛地○濮音卜○從祀先公從順也先公閔公僖公也將正二公之位次所順非一親盡故通言先公【疏】注從順至先公○正義曰傳言順祀是從爲順也文二年大事于太廟躋僖公升僖於閔上閔先爲君退在僖下是逆也今升閔在僖上依其先後是順也廟主失次唯此二公故知從祀先公唯閔僖耳躋僖公指僖言之此不指言升閔者彼所升者上升僖公之一神不得不指言僖公也今從祀之時閔僖俱得正位且以親盡故通言先公此言從祀躋僖公不言逆祀者此從祀因躋僖公之文故得畧言從祀至於躋僖公文無所繫不知逆祀何公且見是親廟不可言先公故指僖言之而言躋也然則此以親盡故通言先公下桓宮僖宮災彼亦親盡言桓僖者彼據災之所在須指言其處與此躰例不同○盜竊寶玉大弓盜謂陽虎也家臣賤名氏不見故曰盜寶玉夏后氏之璜大弓封父之繁弱○見賢

美言刊交 秋五十五 十二 余天礼刊

徧反彊音黃父音甫【疏】註盜謂至繁弱○正義曰傳言陽虎取寶玉大弓以出是盜謂陽虎也公羊傳曰盜者孰謂謂陽虎也陽虎者曷爲者也季氏之宰也季氏之宰則微者也惡乎得國寶而竊之陽虎專季氏季氏專魯國其說將殺季氏亦與左傳大同春秋之例再命之卿始得名氏書經陽虎季氏家臣以賤名氏不見故書曰盜盜者賤人之稱也此寶玉大弓必是國之重寶歷世掌之故自劉歆以來說左氏者皆以爲夏后氏之璜封父之繁弱成王所以分魯公也公羊傳曰寶者何璋制白弓繡質龜青純彼不知魯有先王分器謬爲言耳且所盜無龜知其並是妄也

傳八年春王正月公侵齊門于陽州攻其門士皆坐列言無鬭志曰顏高之弓六鈞顏高魯人三十斤爲鈞六鈞百八十斤古稱重故以爲異強○鈞音均稱尺證反強其丈反【疏】註顏高至其強○正義曰漢書律曆志云量者龠合升斗斛也本起黃鍾之龠以子穀秬黍中者千有二百實其龠合龠爲合十合爲升十升爲斗十斗爲斛而五量嘉矣權者銖兩斤鈞石也本起黃鍾之重龠容千二百黍重十二銖兩之爲兩十六兩爲鈞三十斤爲鈞四鈞爲石而五權謹矣由

此而言龠之所容重十二銖合龠為合兩之為兩則合重於兩斗重十兩斗重百兩斛重千兩計六鈞有一百八十斤合為二千八百八十兩於量為重兩斛八斗八升計今人用弓此亦未為彊矣而魯人傳而觀之故杜以為古稱重故以為異強計古稱亦準黃鍾之重為之而得重於合者權量之起本自黃鍾而世俗不同每有改易傳稱齊舊四量陳氏皆加一焉是其不必常依古也近世以來或輕或重魏齊斗稱於古二而為一周隋斗稱於古三而為一則古時亦當然杜言古者謂此顏高之時為古耳非言自古稱皆重也

皆取而傳觀之陽州人出顏高奪人弱弓籍丘子鉏擊之與一人俱斃

子鉏齊人斃仆也○傳直專反鉏仕居反與一人俱斃婢世反顏高與一人俱為子鉏所擊而仆仆音赴又蒲北反孫炎云前覆曰仆

偃且射子鉏中頰殪

子鉏死○且如字射食亦反下同中丁仲反下同頰古協反殪於計反死也言顏高雖為子鉏所擊偃仆且射子鉏中頰而死言其善射也一讀且音子餘反云偃且人姓名也檢世族譜無此人一讀者非也

疏 鉏斃至頰殪○正義曰釋言云斃仆也孫炎曰前覆曰仆

吳越春秋稱要離謂吳王夫差曰臣迎風則偃背風則仆然則仆是前覆偃是卻倒此顏高被擊而仆乃轉而仰且射子鉏猶死言其善射之功然也 顏息射人中眉顏息魯人退曰我無勇吾志其目也以自矜師退冉猛僞傷足而先猛魯人欲先歸其兄會乃呼曰猛也殿會見師退而猛不在列乃大呼詐言猛在後為殿傳言魯無軍政○呼火故反註同殿丁電反註同○二月己丑單子伐穀城劉子伐儀栗討儋翩之黨穀城在河南縣西○單音善儋丁甘反翩音篇辛卯單子伐簡城劉子伐盂以定王室傳終王室之亂○盂音丁○趙鞅言於晉侯曰諸侯唯宋事晉好逆其使猶懼不至今又執之是絕諸侯也將歸樂祁士鞅曰三年止之無故而歸之宋必叛

晉執樂祁在六年○好呼報反使所吏反獻子私謂子梁獻子范鞅子梁樂祁曰寡君懼不得事宋君是以止子子姑使溷代子溷樂祁子○溷戶溫反又戶困反子梁以告陳寅陳寅曰宋將叛晉是棄溷也不如待之留待勿以子自代樂祁歸卒于大行大行晉東南山○大音泰行戶郎反一音衡士鞅曰宋必叛不如止其尸以求成焉乃止諸州州晉地為明年宋公使樂大心如晉張本○公侵齊攻廩丘之郛郛郭也○廩力甚反郛芳夫反主人焚衝衝戰車○衝昌容反說文作轒一云陷陣車也或濡馬褐以救之馬褐馬衣○濡人于反褐戶葛反遂毀之毀郛主人出師奔攻郛人少故遣從師走往助之【疏】主人出師奔○正義曰賈逵以為主人出營師奔走師卻退言曾無戰備也劉炫云杜亦不勝舊今

往必畏於晉以爲後師奔走往助之者若如賈言魯師奔走則是被敗而還下傳陽虎何得云猛在此必敗明其於時不敗故猛得逐禀丘之人是賈言非也陽虎僞不見冉猛者曰猛在此必敗楊州之役猛先歸之言若在此必復敗○復扶又反猛逐之顧而無繼僞顛逐禀丘人虎曰盡客氣也言皆客氣非勇○客苦百反○苫越生子將待事而名之苫越苫夷○苫始占反陽州之役獲焉名之曰陽州欲自比僑如○僑其驕反○夏齊國夏高張伐我西鄙張上二反晉士鞅趙鞅荀寅救我救不書齊師已去未入竟○竟音境【疏】註救不至入竟○正義曰春秋諸侯相救皆書於經此救亦當書之不書者齊師聞晉來殺已去魯地晉師未入魯竟不成爲救故不書也公會晉師于瓦瓦是衛地公往衛地會晉師是其未入竟也公會晉師于瓦范獻子執羔趙簡子中行文子皆

執鴈魯於是始尚羔獻子士鞅也簡子趙鞅也中行文子荀寅也禮卿執羔大夫執鴈魯則同之今始知執羔之尊也卿不書禮不敵公史畧之○行户郎反

【疏】註禮卿至畧之○正義曰禮卿執羔大夫執鴈周禮大宗伯文也魯則同之蓋命卿與大夫俱執鴈今見士鞅執羔始知執羔之尊於是方始尚羔今卿執之記禮廢之久也傳言於是始尚羔必往前不執羔矣但往前所執難知先儒各以意說賈逵云周禮公之孤四命執皮帛卿三命執羔大夫再命執鴈魯廢其禮三命之卿皆執皮帛至是乃始復禮尚羔案周禮禮記皆言卿執羔大夫執鴈並以爵斷不依命數賈何以討命高下妄稱禮乎傳言始尚羔皆當謂舊賤羔而今尊之耳若本僭孤禮皆執皮帛當云始復用羔不得云尚也若改僭從禮得名為尚則初獻六羽何以不言始尚六佾也以尚言之足知魯卿舊執非皮帛矣鄭衆云天子之卿執羔大夫執鴈諸侯之卿當天子之大夫故傳曰唯卿為大夫當執鴈而執羔僭天子之卿也魯人效之而始尚羔記禮所從壞案禮傳及記天子之臣與諸侯之臣所執無異文也周禮掌客凡諸侯之禮上公及侯伯之下皆云卿相見以羔是諸侯之卿執羔不執鴈又士相見者諸侯之臣相見之禮也經曰下大夫相見以鴈上大夫相見以羔

是諸侯之卿必執羔矣安在於諸侯之卿當天子之大夫乎是則皆明文而用肺腸也天子諸侯之臣所異者士相見之禮羔鴈皆云飾之以布而曲禮云飾羔鴈者以繢鄭玄云此爲諸侯之臣與天子之臣異也然則天子之臣衣之以布而文畫之諸侯之臣則用布不畫所異唯此而已其執不爲異也傳文之意於禮者爵是卿也皆當執羔趙鞅荀寅不應執鴈此是當時之失失於偪下以晉卿失於偪下魯卿不應僭上益明賈言魯卿舊執皮帛非其義矣魯人於是始知執羔爲尊或亦效晉唯上卿一人獨執羔耳未必即能如禮諸卿皆執羔也此經言公會晉師不言公會士鞅僖二十九年傳曰在禮卿不會公侯會伯子男可也故杜云卿不書禮不敵公史畧之劉炫云案宣元年會晉師于棐林伐鄭杜云趙盾稱師取於師會故稱師何知此非亦以師會故稱師而云禮不敵公畧稱師乎今知不然者以宣元年諸侯俱在又文連伐鄭故言師會此則公之獨會晉師文無征伐之事故以爲卿不書禮不敵公史畧之劉以此與宣元年並取於師會以規杜氏非也○晉師將盟衛侯于鄟澤自乇還就衛地盟○鄟音專又市轉反本亦作鄟音同趙簡子曰羣臣誰敢盟衛君者前年衛叛

晉屬齊簡子意欲摧辱之涉佗成何曰我能盟之。○二子晉大夫佗徒何反衛
人請執牛耳盟禮尊者涖牛耳王次盟者衛侯與晉大夫盟自以當涖牛耳故請【疏】注盟
禮至故請○正義曰盟用牛耳卑者執之尊者涖之請執牛
尊請使晉大夫執牛耳周禮戎右云盟則贊牛耳鄭玄云謂
尸盟者割牛耳取血助爲之尸盟者執之襄二十七年傳曰
諸侯盟小國固必有尸盟者是小國主辦盟具宜執牛耳
哀十七年傳曰公會齊侯盟于蒙孟武伯問於高柴曰諸侯
盟誰執牛耳季羔曰鄫行之役吳公子姑曹發陽之役衛石
魋武伯曰然則彘也鄫行吳爲盟主不知盟禮當今小國執
牛耳而自使其臣執之濮陽宋魯衛三國衛爲小蒙則齊魯
三國魯爲小莒是以小國執牛耳而尊者涖之以王次同盟
者今衛侯與晉大夫盟自以當爲盟主官位牛耳故請晉大
夫使執之成何曰衛吾溫原也焉得視諸侯言衛小可比晉縣不
得從諸侯禮○焉於虔反將歃涉佗捘衛侯之手及捥捘擠也血至捥
○歃所洽反捘子對反捥烏與反擠多討反一音子禮反說文云排也【疏】注捘擠也○正義曰說文云推排也

（排擠也按是推排之意故爲擠也昭中三年傳言擠于溝壑謂被推入坑也）衛侯怒王孫賈趨進（賈衛大夫）曰盟以信禮也（信猶明也）有如衛君其敢不唯禮是事而受此盟也（言晉無禮不欲受其盟）衛侯欲叛晉而患諸大夫王孫賈使次于郊大夫問故（問不入故）公以晉詬語之（詬恥也○詬呼豆反語魚據反）且曰寡人辱社稷其改卜嗣寡人從焉（使改卜他公子以嗣先君我從大夫所立）大夫曰是衛之禍豈君之過也公曰又有患焉謂寡人必以而子與大夫之子爲質（爲質於晉○質音致注亥下同）大夫曰苟有益也公子則往羣臣之子敢不皆負羈絏以從將行王孫賈曰苟衛國

有難工商未嘗不爲患使皆行而後可激怒國人○溓息列反從才用反下詵從弟下從者同難乃旦反激古狄反公以告大夫乃皆將行之行有日有期月公朝國人使賈問焉曰若衞叛晉晉五伐我病何如矣皆曰五伐我猶可以能戰賈曰然則如叛之病而後質焉何遲之有乃叛晉晉人請改盟弗許○秋晉士鞅會成桓公侵鄭圍蟲牢報伊闕也桓公周卿士不書監帥不親侵也六年鄭伐周闕外晉爲周報之○監古銜反爲于僞反下同遂侵衞討叛○九月師侵衞晉故也魯爲晉討衞○季寤季桓子之弟○寤五故反公鉏極公彌曾孫桓子族子公山不狃費宰○狃女九反皆不得志於季

氏叔孫輒無寵於叔孫氏輒叔孫氏之庶子叔仲志不得志於魯志叔孫帶之孫昔爲國人所薄故五人因陽虎陽虎欲去三桓以季寤更季氏代柏子○去起吕反更音庚舊古孟反下皆同以叔孫輒更叔孫氏代武叔已更孟氏陽虎自代懿子冬十月順祀先公而祈焉將作大事欲以順祀取媚辛卯禘于僖公辛卯十月二日不於太廟者順祀之義當退僖公懼於僖神故於僖廟行順祀○禘大計反（疏）禘于僖公○正義曰釋例曰大祭于太廟以審定昭穆謂之禘禘于太廟禮之當也各於其宮時之爲也雖非三年大祭而書禘用禘禮也然則禘者審定昭穆之祭也今爲順祀而禘于僖公則是并取先公之主盡入僖廟而以昭穆祭之是爲用禘禮也計禘傳當于太廟今就僖廟爲禘若順祀之義退僖升閔懼於僖公之神故於僖廟行禘禮使先公之神徧知之豐於尊可以及卑後世之主宜上從大廟而食今從上並之主下入僖廟祀之當時所爲非正礼也昭二十五年疏

守襄公義亦然也壬辰將享季氏于蒲圃而殺之戒都車曰癸巳至都邑之兵車也陽虎欲以壬辰夜殺季孫明日癸巳以都車攻二家。圃布五反成宰公斂處父告孟孫曰季氏戒都車何故孟孫曰吾弗聞處父曰然則亂也必及於子先備諸與孟孫以壬辰爲期處父期以兵救孟氏壬辰先癸巳一日。先癸悉薦反陽虎前驅林楚御桓子虞人以鈹盾夾之陽越殿越陽虎從弟。鈹普皮反盾食允反又音允夾古洽反殿丁見反將如蒲圃桓子咋謂林楚咋暫也。咋仕詐反曰而先皆季氏之良也爾以是繼之欲使林楚免己於難以繼其先人之良。難乃旦反下同

疏而先至繼之。正義曰而女也言女先祖以來皆爲季氏忠良之臣女今不良反以是殺我之事繼續之對曰

臣聞命後後猶晩陽虎爲政魯國服焉違之徵死死無益於主柘子曰何後之有而能以我適孟氏乎對曰不敢愛死懼不免主柘子曰往也言必往孟氏選圉人之壯者三百人以爲公期築室於門外實欲以備難不欲使人知故僞築室於門外因得聚衆公期孟氏支子○圉魚呂反爲于僞反林楚怒馬及衢而騁騁馳也○騁勑領反陽越射之不中築者闔門季孫既得入乃閉門○射食亦反下同中丁仲反闔户臘反有自門閒射陽越殺之陽虎劫公與武叔武叔叔孫不敢之子州仇也○劫居業反仇音求以伐孟氏公斂處父帥成人自上東門入魯東階之北門與陽氏戰于南門之內

弗勝又戰于棘下城内地名陽氏敗陽虎說甲如
公宮取寶玉大弓以出舍于五父之衢寢而
爲食其徒曰追其將至虎曰魯人聞余出喜
於徵死何暇追余徵召也陽虎召季氏於蒲圃將殺之今得脫必喜故言喜於召死○
說本又作稅同他活反得脫徒活反又他活反【疏】注徵召至召死○正義曰徵召也釋言文陽虎召季孫欲殺之
今既得脫魯人歡喜季孫免於召死之事何暇追我劉炫云陽虎召孫欲殺之則召季孫爲召死季孫得脫必大喜魯人
聞我出去喜於召死言人人皆喜於季孫從者曰嘻速駕公斂陽在嘻歎
聲○嘻許其反公斂陽請追之孟孫弗許畏陽虎陽欲殺
桓子欲因亂討季氏以強孟氏孟孫懼而歸之不敢殺子言辨舍
爵於季氏之廟而出子言季寤辨猶周徧也徧告廟飲酒示無懼○言辨音遍注徧

同舍如字陽虎入于讙陽關以叛叛不書略家臣○讙音歡○鄭
駟歂嗣子大叔為政歂駟乞子子然也為明年殺鄧析張本○歂市專反析星曆反
經九年春王正月○夏四月戊申鄭伯蠆卒
無傳四年盟皐鼬○蠆勑邁反疏注四年盟皐鼬○正義曰蠆以昭二十九年即位三十二年大夫盟于狄泉以
未告公而公薨故不數○得寶玉大弓弓王國之分器得之足以為榮失之足以為辱故重
而書之○分扶問反○六月葬鄭獻公無傳三月而葬速疏獻子○正義曰謚法
博聞多能曰獻○秋齊侯衛侯次于五氏五氏晉地不書伐者諱伐盟主以次
告疏註五氏至次告○正義曰傳言齊侯伐晉夷儀乃與衛侯次于五氏次既告則伐亦應告故杜以為諱伐
盟主直以次告知非不告伐故不書者若全不告魯容可不以伐告今既以次告魯何意告次不告伐明以衛新叛晉又
魯與晉親故恥以伐告唯告次耳劉炫以為不告伐故不書而規杜氏非也○秦伯卒無傳不書名未

同盟。○冬，葬秦哀公。無傳

傳九年春，宋公使樂大心盟于晉，且逆樂祁之尸。辭，僞有疾，乃使向巢如晉盟，且逆子梁之尸。巢，向戌曾孫。○向，舒亮反子明謂桐門右師出，子明，樂祁之子溷也右師，樂大心。子明族父也。右師往到子明舍，子明逐使出門去曰：「吾猶衰絰，而子擊鍾，何也？」怒其不逆父喪，因責其無同族之恩。○衰，七雷反。絰，田結反。下同右師曰：「喪不在此故也。」既而告人曰：「己衰絰而生子，余何故舍鍾？」己，子明也。○舍音捨子明聞之，怒，言於公曰：「右師將不利戴氏。樂氏，戴公族不肯適晉，將作亂也。不然無疾。」乃逐桐門右師。逐之在明年。終叔孫昭子之言○鄭駟歂殺鄧析而用其竹刑鄧析鄭大夫欲改鄭所鑄舊制不受君命而私造刑法書之於竹簡故云竹刑（疏）註鄧析至竹刑。正義曰昭六年子産鑄刑書於鼎今鄧析別造竹刑明是改鄭所鑄舊制若用君命遣造則是國家法制鄧析不得獨專其名知其不受君命而私造刑書書之於竹謂之竹刑駟歂用其刑書則其法可取殺之不為作此書也下云棄其邪可也則鄧析不當私作刑書而殺蓋別有當死之罪駟歂不矜免之耳

君子謂子然於是不忠苟有可以加於國家者棄其邪可也加猶益也棄不責其邪惡也。邪似嗟反注同（疏）君子至可也。正義曰周禮大司寇以八辟麗邦法附刑罰三曰議賢之辟四曰議能之法鄭玄云賢謂有德行者能謂有道藝者春秋傳曰夫謀而不過能訓不倦者叔向有焉社稷之固也猶將十世宥之以賢能者令壹不免其身以棄社稷不亦惑子是賢能之人當明其罪狀可赦則赦之今鄧析制刑有益於國即是有能者役有能之人是不忠之臣君子謂子然於是為不忠也明之臣民誠有可以加益於國家者取其善處棄其邪惡可也雖知其邪當棄而不責所以勸勉人使爭為善能也

靜

女之三章取彤管焉詩邶風也言靜女三章之詩雖說美女義在彤管彤管赤管筆

反記事規誨之所執。冬反邶音佩說音悅【疏】詩邶至所執。正義曰邶風靜女之篇也於時衛君無道

夫人無德衛人欲得貞靜之女以配國君易非無德之夫人
也■有三章其一章云靜女其姝俟我於城隅其二章云
靜女其變貽我彤管彤管者筆赤管也必用赤者示其以赤心
正人也古者后夫人必有女史執赤管之筆記妃妾善惡
■之法所以規誨人君也靜女三章之詩雖說美女之事
之常耳無可特善彤管記事乃是婦人之大法本録靜之
者■爲彤管之言可取故全篇取之不棄上下之二章也
女史所書之事毛傳有其畧也毛傳云古者后夫人必有女
■彤管之法史不記過其罪殺之后妃羣妾以禮御於君
其史書其日月授之以環以進退之生子月辰則以金環進
之當御者以銀環進之著於左手旣
御著於右手事無大小記以成法 竿旄何以告之取

其忠也詩鄘風也録竿於詩者取其中心願告人以善道也言此二詩皆以一善見采而鄧析不以一善存

身。竿旄音干下音毛鄘音容【疏】註詩鄘至有身。正義曰詩鄘風干旄之篇也於是衛文公之臣子多好善賢

者樂告以善道也其詩言大夫之好善者乘駟馬建于旄謚賢者詣国事焉云子子干旄在浚之郊素絲紕之良馬四之彼姝者子何以畀之子子干旄在浚之都素絲組之良馬五之彼姝者子何以予之子子干旄在浚之城素絲祝之良馬六之其末句云彼妹者子何以告之妹順貌也賢者見其好善美其其順言已寡知復何以告之自恨無可告一明其無所吝惜本録于旄之詩者取其中心願告人以善道彼二詩皆以一善見采而鄧析不以一善存身故君子引二詩以譏子然也

故用其道不棄其人詩云蔽芾甘棠勿翦勿伐召伯所茇詩召南也召伯决訟於蔽芾小棠之下詩人思之不伐其樹茇草舍也○芾方味反召音邵注同茇畔末反

（疏）詩云至所茇○正義曰詩召南甘棠之篇也蔽芾小貌甘棠杜也茇草舍也召伯之聽獄訟不重煩勞百姓止舍小棠之下而聽斷焉国人被其德說其化故愛其樹彼蔽芾然小者甘棠之樹也勿得剪削之勿得所伐之此乃是召伯舍息之處

思其人猶愛其樹況用其道而不恤其人乎子然無以勸能矣傳言子然嗣大

辰爲政鄭所以衰弱○夏陽虎歸寶玉大弓無益近用而祗爲名故歸之○祗音支

書曰得器用也凡獲器用曰得器用者謂物之成器可爲人用者得用焉曰獲謂用器物以有獲若麟爲田獲俘爲我獲○麟本又作麐呂辛反俘芳夫反也

【疏】凡獲至曰獲○正義曰器用者謂器物可爲人用凡獲此器物之用者謂之爲得也得用者謂將此器用以得於物焉謂之爲獲劉炫以爲得用焉曰獲謂得此可用爲器之物謂之爲獲若麟之皮角之屬以社解爲非今知不然者案春秋書獲唯有囚俘囚俘不可以爲器物除囚俘之外唯有獲麟麟爲靈獸帝王所重不可以鳳明麟皮以飾器物刻以麟皮亦非爲器而規杜氏非也

六月伐陽關討陽虎邑陽虎使焚萊門陽關邑門○萊音來師驚犯之而出奔齊請師以伐魯曰三加必取之三加兵於魯齊侯將許之鮑文子諫曰臣嘗爲隸於施氏矣施氏魯大夫文子鮑國也成十七年齊人召而

立之至今七十四歲矣是文子蓋九十餘矣

魯未可取也上下猶和衆庶猶睦能事大國（大国晋也）而無天菑若之何取之陽虎欲勤齊師也齊師罷大臣必多死亡己於是乎奮其詐謀夫陽虎有寵於季氏而將殺季孫以不利魯國而求容焉（求自容○菑音災罷音皮）親富不親仁君焉用之君富於季氏而大於魯國茲陽虎所欲傾覆也魯免其疾而君又收之無乃害乎齊侯執陽虎將東之陽虎願東（陽虎欲西奔晉知齊必反已故詐以東為願○焉於虔反傾本又作頃音傾覆芳服反）乃囚諸西鄙盡借邑人之車鍥其軸麻約而歸之（鍥刻）

也○以絶追者○鍥苦結反軸音逐載葱靈寢於其中而逃葱靈輜車名○

葱初江反或音忽輜側其反說文云衣車也疏注葱靈輜車名○正義曰說文云輜軿衣車也前後有蔽書云

云葱靈衣車也有葱有靈然則此車前後有蔽兩旁開葱可以觀望葱中豎木謂之靈今人猶名葱木爲靈子其內容人

師故得寢於其中而逃追而得之囚於齊又以葱靈逃奔

晉適趙氏仲尼曰趙氏其世有亂乎受亂人故疏

與其世有亂乎○正義曰言其當世將有亂也○秋齊侯伐晉夷儀爲衛討也○爲

于僞反下同疏注爲衛討也○正義曰往年衛侯叛晉叛晉必當事齊下文衛侯會之知是爲衛討也敝

無存之父將室之辭以與其弟無存齊人也室之爲取婦曰

此役也不死反必娶於高國高氏國氏齊貴族也無存欲必有功還取

卿之女○娶七住反相息亮反先登求自門出死於霤下既入賊衷

儀人不服故鬬死於門壘霤下也○霤力又反東郭書讓登登城者人所樂故讓衆使後而已先
登○樂如字又五孝反犂彌從之曰子讓而左我讓而右
使登者絕而後下恐書先下故又譎以讓之下入城也○犂力兮反譎古穴反疏
使登者絕而後下○正義曰言使登城人絕皆上訖然後與書下遂自下亦讓書而先下書左彌先
下書從彌言左行彌遂自先下亦讓也書與王猛息戰訖共止息猛曰我
先登書斂甲曰曩者之難今又難焉斂甲起欲擊猛○曩
乃黨反鬬難乃旦反猛笑曰吾從子如驂之靳靳車中馬也猛不敢與書爭言
已從書如驂馬之隨靳也傳言齊師和所以能也○驂七南反驂馬也靳居覲反本或作如驂之有靳非也爭爭鬬之爭
又如字疏如驂之靳○正義曰詩云兩服齊首兩驂鴈行鄭云兩服中央夾轅者然則古人車馬四馬夾轅二
馬謂之服兩首齊其外二馬謂之驂首差退說文云靳當膺也則靳是當膺之皮也驂馬之首當服馬之胷胷上有靳故

定九

云我之從子如驂馬當服馬之靳杜言靳車中馬也言藉中馬之駕具故以靳表中馬詩云騏騮是中騧驪是驂是名服馬為中馬也晉車千乘在中牟救夷儀也今熒陽有中牟縣迴遠疑非也○乘繩證反

疏註今熒至非也○正義曰此中牟在晉竟內也趙世家云獻侯即位治中牟漢書地理志云河南郡有中牟縣趙獻侯自耿徙此又云三家分晉河南之中牟魏分也杜言今熒陽有中牟縣謂此河南之中牟也晉世分河南爲熒陽郡中牟屬焉此地乃在河南計非晉竟所及故云迴遠疑非也又三家分晉中牟屬魏則非趙得都之趙獻侯治中牟亦非河南之中牟也此言晉車在中牟衷五年趙鞅伐衛圍中牟論語佛肸爲中牟宰與趙獻侯所都中牟或當是一以非河南中牟當於河北別有中牟但不復知其處耳有臣瓚者不知其姓或云姓傅作漢書音義云臣瓚案河南中牟春秋之時在鄭之疆內及三卿分晉則爲魏之邦土趙界自漳水以北不及此也春秋衛侯如晉過中牟案此之中牟非衛適晉之次也汲郡古文曰齊師伐趙東鄙圍中牟此中牟不在趙之東也案中牟當在温水之上瓚言河南中牟非此中牟識如其語謂此中牟當在温水之上不知其所案據也

衛侯將如五氏齊侯在五氏將

往助之卜過之龜焦衛至五氏道過中牟畏晉故于龜焦兆不成不可以行事也衛
侯曰可也衛車當其半寡人當其半敵矣衛侯怒晉甚不復顧卜欲以身當五百乘○復扶又反乃過中牟中牟人欲伐
之衛褚師圃亡在中牟曰衛雖小其君在焉
未可勝也齊師克城而驕其帥又賤城謂夷儀也帥謂東郭書○褚中呂反帥所類反注同
（疏）註城謂至郭書○正義曰杜見傳言帥賤則云是東郭書劉炫云案上伐夷儀乃齊侯親兵所陳東郭書之事非是將帥杜何知帥謂東郭書若東郭書為帥則人無不識何煩云晳幘而衣貍製齊侯使視之乃知夫子也且書若為帥被晉之敗何故君以為功而更受賞乎今知劉難非者以此云克城而驕其帥又賤文既相連止是一事克城謂克夷儀其帥則克城之帥上克城之事郭書先登故知郭書為帥身先士卒也僖二十三年晉侯親自敗狄而郤缺將將成十六年楚子親戰鄢陵而子反為主今齊侯雖伐夷儀郭書何妨別為元帥戎事上衣

同服，故逢丑父得與齊侯易位。郭書雖為元帥，軍衆之內，齊侯容或不辨。齊侯賞其先登之功，不責其後敗之罪，故以為帥謂東郭書。劉據此諸事以為更有別帥而規杜，非也。

遇必敗之，不如從齊。乃伐齊師，敗之。獲齊車五百乘。事見哀十五年。○見，賢遍反。齊侯致禚、媚、杏於衛。三邑皆齊西界，以答謝衛意。○禚，諸若反。媚，武冀反。杏，戶猛反。齊侯賞犂彌，犂彌辭曰：有先登者，臣從之，皙幘而衣貍製。皙，白也。幘，齒上下相值。製，裘也。○皙，星歷反。幘，音責，又仕。衣，於既反。貍，力之反。製，音義。

〔疏〕註「皙幘」至「裘也」。○正義曰：詩君子偕老之篇說夫人之美云「揚且之皙」，皙是面白之名，故為白也。說文云：「䶡，齒相值也。」言上齒長而白，上下之齒相當也。說文云：「製，裁也。」衣貍製，謂著貍皮也。裁皮著之，明是裘矣，故以製為裘也。月令孟冬天子始裘，傳言秋齊侯伐夷儀，周之秋末，寒而衣裘者，哀二十七年傳言陳成子衣製杖戈，文在秋上，製亦裘也。然則在軍之服，或臨時所須，不可以寒暑常節約之。

公使視東郭書，曰：乃夫子也，吾

貺子（貺，賜也。貺，音況）。公賞東郭書，辭曰：彼賓旅也（言彼與我君賓主相讓，旅俱進退）。乃賞犂彌。齊師之在夷儀也，齊侯謂夷儀人曰：得敝無存者，以五家免（給其五家，令常不共役事○令，力呈反。共，音恭）。

（疏）註給其至役事○正義曰：一人得之，則以五家給所得者，令常不共国家役事。服虔云：是時齊克夷儀而有之，既為齊有，故齊得優其傜役也。然夷儀故邢都也，邢滅入衛，後乃屬晉，自齊而伐夷儀，其入晉竟深矣，不必求為齊有，當時暫得之耳。

乃得其尸。公三襚之（襚，衣也。比殯三加襚，深禮厚之○襚，音遂。比，必利反）。

（疏）註襚衣至厚之○正義曰：送死之禮，衣服曰襚，故以襚為衣也。公三襚之，則明三時與衣，自死至殯，有襲與小斂、大斂，比殯三加衣也。無存舊是賤人，蓋初以士服，次大夫服，次卿服也。下云與之犀軒，犀軒是卿車，明二襚終以卿服。

與之犀軒與直蓋（犀軒，卿車。直蓋，高蓋）。

（疏）註犀軒至高蓋○正義曰：說文云：軒，曲輈也。謂軒車有藩蔽也。下云齊侯斂諸大夫之軒，郲意茲乘軒，意茲非卿也。傳稱

定九

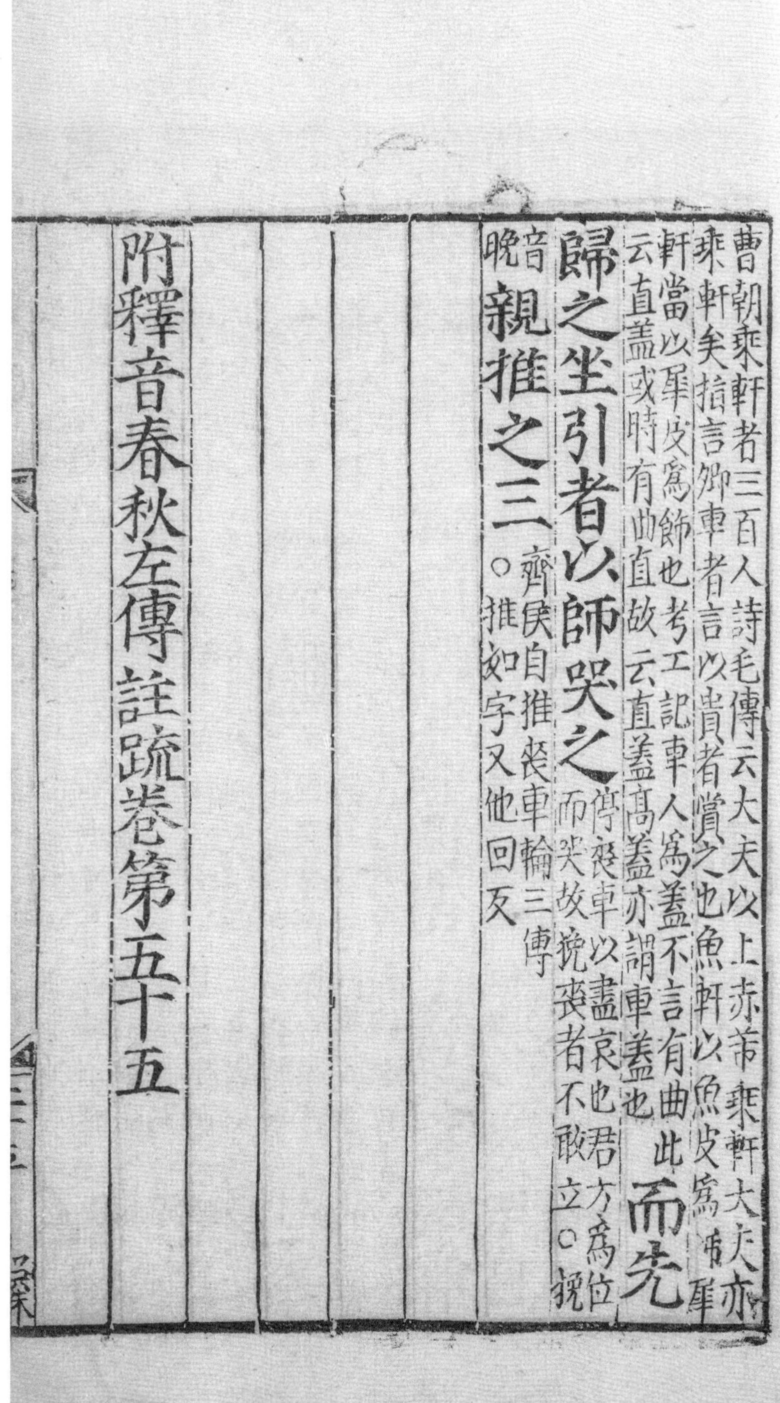
曹朝乘軒者三百人詩毛傳云大夫以上赤芾乘軒大夫亦乘軒矣指言卿車者言以貴者賞之也魚軒以魚皮爲飾犀軒當以犀皮爲飾也考工記車人爲蓋不言有曲此云直蓋或時有曲直故云直蓋高蓋亦謂車蓋也而先歸之坐引者以師哭之傳喪車以盡哀也君方爲位而哭故挽喪者不敢立○挽音晚親推之三齊侯自推喪車輪三傳○推如字又他回反

附釋音春秋左傳註疏卷第五十五

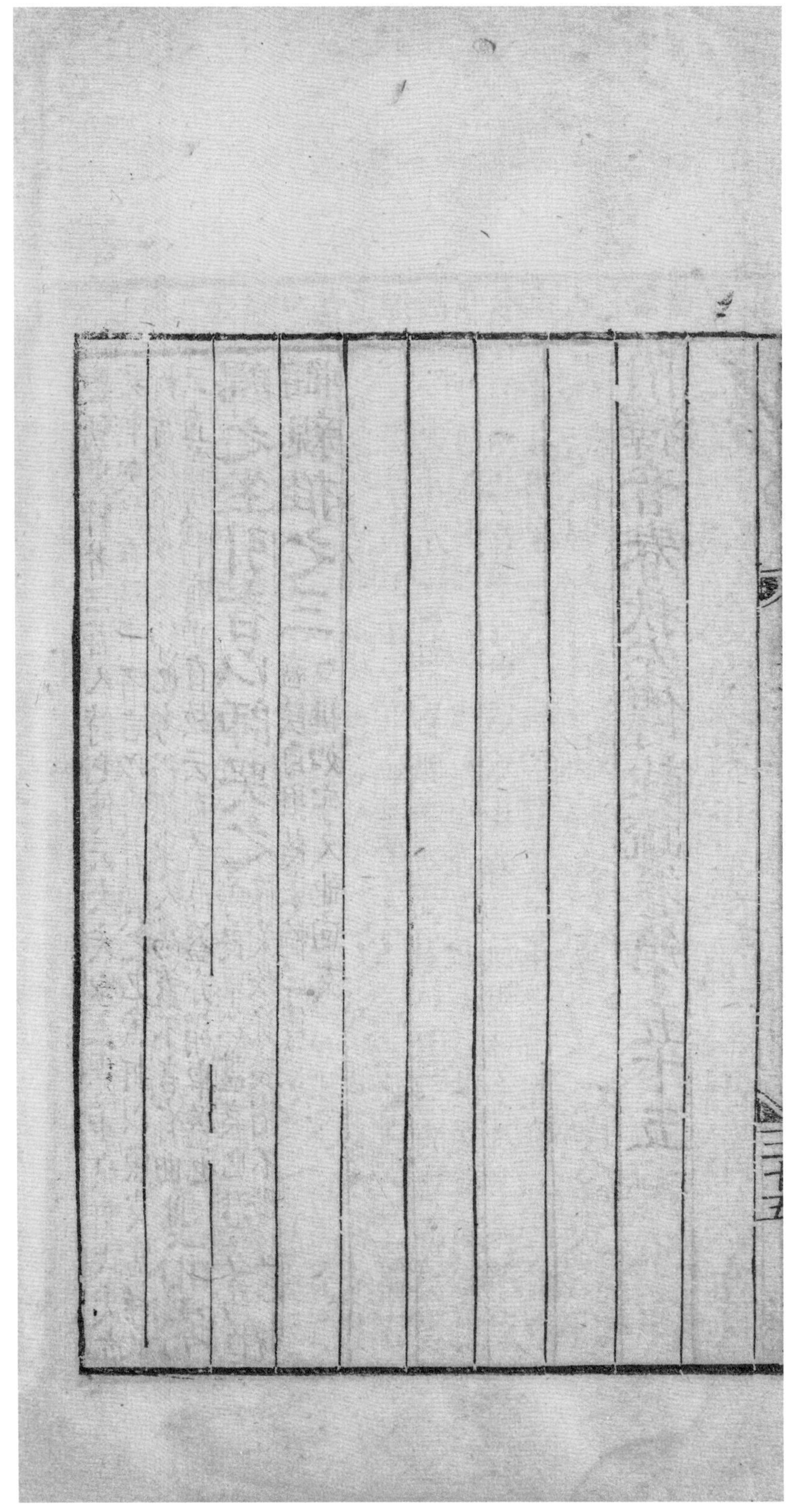

附釋音春秋左傳註疏卷第五十六（定公十年盡十五年）

杜氏註　孔穎達疏

經十年春王三月及齊平（平前八年再侵齊之怨）○夏公會齊侯于夾谷（平故○夾古治反又古協反二傳作頰谷古木反）公至自夾谷（無傳）○晉趙鞅帥師圍衛○齊人來歸鄆讙龜陰田（三邑皆汶陽田也泰山博縣北有龜山陰田在其北也會夾谷孔子相齊人服義而歸魯田○鄆音運讙火官反汶音問相息亮反）

【疏】註三邑至魯田○正義曰傳言孔丘使茲無還揖對齊要令反汶陽之田乃與之盟齊人為是歸此三邑知三邑皆汶陽田也土地名汶水出泰山萊蕪縣西南經濟北至東平須昌縣入濟則汶水發源東北而西南流也水北曰陽此三邑皆在汶水北近齊齊因陽虎出奔取為己有今服義而歸魯也僖元年公賜季友汶陽之田季氏世脩其德不應失其采邑則此汶陽之田當為季氏采地今復有此三邑者汶水之北皆名汶

陽其地多美蓋季氏私邑之外別有此田也龜山名也山北曰陰田在龜山北其邑即以龜陰為名故云三邑○叔孫州仇仲孫何忌帥師圍郈郈叔孫氏邑○郈音后字林下溝反○秋叔孫州仇仲孫何忌帥師圍郈○宋樂大心出奔曹傳在前年春書名罪其稱疾不適晉宋公子地出奔陳貪弄馬以距君命書名罪之也○弄魯貢反○冬齊侯衛侯鄭游速會于安甫無傳安甫地闕○叔孫州仇如齊○宋公之弟辰暨仲佗石彄出奔陳暨與也宋公寵向魋不聽辰請辰忿而將大臣出奔靈諸自忿稱弟示首惡也仲佗石彄皆為國卿不能匡君靜難而為辰所牽帥出奔稱名亦罪之也○暨其器反佗徒何反彄苦侯反魋大回反難乃旦反註暨與至之也○正義曰暨與也釋詁文凡大夫出奔書名皆是罪惡故在迹其為罪之狀解其書名之由地既出奔辰為之請請而不許是虛其請也公唯不許而已未嘗責其妄請不被迫逐

自怨出三九是辰之罪也釋例曰宋辰率群卿以背宗國據入蕭邑以成叛故以首惡稱弟是言稱弟示首惡也杜何知是首惡者以其特云宋公之弟辰暨仲佗石彄是辰長率仲佗作石彄故云首惡也若不爲首惡當如昭二十一年宋華亥向寧華定出奔陳楚不須疊字以間之

傳十年春及齊平○夏公會齊侯于祝其實夾谷夾谷即祝其也孔丘相相會儀也○相息亮反注同犂彌言於齊侯曰孔丘知禮而無勇若使萊人以兵劫魯侯必得志焉萊人齊所滅萊夷也○劫居業反【疏】注萊人至夷也○正義曰襄六年齊侯滅萊萊東萊黄縣是也地在東邊去京師大遠孔丘謂之裔夷之俘言是遠夷因俘獲是滅萊所獲此人是其遺種也裔不仁旨度齊人而令萊人劫魯侯者若使齊人執兵則魯可陳兵當之元由得劫公今使此萊夷劫魯人不意出其不意掩同嚼執之齊侯從之孔丘以公退曰士兵之以兵擊萊人

兩君合好而裔夷之俘以兵亂之裔遠也。好呼報反下同裔以制反俘芳夫反非齊君所以命諸侯也裔不謀夏夷不亂華俘不干盟兵不偪好於神為不祥盟將告神犯之為不善。夏戶雅反偪彼力反（疏）裔不至亂華。○正義曰夏大也中国有礼儀之大故稱夏有服章之美謂之華華夏一也萊是東夷其地又遠裔不謀夏言諸夏近小際地遠夷不亂華言萊是夷而魯是華二句其旨大同各以文相對耳於德為愆義於人為失禮君必不然齊侯聞之遽辟之辟去萊兵也。愆去連反遽其據反辟婢亦反又音避注同去起呂反將盟齊人加於載書曰齊師出竟而不以甲車三百乘從我者有如此盟如此盟詛之禍。竟音境乘繩證反詛側慮反孔丘使茲無還揖對無還魯大夫。還音旋曰而不反

我汶陽之田吾以共命者亦如之須齊歸汶[illegible]田乃當共齊
命於是孔子以公退賤者終其事要盟不絜故略不書。○共音恭注同要一遥反疏註須齊至不書。正義曰
齊魯既平當[illegible]相從意齊人既令魯以三百乘從魯不可即
拒故須齊歸汶陽之田乃當以齊三百乘之命則得汶陽之
田足當三百乘也賈逵云不書盟諱以三百乘從齊師其意
以宣七年盟于黑壤而不書經傳言晉侯之立也公不朝又
不使大夫聘晉人止公子會公不與盟不書盟諱之也從彼
有諱字謂此亦諱案此會孔丘相反汶陽之田以共齊命孔丘
意也得其三邑而以三百乘從之為相當矣於魯不為負何
以諱其盟即以三邑田少不足以當三百乘孔丘不應唯令
反此而已令今反此其命必其是以相當何以諱其從齊也
若三百乘從齊必是可諱孔丘為相義不能拒則孔丘為有
罪矣何貴乎聖人也蓋杜以為於是孔子以公退賤者終其
事要盟不絜故略不書釋例曰夾谷之會齊侯劫公孔丘以
義叱之以兵威之將盟又使茲無還責侵田拒齊之宜言盟
國正典禮此聖人之大司徒以二君雖會而其司相要二
國敵正其終盟事故賤而不書非所諱
也舊說同安黑壤之齊為負仲尼也
齊侯將享公孔

丘謂梁丘據曰齊魯之故吾子何不聞焉故舊
典事既成矣成會事而又享之是勤執事也且
犧象不出門嘉樂不野合犧象酒器犧尊象尊也嘉樂鍾磬也。犧許宜
反又息河
反注同
【疏】注犧象至磬也。正義曰周礼司尊彝云春
祠夏禴祼用雞彝鳥彝其朝踐用兩獻尊其
再獻用兩象尊鄭衆云獻讀為犧犧尊飾以翡翠象尊以象鳳
皇阮諶三礼圖犧尊畫牛以飾尊象尊畫象以飾當尊腹上畫
牛象之形王肅以為犧尊象尊為牛象之形背上負尊魏太
和中青州掘得齊大夫子尾送女器為牛形而背上負尊古
器或當然也周礼大司樂云雲門之舞冬日至於地上之圜
丘奏之若樂六變則天神皆降可得而礼矣咸池之舞夏日
至於澤中之方丘奏之若樂八變則地祇皆出可得而礼矣
圜丘方丘皆是野澤二者並是大祭必當備設尊彝而云嘉
樂不野合犧象不出門者彼是礼之大者皆可依礼而行尊
得出門樂得野合此言不出門不野合者謂享燕正礼當設
於宮內不得棄礼而行妄作於野耳非謂祭祀之大礼也諸
侯相見之礼享在廟燕在寢不得行於野僖二十八年晉侯

定十

朝莊十踐立王享醴命之宥襄十年宋公享晉侯於楚丘請以桑林十九年公享晉六卿于蒲圃二十七年鄭伯享趙孟於
于垂隴如此之類春秋多矣或特賞殊功或畏敬大國皆以禮饗之尊非正礼也此時齊魯敵国釋怨和平未有殊異之勳
無假非常之事孔子知齊懷詐慮其掩襲託正礼以排之故言不野合饗食而既具是棄

禮也若其不具用秕稗也秕穀不成者稗草之似穀者言享不具礼穢薄

若秕稗○秕音鄙字林音比又必履反稗皮賣反用秕稗君辱棄禮名惡

子盡圖之夫享所以昭德也不昭不如其已

也乃不果享孔子知齊侯懷詐故以礼距之○盍戶臘反下同齊人來歸

鄆讙龜陰之田陽虎九年以此奔齊經皆倒者欲魯事【疏】注陽虎至魯事○正

義曰八年陽虎入于讙陽關以叛九年伐陽關陽虎奔齊時虎以讙去鄆與龜陰亦從之皆為齊所取至今始歸之歸

田之經在趙鞅圍衛之後與傳文倒者傳次魯事進此歸田於上令與盟事相接故也○晉趙鞅圍

衛報夷儀也前年齊爲衛伐晉夷儀故伐衛以爲報○爲衛于僞反初衛侯伐邯鄲午於寒氏邯鄲廣平縣也午晉邯鄲大夫寒氏即五氏也前年衛人助齊伐五氏○邯音寒鄲音丹城其西北而守之宵熸午衆宵散○城其西北而守之一本或作城其西北屬○熸子潛反

（疏）城其西北而守之○正義曰築城於其西北之地而守之也本或北下有隅昭二十五年傳晉西北隅以入又云晉西北隅以望涉彼而誤耳今定本有隅誤

及晉圍衛午以徒七十人門於衛西門殺人於門中曰請報寒氏之役衛閉門與午鬬涉佗曰夫子則勇矣然我往必不敢啓門亦以徒七十人旦門焉步左右皆至而立如植至其門下步行門左右然後立待如立木不動以示整○佗徒何反植市力反一音值

（疏）以徒至如植○正義曰涉佗以徒七十人旦往門焉涉佗先至步行門之左右然後其徒

(皆至而立如植木然)日中不啓門乃退反役晉人討衛之叛故曰由涉佗成何(捘衛侯手故)於是執涉佗以求成於衛衛人不許晉人遂殺涉佗成何奔燕君子曰此之謂棄禮必不鈞(言必見殺不得與人等)詩曰人而無禮胡不遄死涉佗亦遄矣哉(詩鄘風遄速也○遄市專反)○初叔孫成子欲立武叔公若藐固諫曰不可(藐叔孫氏之族○藐音邈又亡小反)成子立之而卒公南使賊射之不能殺(公南叔孫家臣武叔之黨○射食亦反下及注同)公南爲馬正使公若爲郈宰武叔既定使郈馬正侯犯殺公若弗能其圉人曰(武叔之圉人)吾以劍過朝公

若必曰誰之劒也吾稱子以告必觀之吾僞固而授之末則可殺也僞爲固陋不知礼者以劒鐔末授之。○鐔芳逢反【疏】注僞爲至授之。○正義曰少儀説以器物授人之礼云刀卻刃授穎削授拊凡有刺刃者以授人則辟刃鄭玄云穎鐶也拊謂把辟刃不以正鄉人也是礼授刀劒當以鐔刃自鄉而授其鐶今圉人僞爲固陋不知礼者以劒鐔末授之欲因推而殺之使如之公若曰爾欲吳王我乎見劒向已逆呵之轉諸殺吳王亦用劒刺之。○向許亮反亦作嚮呵呼多反刺七亦反【疏】使如之。○正義曰言使爲如此之詐而欲殺之遂殺公若侯犯以郈叛犯以不能副武叔之命故叛叛而以圍告廟故書圍【疏】注犯以至書圍。○正義曰昭十二年南蒯以費叛注云不書不告廟八年陽虎叛注云叛不書略家臣此侯犯以郈叛不書者亦爲不告廟罷家臣也不書叛而書圍興動大衆以圍告廟故書圍也然則九年伐陽關討虎陽亦應書而不書者蓋師少不告廟故不書武叔懿子圍郈弗克秋二子及齊師復（圍）郈弗克叔孫謂郈工師駟赤（工師掌工匠之官。復扶又反）曰郈非唯叔孫氏之憂社稷之患也將若之何　對曰臣之業在揚水卒章之四言矣（揚水詩唐風卒章四言曰我聞有命。在揚水卒章本或作揚之水卒章。）〔疏〕（注揚水至有命。正義曰唐詩揚之水刺晉昭公也昭公分國以封沃沃彊盛昭公微弱國人將叛而歸沃焉其三章云揚之水白石粼粼我聞有命不敢以告人註云聞曲沃有善政命不敢以告人鄭箋云不敢以告人而去者畏昭公謂已動民心）叔孫稽首（謝其多已命）駟赤謂侯犯曰居齊魯之際而無事必不可矣（无所服事）子盍求事於齊以臨民不然將叛　侯犯從之齊使至駟赤與郈人為之宣言於郈中（欲為齊使言也。使所吏反注同為之于偽反下注為齊同）曰侯犯將以郈閒易于齊齊人將遷郈民謂易其民人衆兇懼不欲迁○兇音凶一音凶勇反駟赤謂侯犯曰衆言異矣不與貽同子不如易於齊與其死也猶是郈也而得紓焉何必此言以郈民易取齊人與郈无異勝於守郈爲叛人所殺○紓音舒齊人欲以此偪魯必倍與子地言非徒得民又將得齊地○偪彼力反倍步罪反且盍多舍甲於子之門以備不虞侯犯曰諾乃多舍甲焉侯犯請易於齊齊有司觀郈將至駟赤使周走呼曰齊師至矣郈人大駭介侯犯之門甲以圍侯犯駟赤將射之僞爲侯犯射郈人○呼火故反介音界侯犯止之曰謀免我侯犯請行許之郈人許之駟

赤先如宿宿東平無鹽縣故宿國侯犯殿每出一門郈人閉之閉其後門○殿丁見反及郭門止之曰子以叔孫氏之甲出有司若誅之誅責也羣臣懼死駟赤曰叔孫氏之甲有物吾未敢以出物識也亦還詐侯犯也○識申志反又如字犯謂駟赤曰子止而與之數數甲以相付○數色主反注同駟赤止而納魯人侯犯奔齊齊人乃致郈致其[illegible]邑[illegible]也為下武叔聘齊傳○[illegible]步古反○宋公子地嬖蘧富獵地宋景公弟辰之兄也○嬖必計反蘧其居反獵力輒反十一分其室而以其五與之蘧富獵也公子地有白馬四公嬖向魋魋欲之向魋司馬桓魋也公取而朱其尾鬣以與之與魋也○鬣力輒反爾雅

舍人出云馬鬣 光宴于工反 疏朱其尾鬣○正義曰爾雅舍人注云鬣鬣也 地怒使其
徒抶魋而奪之魋懼將走公閉門而泣之目
盡腫母弟辰曰子分室以與獵也而獨卑魋
亦有頗焉子為君禮禮降君也○抶勑乙反腫章勇反頗普多反不過
出竟君必止子公子地出奔陳公弗止辰為
之請弗聽辰曰是我迋吾兄也迋欺也○竟音境辰為于偽反
[illegible]倒為同迋求迋反又古況反吾以國人出君誰與處冬母弟辰
暨仲佗石彄出奔陳佗仲幾子彄褚師段子皆宋卿衆之所望故言國人○彄苦侯
反○武叔聘于齊謝取鄆也經書辰奔在聘後者從告齊侯享之曰
子叔孫若使郈在君之他竟寡人何知焉屬與

興敝邑際故敢助君憂之以致郈德叔孫○屬音燭對曰非寡君之望也所以事君封疆社稷是以以猶爲也○疆居良反敢以家隷勤君之執事夫不令之臣天下之所惡也君豈以爲寡君賜言義在討惡非所以賜寡君○惡烏路反

十一年傳注皆同一音[illegible]字

經十有一年春宋公之弟辰及仲佗石彄公子地自陳入于蕭以叛蕭宋邑稱地例在前年

疏注蕭宋邑○正義曰莊十二年宋萬弑閔公蕭叔大心者宋蕭邑大夫也平宋亂立桓公宋人嘉之以蕭邑封叔爲附庸宣十二年楚子滅之復爲宋邑故辰等今以之以叛也

○夏四月○秋宋樂大心自曹入于蕭入蕭從叛人叛可知故不書叛○冬及鄭平平六年侵鄭取匡之怨叔

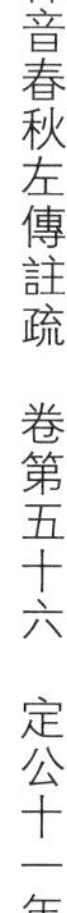

還如鄭涖盟還還叔詣曾孫○還音旋還叔詣曾孫宋世族譜亦還還是叔弓曾孫此云叔詣誤也

疏注還叔詣曾孫○正義曰世族譜云叔還叔弓曾孫也又世本云叔弓生定伯閱閱生西巷敬叔敬叔生成子還還爲叔弓曾孫杜云叔詣曾孫轉寫誤耳

傳十一年春宋公母弟辰暨仲佗石彄公子地入于蕭以叛秋樂大心從之大爲宋患寵向魋故也惡宋公寵不義以致國患○冬及鄭平始叛晉也魯自僖公以來世服於晉至今而叛故曰始

經十有二年春薛伯定卒無傳四年同盟皐鼬疏注四年盟皐鼬正義曰定以昭三十二年即位其年大夫盟于狄泉以未告公而公薨經無明文故不數○夏葬薛襄公無傳○叔孫州仇帥師墮郈墮毀也患其險固故毀壞其城○墮許規

反注同下傳同墮音隳又戶規反〔疏〕注墮毀至其城○正義曰昭十二年傳
南蒯以費叛積年伐而不克十年侯
犯以郈叛一年再圍而不克良由其城險固家臣數以背叛
仲由爲季氏宰進計季孫防其後患令墮三都以是故毀壞
其城慮其拒之故帥師而往公羊傳曰孔子行乎季孫三月
不違曰家無藏甲邑無百雉之城於是帥師墮郈帥師墮費
左氏不言孔子之計當是仲由自立此謀但傳稱費人襲魯
而仲尼在焉是仲尼知其事謂墮之爲是故不禁也經皆曰
三都彊盛以奪三家之權陪臣執政下陵上替故仲由墮之
而仲尼不禁帥師帥師登臺僅不皆克直隨事而書以示三家之
彊無義例也
○衛公孟彄帥師伐曹彄孟縶子○彄苦侯反縶陟立反〔疏〕
彄孟縶子○正義曰世族譜云孟縶無子靈公以其子彄爲
之後也爲後則爲其子故云孟縶子此實公孫而不稱公孫
者縶字公孟故即以公孟爲氏劉炫
謂公孟生得賜族故彄即以族告
○季孫斯仲孫何
忌帥師墮費○費音祕○秋大雩無傳書過○雩音于○冬十月
癸亥公會齊侯盟于黃無傳結叛晉○十有一月

丙寅朔日有食之無傳○公至自黃無傳○十有二月公圍成公至自圍成無傳国内而書至者成邇若列国與動大衆故出入皆告廟疏註国内至告廟○正義曰成魯邑国内用兵計不應書而出入皆書者為興動大衆皆告廟也釋例曰陪臣執命大都耦国仲由建墮三都之計而成人不從故公親圍之雖不越竟動衆興兵大其事故出入皆告於廟

傳十二年夏衛公孟彄伐曹克郊郊曹邑還滑羅殿羅衛大夫○滑于八反殿丁見反下同未出不退於列羅不退在行列之後○竟音境行戶郎反其御曰殿而在列其為無勇乎羅曰與其素厲寧為無勇素空也厲猛也言伐小国當如畏者以誘致之疏與其至無勇○正義曰羅以曹国小弱不敢來追衛師而在後為殿是空設嚴猛等與其空為嚴猛寧為無勇示弱誘之使曹人不憚以為後圖○仲由為季氏宰仲由子路將墮三都三都

費郈成也彊盛將爲國害故仲由欲毁之於是叔孫氏墮郈季氏將墮費公山不狃叔孫輒帥費人以襲魯不狃費宰也輒不得志於叔孫氏公與三子入于季氏之宮登武子之臺費人攻之弗克入及公側至臺下仲尼命申句須樂頎下伐之二子魯大夫仲尼時爲司寇○句音劬頎音祈

疏注仲尼時爲司寇○正義曰史記孔子世家云定公以孔子爲中都宰一年四方皆則之由中都宰爲司空由司空爲大司寇十年會于夾谷時已爲司寇矣十四年孔子由大司寇攝行相事是此時仲尼爲司寇

費人北國人追之敗諸姑蔑二子奔齊二子不狃叔孫輒遂墮費將墮成公斂處父謂孟孫墮成齊人必至于北門成在魯北竟故且成孟氏之保障也無成是無孟氏也子

僞不知佯不知○障之尚反又音章子僞不知並如字一本僞作爲佯本亦作陽音同我將不
墜冬十二月公圍成弗克
經十有三年春齊侯衛侯次于垂葭二君將使師伐晉次
垂葭以爲之援○葭音加○夏築蛇淵囿無傳書不時也○囿音又○大蒐于
比蒲無傳夏蒐非時○蒐所求反比音毗○衛公孟彄帥師伐曹無傳
○晉趙鞅入于晉陽以叛書叛惡可知○冬晉荀寅
士吉射入于朝歌以叛吉射士鞅子○射食亦反又食夜反朝如字晉
趙鞅歸于晉韓魏請而復之故曰歸言韓魏之強猶列國註韓魏至列國○正義曰
成十八年傳例曰凡去其國諸侯納之曰歸此傳稱韓魏以
趙氏爲請故趙鞅得稱歸韓魏非諸侯亦從諸侯納之例者
韓魏之疆猶列國也釋例曰韓魏有耦國之疆陳蔡有復國
之端故晉趙鞅楚公子比皆稱歸從諸侯納之例言非晉楚

之所能制也○薛弒其君比無傳稱君無道

傳十三年春齊侯衛侯次于垂葭實郥氏垂葭改名郥氏高平鉅野縣西南有郥亭○郥古闃反

疏注垂葭至郥亭○正義曰釋例曰經書所改之名則傳以實明之許遷于夷實城父齊侯衛侯次于垂葭實郥氏之比是也則是先名郥氏後名垂葭而此云垂葭改名郥氏者杜意以爲垂葭是新改之名本是郥氏也故以結之與釋例不違劉炫以杜注自違釋例以爲地無新舊之異止是一地二名若如劉言案許遷于夷實城父經書夷齊侯衛侯次于垂葭實郥氏經書垂葭許遷于析實白羽以此準之經應書析不應書白羽公會齊侯于祝其實夾谷經應書祝其不應書夾谷杜以文同事異故以新舊明之劉不細尋經傳以規杜過非也

使師伐晉將濟河諸大夫皆曰不可邴意茲曰可意茲齊大夫○邴彼命反又音丙銳師伐河內河內晉郡

傳必數日而後及絳傳告晉○傳張戀反又直專反注同數所主反絳不

三月不能出河則我既濟水矣乃伐河内齊
侯皆斂諸大夫之軒唯邴意茲乘軒以其言當○當丁浪
反齊侯欲與衞侯乘共載○乘繩證反下同與之宴而駕
乘廣載甲焉使告曰晉師至矣齊侯曰比君
之駕也寡人請攝以己車攝代衞車○攝廣古曠反比必利反乃介而與
之乘驅之或告曰無晉師乃止傳言齊侯輕所以不能成功○介音
界輕遣政反（疏）齊侯至乃止○正義曰齊侯輕脫欲得與衞侯同乘既與之宴飲而先駕乘廣於門外據於晉
車之上而載甲焉飲未終而使人告曰晉師至矣齊侯謂衞侯曰比及君之駕至以來君既未有兵車寡人請以己車攝
代衞車與君同乘齊侯乃著甲而與衞侯共乘驅之而行或告無晉師乃止傳載此者言齊侯之輕所以不能成功○
晉趙鞅謂邯鄲午曰歸我衞貢五百家吾舍

以諸晉陽午許諾十年趙鞅圍衛衛人懼貢五百家鞅置之邯鄲今欲徙著晉陽晉陽趙鞅邑○

著丁略反歸告其父兄父兄皆曰不可衛是以為邯

鄲言衛以五百家在邯鄲常為是故與邯鄲親○為丁偽反注同一音如字而寘諸晉陽

絕衛之道也不如侵齊而謀之侵齊則齊當來報欲因懼齊而徙則

衛與邯鄲好不絕○寘之豉反好呼報反乃如之而歸之于晉陽欲如是謀而後

歸衛貢趙孟怒召午而囚諸晉陽趙鞅不察其謀謂午不用命故囚之

使其從者說劍而入涉賓不可涉賓午家臣不肯說劍入欲謀叛○

從才用反說他活反注同乃使告邯鄲人曰吾私有討於午

也二三子唯所欲立午趙鞅同族別封邯鄲故使邯鄲人更立午宗親（疏）

註午趙至宗親○正義曰世族譜趙衰趙夙之弟也衰生盾盾生朔朔生武武生成成生鞅其家為趙氏夙孫穿穿生旃

旃生勝勝生午貞家爲耿氏計衰至鞅夙至午皆六代今爲所謂五從兄弟是同族也別封邯鄲世不絕祀故使邯鄲人更立午之宗親遂殺午趙稷涉賓以邯鄲叛稷趙午子夏六

月上軍司馬籍秦圍邯鄲邯鄲午荀寅之甥

也荀寅范吉射之姻也壻父曰姻荀寅子娶吉射女（疏）註壻父至射女

正義曰釋親云女子子之夫爲壻壻之父爲姻知荀寅子娶吉射女也而相與睦故不

與圍邯鄲將作亂作亂或作讙歟○不與音預又如字董安于聞

之安于趙氏臣（疏）注董安于○正義曰史記云安于性緩常佩弦以自急者卽此是也告趙

孟曰先備諸趙孟曰晉國有命始禍者死爲

後可也安于曰與其害於民寧我獨死懼見攻必傷害

民主請以我說趙孟不可晉國若討可殺我以自解說秋七月范

氏中行氏伐趙氏之宫趙鞅奔晉陽晉人圍之范皐夷無寵於范吉射而欲爲亂於范氏皐夷范氏側室子。行戶郎反梁嬰父嬖於知文子文子荀躒。知音智文子欲以爲卿韓簡子與中行文子相惡簡子韓起孫不信也中行文子荀寅也。惡如字又烏路反下同【疏】文子欲以爲卿。正義曰既欲以爲卿則當去范中行二文子欲爲乱以去之此乃始得立言此者明魏襄子亦與范昭子相惡襄子魏舒孫曼多也昭子士吉射。曼音萬故五子謀五子范皐夷梁嬰父知文子韓簡子魏襄子將逐荀寅而以梁嬰父代之逐范吉射而以范皐夷代之荀躒言於晉侯曰君命大臣始禍者死載書在河爲盟書沈之河。躒力狄反沈如字又音鴆今三臣始禍而獨逐鞅刑已不鈞矣請皆逐之冬十一月荀躒韓不信魏曼多奉公以伐范氏中行氏弗克二子將伐公齊高彊曰三折肱知為良醫高彊齊子尾之子昭十年奔魯遂適晉。三如字又息暫反折之設反肱古弘反唯伐君為不可民弗與也我以伐君在此矣三家未睦三家知韓魏可盡克也克之君將誰與若先伐君是使睦也弗聽遂伐公國人助公二子敗從而伐之丁未荀寅士吉射奔朝歌韓魏以趙氏為請經所以書趙鞅歸十二月辛未趙鞅入于絳盟于公宮傳録晉衰乱○初衛公叔文子朝而請享靈公欲令公臨其家○令力呈反退見史鰌而告之史鰌史魚○鰌音秋史鰌曰子必禍矣子富而君貪其及子乎文子曰然吾不先告子是吾罪也君既許我矣其若之何史鰌曰無害子臣可以免言能執臣禮富而能臣必免於難上下同之言尊卑皆然○難乃旦反下注同戍也驕其亡乎戍文子之子富而不驕者鮮吾唯子之見驕而不亡者未之有也戍必與焉與禍難○鮮息淺反與音預注同及文子卒衛侯始惡於公叔戍以其富也公叔戍又將去夫人之黨靈公至人南子黨宋朝之徒○惡烏路反去起呂反朝如字

【疏】註靈公至之徒○正義曰傳於明年始云衛侯爲夫人南子召宋朝此年言夫人之

黨社已云宋朝之徒者靈公之召宋朝又在前矣明年爲宋人歌而發端非明年始召之夫人愬之

曰戌將爲亂傳爲明年戌來奔○愬音素

經十有四年春衛公叔戌來奔衛趙陽出奔

宋陽趙黶孫書名者親富不親仁○黶於減反疏註陽趙黶孫○正義曰案世本懿子兼生昭子舉舉生趙陽[illegible]即黶也○二月辛巳楚公子結陳公孫佗人

帥師滅頓以頓子牂歸○夏衛北宮結來奔

亦黨公叔戌皆惡之○佗吐何反又徒河反牂子歸反惡烏路反○五月於越敗吳于

檇李於越越國也使罪人詐吳亂陳故從未陳之例書敗也檇李吳郡嘉興縣南醉李城○檇音醉旅說文從

未陳直覲反下同疏注於越至書敗○正義曰於越即越也夷言發聲謂之於越彼從俗而名之也傳稱陳于

檇李則是皆陳而從未陳之例云敗吳者越使非人詐吳亂吳之陳使不得用力故從未陳之例書敗也釋例云長勺之

役雖俱陳而鼓音不齊雋李之■勾踐患吳之整以死士亂吳雖皆已陳猶以獨■其權詐也○吳子光卒未同盟而赴以名○公會齊侯衛侯于牽魏郡黎陽縣東北有牽城○黎力兮反

公至自會無傳○秋齊侯宋公會于洮洮曹地也○洮吐刀反○天王使石尚來歸脤無傳石尚天子之士石氏尚名脤祭社之肉盛以脤器以賜同姓諸侯親兄弟之國與之共福○脤市軫反盛音成

【疏】註石尚至共福　正義曰杜以天子上士中士俱稱名氏石尚必是士矣但不知爲是上士爲是中士故註直云士耳必非下士釋例曰王之公卿皆書爵大夫書字元士中士稱名劉夏石尚是也下士稱人八公會王子人于洮是也杜知然者周禮典命云王之三公八命其卿六命大夫四命大夫既四命則士三命也故鄭玄云王之上士三命中士再命下士一命曲禮云列国之大夫入天子之国曰某士得不以命數當天子之士故稱士也襄二十六年晉韓起聘于周自稱曰晉士起是諸侯之卿與天子之士命數同也以諸侯之卿三命再命皆書名氏大夫一命則稱人知天子上士中士稱名氏下士則稱人也成十三年傳曰国之

太事在祀與戎祀有執膰戎有受脤先儒及杜緣彼傳文知是定例故解此云祭社之肉盛以脤器以賜同姓諸侯同礼大宗伯云以脤膰之礼親兄弟之国大行人云歸脤以交諸侯之福是以祭肉賜諸侯與之共福也○衛世子蒯聵出奔宋 ○蒯苦怪反聵五怪反 ○衛公孟彄出奔鄭 彄書名與蒯聵黨罪之 ○宋公之弟辰○自蕭來奔 無傳稱家公之弟例在十年 ○大蒐于比蒲 ○比音毗 ○邾子來會公 無傳會公于比蒲來而不用朝礼故曰會 疏 註會公至曰會○正義曰莊二十三年公及齊侯遇于穀蕭叔朝公就遇處行朝礼故曰朝此就蒐處行會礼而不用朝礼故曰會也言不用朝礼辨其與蕭叔文異 ○城莒父及霄 無傳公叛晉助范氏故懼而城二邑也此年無冬史闕文○父音甫 疏 註公叛至闕文○正義曰城邑之由傳無其說以傳稱公會齊侯衛侯謀救范中行氏知為叛晉之故懼而成此二邑也無冬闕文自是常事特辯此者說公羊者以此城在冬故去冬字何休云是歲孔子由大司寇攝相事齊人饋女樂孔子去言去冬者惡之也

戒說無冬〻有坐受女樂令聖人去冬〻陰臣之象言去冬〻見無臣也杜以此爲妄說且明城實在秋是非時而城故特於冬顯

傳十四年春衛侯逐公叔戍與其黨故趙陽奔宋戍來奔終史魚之言〇梁嬰父惡董安于謂知文子曰不殺安于使終爲政於趙氏趙氏必得晉國盍以其先發難也討於趙氏文子使告於趙孟曰范中行氏雖信爲亂安于則發之是安于與謀亂也晉國有命始禍者死二子既伏其罪矣敢以告告使討安于〇惡烏路反知文音智盍戶臘反難乃旦反與音預

趙孟患之安于曰我死而晉國寧趙氏定將焉用生人誰不死吾死莫矣乃縊而死趙

孟尸諸市而告於知氏曰主命戮罪人安于

既伏其罪矣敢以告知伯從趙子盟知伯荀躒○焉於虔

反莫音暮縊一四反（疏）安于則至而死○正義曰安于請趙孟先備之趙孟不從其言則安于其無罪矣但安于之

謀國人聞之梁嬰父忌其知謀恐趙氏彊盛假此事而罪之趙鞅拔而得還不敢違命故安于自縊死耳而後

趙氏定祀安于於廟趙氏廟（疏）祀安于於廟○正義曰礼臣有大功配食

於廟周礼司勳云凡有功名者銘書於王之大常祭于大烝司勳詔之尚書盤庚告其卿大夫云茲予大享于先王尔祖

其從與享之孔安国云古者天子錄功臣配食於廟大享烝嘗也天子既有此礼諸侯或亦有之今趙氏祀安于於趙安

氏之廟其意亦如此也○頓子牂欲事晉背楚而絕陳好二

月楚滅頓傳言以不事大所以亡○背音佩好呼報反○夏衛北宮結

來奔公叔戍之故也○吳伐越服五年越入吳越子句

踐禦之陳于檇李句踐越王允常子句古侯反陳直覲反句踐患吳之整也使死士再禽焉不動使敢死之士往輒為吳所禽欲使吳師亂取之而吳不動使罪人三行屬劍於頸以劍注頸○行戶郎反下同屬之欲反下同又之欲反而辭曰二君有治治軍旅臣奸旗鼓犯軍令不敏於君之行前不敢逃刑敢歸死遂自剄也師屬之目越子因而伐之大敗之靈姑浮以戈擊闔廬靈姑浮越大夫○剄古頂反本又作刎闔戶臘反闔廬傷將指取其一屨其足大指見斬遂失屨姑浮取之○將子匠反屨九具反還卒於陘去檇李七里釋經所以不書滅○陘音刑夫差使人立於庭夫差闔廬嗣子○夫音扶庭本又作廷苟出入必謂己曰夫差而忘越王

之殺而父乎則對曰唯不敢忘三年乃報越後三年哀元年○唯惟癸反舊以水反○晉人圍朝歌公會齊侯衛侯于脾上梁之間脾上梁間即牽○脾婢支反謀救范中行氏齊魯衛晉故助范中行也析成鮒小王桃甲率狄師以襲晉二子晉大夫范中行氏之黨○鮒音附桃如字本又作姚戰于絳中不克而還士鮒奔周小王桃甲入于朝歌秋齊侯宋公會于洮范氏故也謀救范氏衛侯為夫人南子召宋朝南子宋女也朝宋公子舊通于南子在宋呼之○為于偽反會于洮大子蒯聵獻盂于齊過宋野蒯聵衛靈公大子盂邑名也就會獻之故自備行而過宋野○盂音于下野人歌之曰既定爾婁豬盍歸吾艾豭

婁豬求子豬以喻南子艾豭以喻宋朝艾老也○婁力侯反字林作貗力付反豬張魚反盍戶臘反艾五蓋反老也字林作豭

豭音艾[illegible]聚居疏會于至艾豭○正義曰此會于洮

者豭音加[illegible]豕也是上文會于洮也傳爲野人之歌張

本故追言衞[illegible]人南子召宋朝召在遠年非今始召欲說

過宋野已聞此語故又本之云齊宋會于洮時大子蒯聵獻

盂于齊過宋野而被譏也服虔以會于洮主爲義言衞侯

爲夫人南子召宋朝故與宋公會于洮言爲召宋朝爲此會

也然則宋朝是宋之公子衞侯欲召則召何須與宋爲會方

始召之直言會于洮會上無國名知與何國會而言宋衞乎

服不達此勢焉之甚也○註婁豬至老也○正義曰釋獸云

豕子豬牡豝牝者謂之豝則豭是豬之牡故以喻宋朝也以

婁豬爲求子之豬相傳爲說耳曲禮人年五十曰艾是艾爲老也

大子羞之謂戲陽速曰從我而朝少君速大子家臣○戲許宜反少詩照反本亦作少君疏少君○正義曰少君猶小君也君爲大君夫人爲小君**少君見我我顧乃殺之**

速曰諾乃朝夫人夫人見大子大子三顧速

不進夫人見其色啼而走（見大子色變知其欲殺己）曰蒯聵將殺余公執其手以登臺大子奔宋盡逐其黨故公孟彄出奔鄭自鄭奔齊大子告人曰戲陽速禍余戲陽速告人曰大子則禍余大子無道使余殺其母余不許將戕於余也（戕殘殺）○戕在良反若殺夫人將以余說余是故許而弗為以紓余死諺曰民保於信吾以信義也（使義可信不必信言）○紓音舒諺音彥○冬十二月晉人敗范中行氏之師於潞獲籍秦高彊（二子黨范氏者終景王言籍父死後○潞音路父音甫）又敗鄭師及范氏之師于百泉（鄭助范氏故并敗）

經十有五年春王正月邾子來朝○鼷鼠食

郊牛牛死改卜牛無傳不言所食處舉死重也改卜禮也○鼷音兮處昌慮反疏

鼷鼠食郊牛○正義曰爾雅云色黑而小有毒公羊以爲不言其所食漫也謂所食非一處穀梁注意亦然非杜意也○

○二月辛丑楚子滅胡以胡子豹歸○夏五月

辛亥郊無傳書過○壬申公薨于高寢高寢宮名不於路寢失其所

○鄭罕達帥師伐宋○齊侯衛侯次于渠蒢

不果救故書次○蒢直居反○邾子來奔喪無傳諸侯奔喪非禮疏注諸侯奔喪非

禮○正義曰昭三十年傳曰諸侯之喪士弔大夫送葬諸侯親自奔喪會葬皆非禮公羊亦云奔喪非禮也○秋

七月壬申姒氏卒定公夫人○八月庚辰朔日有

食之無傳○九月滕子來會葬無傳諸侯會葬非禮也○丁巳

葬我君定公雨不克葬戊午日下昃乃克葬

辛巳葬定姒辛巳十月三日有日無月。昃音側【疏】雨不克葬。正義曰穀梁以為葬不為雨止礼也雨不克葬喪不以制也非左氏意。辛巳葬定姒。正義曰公羊傳云定姒何以書葬未踰年之君也有子則廟廟則書葬公羊此意以為定姒是妾哀公之母以哀公為君未踰年故書其葬耳左氏以定姒實是夫人但礼不備不成喪是哀母以不得無明說。註辛巳至無月。正義曰此年八月庚辰朔二日則辛巳九月不得有辛巳也更盈一周則六十二日九月有一大一小十月己卯朔三日得辛巳是有日無月也。

冬城漆邾庶其邑。漆音七【疏】註邾庶其邑。正義曰襄二十一年邾庶其以漆閭丘來奔襄二十八年傳曰凡邑有宗廟先君之主曰都無曰邑邑曰築都曰城此稱城漆漆本邾邑不得有先君宗廟而稱城者釋例曰若邑有先君宗廟則雖小曰都尊其所居以大之也然則都而無廟固宜稱城城漆是也而穎氏唯繫於先君之廟患漆本非魯邑因說曰漆有邾之舊廟是使魯人尊邾之舊廟與先君同非經傳意也是言漆是大都自應稱城言無其邑者意在非舊說

傳十五年春邾隱公來朝邾子益子貢觀焉邾子執玉高其容仰公受玉卑其容俯玉朝者之贄○贄音至

【疏】註玉朝者之贄○正義曰曲礼云凡摯天子鬯天子尊無與敵者故執其鬯酒以灌神諸侯圭是謂玉爲贄也周礼典瑞云公執桓圭侯執信圭伯執躬圭子執穀璧男執蒲璧以朝覲宗遇會同于王諸侯相見亦如之是朝必執玉也

子貢曰以禮觀之二君者皆有死亡焉夫禮死生存亡之體也將左右周旋進退俯仰於是乎取之朝祀喪戎於是乎觀之今正月相朝而皆不度不合法度心已亡矣嘉事不體何以能久嘉事朝礼高仰驕也卑俯替也驕近亂替近疾君爲主其先亡乎爲此年公薨哀七年以邾子益歸傳○替他計反近附近之近

下注同○吳之入楚也在四年胡子盡俘楚邑之近
胡者俘取也楚既定胡子豹又不事楚曰存亡
有命事楚何爲多取費焉二月楚滅胡傳言小不
事大所以亡○費芳味反○夏五月壬申公薨仲尼曰賜不幸
言而中是使賜多言者也以纖知著知之難者子貢言語之士今言而中
仲尼懼其易言故抑之○中丁仲反注同纖知著知之難並如字又音智易以豉反○鄭罕達敗
宋師于老丘罕達子齹之子老丘宋地也宋公子地奔鄭鄭人爲之伐宋欲取地以處之事見哀十
二年○齹才何反爲下僞反見賢遍反○齊侯衛侯次于蘧挐謀救
宋也○蘧音渠挐女居反又女加反○秋七月壬申姒氏卒不稱
夫人不逝且不祔也且同祔姑夫人之礼二者皆闕故不言夫人○祔音附○〔疏〕

注赴同至夫人○正義曰夫人初薨祔於同盟之国其辭當云夫人某氏薨是赴則成夫人也礼適妻祔於適祖姑妾祔於妾祖姑若得祔祖姑則亦成夫人矣此赴同祔姑皆是夫人之礼二者皆闕故不曰夫人薨二者課行一事則得稱夫人故此以不赴兼又不祔辭不稱夫人也

葬定公雨不克襄事禮也襄成也雨不成事若汲汲於欲葬○葬息羊反

葬定姒不稱小君不成喪也公未葬而夫人薨煩於喪礼不赴不祔故不稱小君臣子怠慢也反哭於寢故書葬

疏公未至書葬○正義曰傳直言不成喪也不知闕少何事但小君者夫人之號不稱小君與不稱夫人其事同矣故知不成喪者即不赴不祔是也由不赴不祔夫人之喪礼不成故不稱小君也此定姒實是夫人臣子怠慢不成其礼故書卒不稱薨書葬而不稱小君所以罪臣子也哀十二年孟子卒傳曰不反哭故不言葬小君是由反哭於寢故書葬也○

冬城漆書不時告也實以秋城冬乃告廟魯知其不時故緩告從而書之以示譏

疏冬城至告也○正義曰書城漆者書其城不以時所書在冬依其文則得時矣故傳辯之云不時告也城實非時知其不可而以時告廟

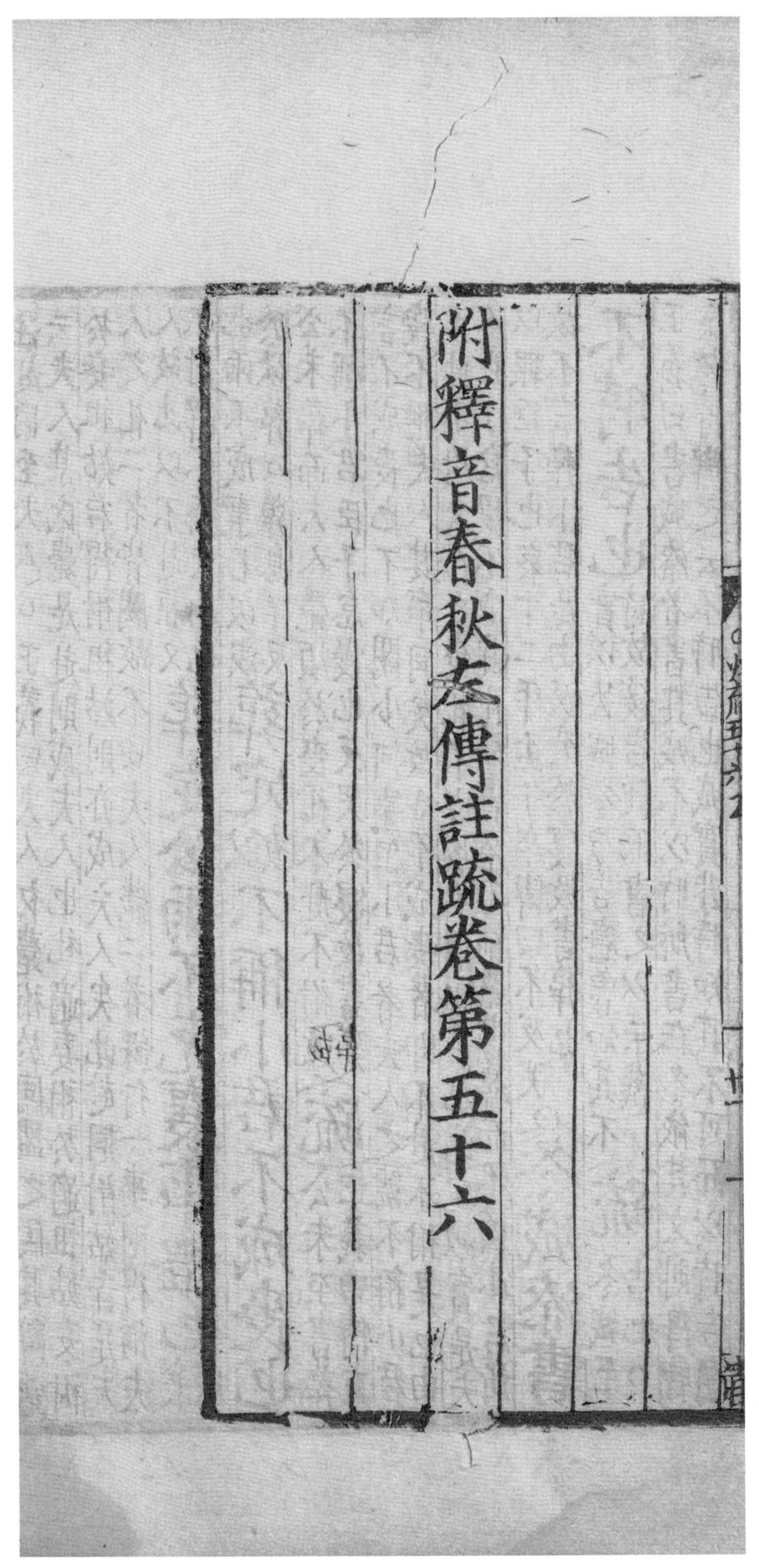
附釋音春秋左傳註疏卷第五十六

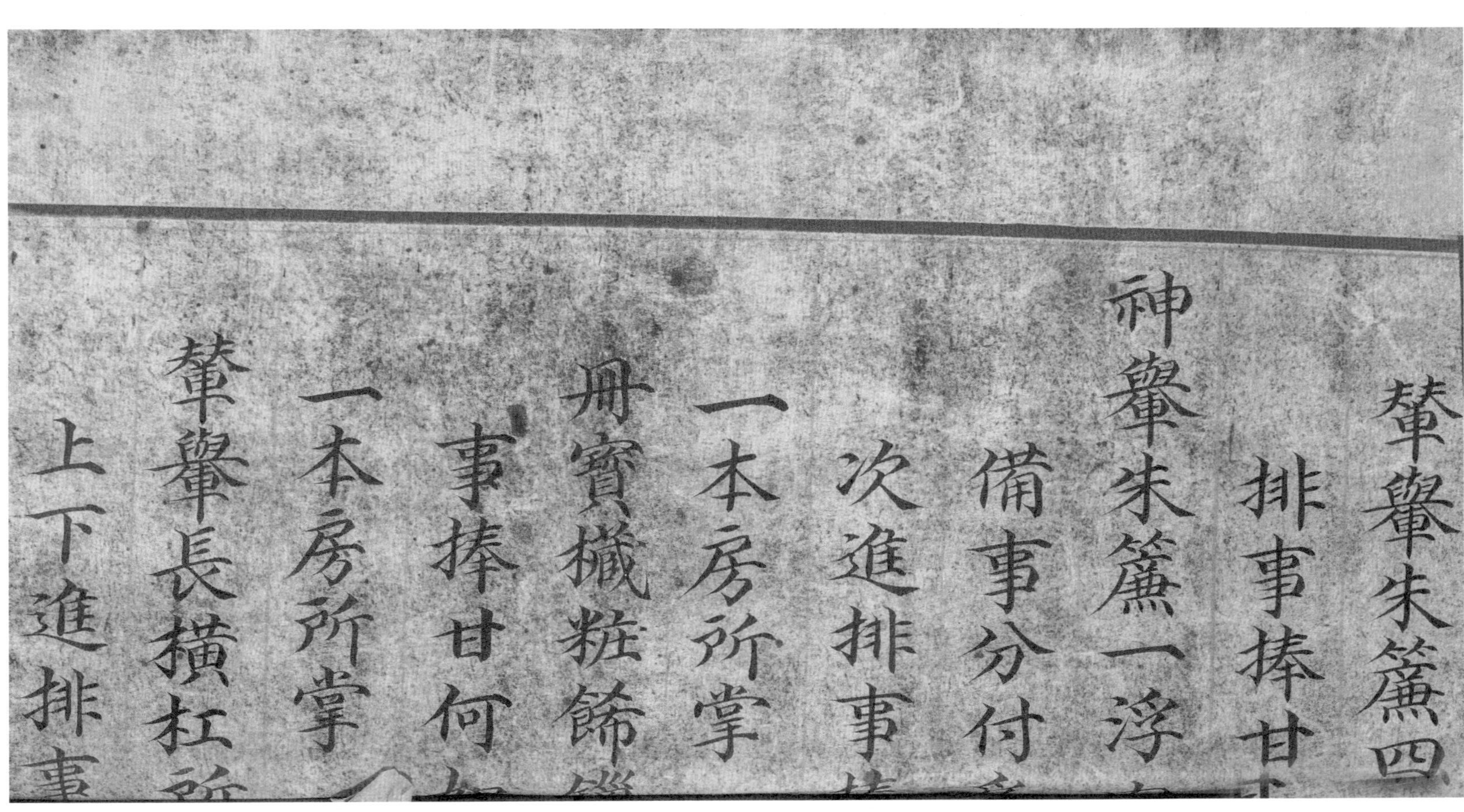

輦轝朱簾四
排事捧甘
神轝朱簾一浮
備事分付
次進排事
一本房所掌
冊寶織粧飾
事捧甘何
一本房所掌
輦轝長横杠所
上下進排事

1005
東方文化學院京都研究所

附釋音春秋左傳註疏卷第五十七 哀元年盡五年

杜氏註　孔穎達疏

哀公○陸曰哀公名蔣定公之子蓋夫人定姒所生敬王二十八年即位謚法恭仁短折曰哀【疏】同上

經元年春王正月公即位無傳○楚子陳侯隨侯許男圍蔡隨世服於楚不通中國吳之入楚昭王奔隨隨侯免之卒復楚國楚人德之使列於諸侯故得見經定六年鄭滅許此復見者蓋楚封之○見賢遍反下同此復扶又反【疏】註隨世至封之○正義曰僖二十年楚人伐隨自爾以來隨不復見以隨世服於楚爲楚私屬不通於諸侯征伐盟會不齒於列故史不得書之猶如鄫滕爲人私屬不序於宋盟也定四年保護昭王楚得復國楚人感其恩德使隨列於諸侯令楚帥諸侯圍蔡令隨在其班次以之告魯故復見經定六年鄭滅許以許男斯歸殺之此時許復見者以許屬楚故疑蓋楚封之當如蔡侯廬陳侯吳受封於楚也世族譜許男斯之後有元公成悼公孫則是楚封近公爲許男也○鼷鼠食郊

牛改卜牛○夏四月辛巳郊無傳書過也不言所食非一處○處昌慮反

疏註書過至一處○正義曰桓五年傳例云凡祀啓蟄而郊過則書今以四月始郊已入春分之氣故書過也宣三年郊牛之口傷成七年鼷鼠食郊牛角言其傷食之處此不言所食處者所食非一處也○秋齊侯衛侯伐晉○冬仲孫何忌帥師伐邾無傳

傳元年春楚子圍蔡報柏舉也在定四年里而栽栽設板築爲圍壘周匝去蔡城一里○栽才代反又音再註同說文云築牆長版壘力軌反匝子合反

疏註栽設至一里○正義曰築牆立版謂之栽栽者豎木以約版也楚慮外人救蔡則於表裏受敵故築圍壘周帀去蔡城一里以圍之欲置兵其內以攻蔡使外人不得救之廣丈高倍壘厚一丈高二丈○廣古曠反高倍並如字高又古報反注同厚戶豆反夫屯晝夜九日夫猶兵也壘未成故令人在壘裏守蔡○屯徒門反夫兵也也守也令力呈反

疏註夫猶至守蔡○正義曰劉炫云杜言夫猶兵也以壘未成故令人在壘

壘屯守然則未築壘前兵豈遠城乎壘成之後兵復出壘
乎以圍人夜守常事何言晝夜九日以後兵豈散乎炫以夫
屯謂夫役屯聚晝夜不止九日而築壘成耳夫者別有城夫
非戰士劉炫以爲丁夫築城晝夜九日訖以夫爲兵屯守
九日者以屯是戍守之名故詩序云屯戍於母家又案傳晉
有輓車皆是兵之屯守經籍未有作役之人而爲屯守之號
者故杜爲此解劉炫規杜失非也如子西之素子西本計爲壘當用九日而成蔡人
男女以辨辨別也男女各別係纍而出降○辨扶免反又方免反別彼列反下同纍力追反降戶江
反使疆于江汝之間而還楚欲使蔡徙國在江水之北汝水之南求田以自安
也蔡權聽命故楚師還○疆居良反疏注楚欲至師還○正義曰服虔云蔡使楚進疆故乃國與汝水之間其
意言蔡割地以賂楚也杜不然者以昭七年傳芋無字云先
君文王作僕區之法所以封汝哀十七年傳曰彭仲爽申俘
也文王以爲令尹實縣申息朝陳蔡封畛於汝則楚於文王
之時其竟已至汝水寧於此役蔡始令楚進疆于江汝之間
也且汝水江國不可其文故杜以爲楚使蔡徙其國都於江
北汝水之南自擇疆宇欲令遷都近楚爲楚屬國蔡人異令

楚去心雖不肯難宜許之楚還之後蔡更自議已與楚惡不如事吳故請遷于吳以吳爲援蔡於是乎

請遷于吳楚既還蔡人更叛楚就吳爲明年蔡遷州來傳○吳王夫差敗

越于夫椒報檇李也檇李在定十四年夫椒吳郡吳縣西南大湖中椒山○夫音扶

椒又作排子消反檇音醉大音泰【疏】註夫椒至椒山○正義曰杜於此注以椒爲山名土地名以夫椒爲地名

以爲必在山旁以山表地耳遂入越越子以甲楯五千保于

會稽上會稽山也在會稽山陰縣南○楯食允反又音允會古外反稽古兮反上時掌反使大夫

種因吳大宰嚭以行成吳子將許之伍員曰

不可臣聞之樹德莫如滋去疾莫如盡昔有

過澆殺斟灌以伐斟鄩以澆寒浞子封於過者二斟夏同姓諸侯襄四年傳曰

澆用師滅斟灌○嚭普鄙反員音云去疾起呂反本又作去惡過古禾反國名注及下同澆五吊反一音五報反下同斟

諸林反。灌，古亂反。鄩，音尋。浞，仕捉反。夏，户雅反。下注皆同。【疏】注澆寒至斟灌。○正義曰：襄四年傳稱夏之衰也，有窮后羿因夏民以代夏政，而用寒浞。寒浞殺羿，因其室而生澆處澆于過，是言浞是寒浞之子，封於過也。二斟，夏同姓諸侯，夏本紀文也。又襄四年傳云澆用師滅斟灌，此言殺斟灌者，王肅云：滅，殺也。古者滅、殺尊卑同名。其意言殺其君而滅其国，故二文各言其一也。賈逵云：自后相依斟灌而国滅，故曰殺夏后相也。案下句别言滅夏后相，王解是也。

夏后相，夏后相，啓孫也。后相失国，依於二斟，復爲澆所滅。○相，息亮反。注及下注同。復，扶又反。【疏】注夏后至所滅。○正義曰：夏本紀云：禹生啓，啓生太康。太康崩，弟仲康立。仲康崩，子相立。是相爲仲康之子，啓之孫也。書序云：大康失邦，作五子之歌。其經云：大康尸位，以逸豫，乃畋于有洛之表，十旬弗反。有窮后羿因民弗忍，距于河。則大康之時，羿已權盛，能廢大康矣。胤征云：惟仲康肇位四海。孔安国云：羿廢大康而立其弟仲康爲天子。仲康羿之所立也。仲康崩，子相立之矣。傳言羿因夏民以代夏政，蓋於相時羿始自立爲天子，相於是失国，依於二斟，及澆滅斟灌，相復爲澆所滅。

后緡方娠，逃出自竇，后緡，相妻。娠，懷身也。○緡，亡巾反。娠，音震，又音

身竇音豆歸于有仍后緡有仍氏女生少康焉爲仍牧正牧官
之長少詩照反長丁丈反惎澆能戒之惎毒也戒備也○惎音忌澆使椒求
之椒澆臣逃奔有虞爲之庖正以除其害虞舜後諸侯也
梁國有虞縣庖正掌膳羞之官頼此以得除己害○庖步交反【疏】註虞舜至己害○正義曰尚書堯典云有鰥在
下曰虞舜又曰釐降二女于嬀汭嬪于虞皇甫謐云嬪于虞因以虞爲氏虞今河東大陽縣西山上虞城是也然則舜有
天下其代號虞因本河東大陽之虞及周之興封仲雍之後爲虞國即彼地是也但舜既禪禹禹封舜後爲諸侯雖取虞
爲國名未必封於河東虞地而梁國有虞縣其地以虞爲名疑是夏時虞國杜於地名言有者皆是疑辭言有以示不審
也庖正當周礼之庖人用之爲下士當是食官之長故以爲掌膳羞之官也頼此以得除己害得在浞之世不被殺也虞
思於是妻之以二姚思有虞君也虞思自以二女妻少康姚虞姓○妻七計反姚羊
昭反而邑諸綸綸虞邑○綸音倫有田一成有衆一旅方十

里為成，五百人為旅。【疏】注方十至為旅。○正義曰：方十里為成，司馬法文也。五百人為旅，夏官序文也。田一成，衆一旅，言此一成之地，其内有為兵者五百人。周禮小司徒云：九夫為井。井牧其田野。鄭衆云：井牧者，春秋傳所謂井衍沃、牧隰皐者也。鄭玄云：隰皐之地，九夫為牧，二牧而當一井。今造都鄙，授民田，有不易，有一易，有再易，通率二而當一，是之謂井牧。昔夏少康在虞思，有田一成，有衆一旅。一旅之衆而田一成，則井牧之法先古然矣。杜解牧隰皐，雖與鄭異，其授民田二而當一，理亦宜然。計方十里為方一里者百，方一里有九夫之田，則十里容九百夫也。其一百夫授上地，不易者，其四百夫授一易，二而當一，則得為五百夫矣。能布其德而兆其謀，兆，始。以收夏衆，撫其官職。襄四年傳曰：靡自有鬲氏收二國之燼，以滅浞而立少康。○鬲音革。燼，徐刃反，又秦刃反。【疏】注襄四至少康。○正義曰：引此傳者，言少康能布恩惠以收夏衆，以德撫職，故得用靡遺民滅浞而立之。使女艾諜澆，女艾，少康臣。諜，候也。○女如字，又音汝。艾，五蓋反。諜音牒。使季杼誘豷，豷，澆弟也。季杼，少康子后杼也。○杼，直呂反。豷，許器反。遂滅過、戈，復禹之績過澆國戈豷國○過戈並古禾反之績一本作迹祀夏配天不失舊物物事也今吳不如過而越大於少康或將豐之不亦難乎言與越成是使越豐大必爲吳難○難乃旦反句踐能親而務施施不失人所加惠賜皆得其人○施始豉反下同親不棄勞推親愛之誠則不遺小勞與我同壤而世爲仇讎於是乎克而弗取將又存之違天而長寇讎猶言天與不取○長丁丈反下同（疏）注猶言天與不取○正義曰吳語云越滅吳吳王請行成越王曰昔天以越賜吳而吳不取是也後雖悔之不可食已食消也已止也（疏）後雖至食已○正義曰言悔恨之深結其心腹不可如食之消止姬之衰也日可俟也姬吳姓言可計日而待○俟本又作竢音仕介在蠻夷而長寇讎以是求伯必不行

矣弗聽退而告人曰越十年生聚而十年教訓生民聚財富而後教之○介音界伯如字又音霸聚才喻反又如字疏註生民至教之正義曰服虔云令少者無娶老婦老者無娶少婦女十七不嫁男二十不娶父母有罪也將生子以告與之醫饋之餼也宅者釋其征必哭泣葬埋如其子也孺子游者必餔歠之也非年所種夫人所織不用十年不收於國二十年之外吳其為沼乎謂吳宮室廢壞當為污池為二十二年越入吳起本○沼之兆反汙音烏三月越及吳平吳入越不書吳不告慶越不告敗也嫌夷狄不與華同故復發傳○復扶又反○夏四月齊侯衛侯救邯鄲圍五鹿趙稷以邯鄲叛范中行氏之黨也五鹿晉邑○邯音寒鄲音丹○吳之入楚也在定四年使召陳懷公懷公朝國人而問焉曰欲與楚者右欲與吳者左陳人從田無

田從黨鄗邑之人無田者隨黨而立不知所與故直從所居田在西者居右在東者居左逢滑當公而進當公不左不在○滑于八反曰臣聞國之興也以福其亡也以禍今吳未有福楚未有禍楚未可棄吳未可從而晉盟主也若以晉辭吳若何公曰國勝君亡非禍而何楚為吳所勝對曰國之有是多矣何必不復小國猶復况大國乎臣聞國之興也視民如傷是其福也如傷恐驚動其亡也以民為土芥是其禍也芥草也○芥古邁反楚雖無德亦不艾殺其民吳日敝於兵暴骨如莽草之生於廣野莽莽然故曰草莽○艾魚廢反暴步卜反莽亡黨反而未見德焉天其或

者正訓楚也使懼而改過禍之適吳其何日之有言今

至陳侯從之及夫差克越乃脩先君之怨秋

八月吳侵陳脩舊怨也傳言吳不脩德而脩怨所以亡○齊侯

衛侯會于乾侯救范氏也師及齊師衛孔圉

鮮虞人伐晉取棘蒲魯師不書非公命也孔圉孔烝鉏魯孫鮮虞狄師賤故不書○

圉魚呂反烝之承反鉏仕居反【疏】註魯師至不書○正義曰社以經書齊衛伐晉傳言四國伐晉故唯解魯與鮮

虞不書意也劉炫以齊衛會乾侯救范氏者師相會因而行

伐二君親行告伐不告會也行伐之後魯與鮮虞會之齊衛

更遣師與同伐也但齊將卑師衆故稱師衛將尊師少故云

孔圉後伐四國並皆不書非獨魯與鮮虞不書也當謂魯師

不書非公命餘者不書皆不告義出百塗並得通也今知劉

非者社以傳齊侯衛侯止云會乾侯不言伐晉即云師及齊

師衛孔圉鮮虞人伐晉與經齊侯衛侯伐晉文相次當以為

一鮮虞狄師賤故略而不書猶邲之戰唐侯從楚而不書平

立之會狄人從晉而不書之類是也劉以為孔晁等更別○伐晉魯師不書非公命餘皆不告故不書而規杜過非也

吳師在陳楚大夫皆懼曰闔廬惟能用其民以敗我於柏舉今聞其嗣又甚焉將若之何子西曰二三子恤不相睦無患吳矣昔闔廬食不二味居不重席室不崇壇平地作室不起壇也○重直龍反壇徒丹反疏食不二味○正義曰謂與在下同其好惡不別二為美味也器不彤鏤彤丹也鏤刻也○彤徒冬反鏤魯豆反宮室不觀觀臺榭○觀古亂反注同榭音謝舟車不飾衣服財用擇不取費選取堅厚不尚細靡○費芳味反在國天有菑癘癘疾疫也○菑音災癘本或作大無菑癘非疫音役疏在國天有菑癘○正義曰在國與在軍相對天有菑癘與下句相連言有菑癘之時親自巡孤寡共其乏困也本或天作無誤耳親

廵其孤寡而共其乏困在軍熟食者分而後敢食必須軍士皆分熟食不敢先食分猶徧也○共音恭熟食者分如字一讀以分字連下句徧音遍

【疏】註必須至徧也○正義曰孫武兵書云軍井未達將不言渴軍竈未炊將不言飢故闔閭在軍如良將之法必須軍士皆分熟食然後敢食王不先自食也服虔云以其半分軍士而後自食其餘若單醪注流也杜以分王半食不得徧及軍人且所甞珍異乃得卒乘與焉王所自食不得分軍士也故顯而異之分猶徧也待徧熟食王乃自食也

其所甞者卒乘與焉所甞甘珍非常食○卒子忽反乘繩證反與音預勤恤其民而與之勞逸是以民不罷勞死不知曠知身死不見曠棄○罷音皮吾先大夫子常易之所以敗我也易猶反也今聞夫差次有臺榭陂池焉積土為高曰臺有木曰榭過再至曰次○陂彼宜反

【疏】註積土至曰次○正義曰釋宮云闍謂之臺郭璞云積土四方也又云有木者謂之榭李

巡云臺上有屋謂之榭又曰無室曰榭四方而高曰臺莊三年傳例曰凡師一宿爲舍再宿爲信過信為次孔安國尚書

傳云澤彰曰陂停水曰池言夫差所停三日則役民爲此也宿有妃嬙嬪御焉妃嬙

貴者嬪御賤者皆内官○嬙本又作墻或作牆在羊反嬪毗人反疏註妃嬙至内官○正義曰曲禮云天子之

妃曰后則妃上下通名也釋詁云妃合也對也妃媲也是匹對於夫婦官之最貴者也嬙在妃下次於妃也周禮有九嬪

女御以有四名分爲三等故言妃嬙貴者嬪御賤者皆婦官之名周禮無嬙蓋後世為之名漢有掖庭王嬙是因於古也

一日之行所欲必成玩好必從珍異是聚觀

樂是務視民如讎而用之日新夫先自敗也

已安能敗我爲二十二年越滅吴起本○好呼報反夫先自敗也已夫音扶本或作夫差先自敗

者非○冬十一月晉趙鞅伐朝歌討范中行氏

經二年春王二月季孫斯叔孫州仇仲孫何

忌帥師伐邾取漷東田及沂西田邾人以賂取之易也○郭火虢反又音郭沂魚依反易以豉反癸巳叔孫州仇仲孫何忌及邾子盟于句繹句繹邾地取邑盟以要之○句古侯反繹音亦要以遥反疏註句繹至要之

正義曰既取其田慮後悔競故與盟以要之伐則三卿盟唯二卿者服虔云季孫尊卿敵服先歸使二子與之盟穀梁傳曰三人伐而二人盟何各盟其得也其意言季孫不得田故不與盟也案十四年小邾射以句繹来奔則句繹小邾地也注言邾地者以傳云伐邾邾人愛其土賂以漷沂之田而受盟被伐受盟則盟在邾地猶若成二年楚人伐我師于蜀公及楚公子嬰齊盟于蜀之類是也邾與小邾國竟相近句繹所屬亦無定準猶齊魯汶陽之田莒魯争鄆之事一彼一此豈有常乎而劉炫以句繹爲小邾地而規杜非也○夏四月丙子衛侯元卒定四年盟皐鼬疏註定四年盟皐鼬○正義曰元以昭八年即位三十二年大夫盟于秋泉以未告公而公薨故不數○滕子來朝無傳○晉趙鞅帥師納衛世子

蒯聵于戚【疏】衛世子○正義曰世子者父在之名蒯聵父既死矣而稱世子者晉人納之以世子告言是正世子以示宜為君也春秋以其本是世子未得衛國無可褒貶故因而書世子耳○秋八月甲戌晉趙鞅帥師及鄭罕達帥師戰于鐵鄭師敗績皆陳曰戰大崩曰敗績鐵在戚城南罕達子皮孫○鉄天結反陳直覲反○冬十月葬衛靈公無傳七月而葬緩○十有一月蔡遷于州來畏楚而請遷故以自遷為文蔡殺其大夫公子駟懷土而欺大國故罪而書名

傳二年春伐邾將伐絞絞邾邑○絞古卯反邾人愛其土故賂以漷沂之田而受盟○初衛侯遊于郊子南僕子南靈公子郢也僕御也○郢以井反公曰余無子將立女蒯聵奔無大子○汝音汝不對他日又謂之對曰郢不足以

辱社稷君其改圖君夫人在堂三揖在下三揖，卿大夫士。○揖一入反

【疏】注三揖卿大夫士○正義曰：周禮司士云：孤卿特揖，大夫以其等旅揖，士旁三揖。鄭玄云：特揖，一一揖之。旅，衆也。大夫爵同者衆揖之。三揖者，士有上中下。鄭衆云：卿大夫士皆君之所揖禮。春秋傳所謂三揖在下。服虔云：三揖，卿大夫士。士揖庶姓，時揖異姓，天揖同姓。

君命祇辱言立適當以禮與內外同之。今君私命，事必不從，適為辱。○祇音支。適，丁歷反，下適孫同。

夏，衛靈公卒。夫人曰："命公子郢為大子，君命也。"對曰："郢異於他子，言用意不同。且君沒於吾手，若有之，郢必聞之。言當以臨沒為正。且亡人之子輒在。"輒，蒯聵之子，出公也。靈公適孫。乃立輒。

六月乙酉，晉趙鞅納衛太子于戚。宵迷，陽虎曰："右河而南，必至焉。"是時河北流過元城界，戚在河外，晉軍已渡河，故欲出河右而南。

【疏】

註是時至而南○正義曰土地名云河經河内之南界東北經汲郡魏郡頓丘陽平平原樂陵之東南入海是言晉時河所經也春秋之時河未必然故云是時河北流過元城界與晉時河道異也土地名又云戚頓丘衛縣西戚城在祐河東是春秋時戚在河東也從晉而言可西為内東為外故云戚在河外也是時晉軍已渡河矣師人皆迷不知戚處陽虎憶其渡處在戚之北河既北流據水所向則東為右故欲出河右而南行也

使大子絻絻者始發喪之服○絻音問喪音桑

【疏】注絻者始發喪之服○正義曰士喪禮既小斂主人括髮袒衆主人免于房鄭玄云括髮者去笄纚而紒也衆主人免者齊衰將袒以免代冠冠服之尤尊不以袒也又奔喪之袒至於家入門哭盡哀括髮袒自齊衰以下入問哭盡哀免麻于字東如彼禮文則主人當括髮齊衰以下乃免此大子絻者禮不至喪所不括髮故以絻代之耳靈公以四月卒今以六月而大子免故云絻始發喪之服也遠道不臨喪者不得括髮故始發喪服絻也鄭玄注士喪禮云免之制未聞舊說以為如冠狀廣一寸喪服小記曰斬衰括髮以麻免而以布此用麻布為之狀如今之著幓頭矣自項中而前交於額上卻繞紒也

八人衰絰僞自衛逆者欲為衛人逆故

衰絰成服○衰七雷反絰田結反告於門哭而入遂居之○秋八月齊人輸范氏粟鄭子姚子般送之子姚罕達子般駟弘○般音班士吉射逆之趙鞅禦之遇於戚陽虎曰吾車少以兵車之旆與罕駟兵車先陳旆先驅車也以先驅車益以兵車以示衆○陳直覲反下注同罕駟自後隨而從之彼見吾貌必有懼心晉人先陳鄭人隨之不知其虛實見車多必懼於是乎會之會合戰必大敗之從之卜戰龜焦兆不成樂丁曰詩曰爰始爰謀爰契我龜樂丁晉大夫詩大雅言先人事後卜筮○契苦計反又苦結反【疏】詩曰至我龜○正義曰詩大雅緜之篇美太王遷岐之事爰於也既見周原之地肥美呼居於是始集謀人從已者於是與謀議人謀既從於是契灼我龜而卜之言先人謀後卜筮也謀協

以故兆詢可也詢諮詢也故兆始納衛大子卜得吉兆言今既謀同可不須更卜○謀協以故兆絶句詢可也思遵反簡子誓曰范氏中行氏反易天明不事君也疏反易天明○正義曰天有尊卑人有上下下事上臣事君法則天之明道臣不事君是反易天之明道也斬艾百姓欲擅晉國而滅其君寡君恃鄭而保焉今鄭為不道棄君助臣二三子順天明從君命經德義除詬耻在此行也克敵者上大夫受縣下大夫受郡周書作雒篇千里百縣縣有四郡○艾魚廢反擅市戰反而滅其君滅或作戕音殘詬呼豆反又音苟雒音洛千里百縣縣方百里縣有四郡郡方五十里疏經德義○正義曰此經德義與傳經國家詩序經夫婦皆意同也經謂經紀營理之不除君惡則德義廢矣宜經紀德義使不壞也○克敵至受郡○正義曰上大夫下大夫謂於大夫之內分為上下其上大夫非卿也此言先無田祿者若能

克敵得此賞也。○註周書至四郡　正義曰：周禮小司徒云：「九夫爲井，四井爲邑，四邑爲丘，四丘爲甸，四甸爲縣，四縣爲都。」鄭玄云：「邑方二里，丘方四里，甸方八里，旁加一里則方十里，爲一成。縣方二十里，都方四十里，四都方八十里，旁加十里，乃得方百里，爲一同也。」如彼文，則縣方二十里耳。周禮又無郡，不可用以解此，故引周書解之。或曰：周書者，孔子删尚書之餘。今案其存者，其文非尚書之類。其作雒篇有此言：「方千里者，爲方百里者百。」千里百縣，則縣方百里。計成方十里出車一乘，縣方百里則出車百乘也。昭五年傳云：「晉有四十縣，遺守四千乘。」是縣別有百乘，與作雒之言合也。上大夫受縣，縣則爲百乘之家，言得進爲卿也。縣有四郡，則郡方五十里，下大夫得此方五十里之采邑。士田十萬十萬畝也。疏註十萬畝　正義曰：王制云：「方一里者爲田九百畝，方十里者爲方一里者百，爲田九萬畝。」則士田十萬爲方十里有餘。庶人工商遂得遂進仕。人臣隸圉免。去厮役。○厮役，厮字又作斯，音同。何休注公羊云：「艾草爲防者曰厮，汲水漿者曰役。」蘇林注漢書云：「厮，取薪者。」韋昭云：「析薪曰厮。」志父無罪，君實圖之。志父，趙簡子之一名也。言已事濟，君當圖其賞。○志父音甫。服云：趙鞅入晉陽以叛，後得歸，改名志父。春秋仍舊猶書趙鞅。【疏】注「志父」至「其賞」。○正義曰：牧誓、費誓，武王誓衆，尚自稱名，況以人臣盟言衆，固當自稱名矣。知志父是簡子名也。簡子名鞅，又名志父者，服虔云：「趙鞅入于晉陽以叛，諸侯之策書曰：晉趙鞅以叛。既復，更名志父。」或當然也。楚公子圍弑君取國，改名曰虔，經即書虔。公子棄疾弑君取國，改名曰居，經即書居。今趙鞅改名志父，經書名猶云趙鞅者，彼楚子既爲國君，臣下以所改之名告於鄰國，故得書所改之名。趙鞅人臣，家不爲之諱，仍以趙鞅名告，故書趙鞅也。鞅言君實圖之，言已事齊君，當謀其賞也。簡子言此，君當謀其賞者，言君當賞其在下，訓上所誓之言，欲使在下信之，非欲自求賞也。

若其有罪，絞縊以戮，絞所以縊人物。○縊，一賜反。戮，音六。桐棺三寸，不設屬辟，屬辟，棺之重數。王棺四重，君再重，大夫一重。○桐棺三寸，禮記云：夫子制於中都，四寸之棺，五寸之槨，以斯知不欲速朽也。鄭康成注云：此庶人之制也。案禮，上大夫棺八寸，屬六寸，下大夫棺六寸，屬四寸，無三寸棺制也。棺用難朽之木，桐木易壞，不堪爲棺，故以爲罰。墨子尚儉，有桐棺三寸，不設。屬，音燭，注同。次大棺也。辟，步歷反，許同。親身棺也。禮大夫無椑。重，直龍反，下同。王棺四重，禮記云：水兕革棺被之其厚三寸杝棺一梓棺二杝棺辟也梓棺二屬與大棺也被水牛及兕之革為一重辟為二重屬為三重大棺為四重君再重君謂侯伯子男侯伯已下無革棺屬與辟為一重大棺為再重上公則唯無水革耳兕革與辟為一重屬為再重大棺為三重大夫一重大夫唯屬與大棺為一重今云不設辟者時僭耳非正禮也

[疏]註屬辟至一重　正義曰禮喪大記云君大棺八寸屬六寸椑四寸上大夫大棺八寸屬六寸下大夫大棺六寸屬四寸是屬辟為棺之重數也大記之文從外向內大棺之內有屬屬之內有椑椑親身之棺鄭玄云椑堅著之意也如記文大夫無椑今簡子自言有罪始不設辟者鄭玄云趙簡子云不設屬椑時僭也為時僭日久自言無罪則僭設有罪乃不設耳記言士棺六寸檀弓又云夫子為中都宰制四寸之棺五寸之椁鄭玄云為民作制民猶四寸簡子言三寸者亦示其罰之重令制度卑於民也記有杝棺梓棺杝謂椵也不以桐為棺簡子言桐棺者鄭玄云凡棺用能溼之物梓椵能溼故禮法尚之桐易腐壞亦以桐為罰也檀弓又云天子之棺四重鄭玄云尚深邃也諸公三重諸侯再重大夫一重士不重又云水兕革棺被之其厚三寸杝棺一梓棺二四者皆周鄭玄云以水牛兕牛之革以為棺被革各厚三寸合六寸也此為一重杝棺一所

謂椑棺也梓棺二所謂屬與大棺也𥜗弓之文自內向外水
牛之革一也兕牛之革二也二者相襲乃得為重故以此二
者為一重也人有椑也屬也大棺也此是天子四重為數五
棺為四重也喪大記之文君有大棺也椑也屬也大夫有大
棺也屬也鄭玄注檀弓天子之棺四重以是差之上公革棺
不被三重也諸侯無革棺再重也大夫無椑一重也士無屬
不重也是上公數四棺為三重諸侯數三棺為再重大夫數
二棺為一重士以一棺為不重也杜之此注唯無上公士耳
其言重數與鄭同也若然禮器云天子葬五重諸侯葬三重
大夫葬再重以多為貴也彼重亦當謂棺而其數皆較一者
鄭玄云天子葬五重者謂抗木與茵也葬者抗木在上茵在
下然則茵以藉棺抗為負土天子及諸侯大夫皆數彼以增
棺數故皆多較一也杜言此棺之
重數者以明不設屬辟為罰也　**素車樸馬**　以載柩○樸普卜反
柩其又反　疏　素車樸馬○正義曰素車無飾謂不以漆飾車
也曲禮云大夫去國為位而哭乘髦馬鄭玄云髦
馬不鬄落也則此樸馬亦謂不鬄落用此以載柩也雜記稱
上喪有與天子同者三其終夜燎及乘人專道而行然則柩
皆人挽用此車馬載者禮言乘人設法許
之耳道遠者當用牛馬且此言亦為罰也　**無入于兆**　兆葬

域【疏】無入于兆 正義曰周禮冢人云凡死于兵者不入兆域鄭玄云戰敗無勇投諸塋外以罰之此言不入兆域亦罰也

下卿之罰也爲衆設賞自設罰所以能克敵○爲于僞反

甲戌將戰郵無恤御簡子衛太子爲右郵無恤王良也○郵音尤

【疏】注郵無恤王良也 正義曰下云子良授綏是也服虔云王良也孟子說王良善御之事古者車駕四馬御之爲難故爲六藝之一王良之善御最有名於書傳多稱之楚辭云當世豈無騏驥兮誠無王良之善御見執轡者非其人兮故駒跳而遠去

登鐵上鐵丘名

望見鄭師衆大子懼自投于車下子良授大子綏而乘之曰婦人也言其怯○怯去業反

【疏】授大子綏 正義曰曲禮云凡僕人之禮必授人綏論語稱孔子上車必正立執綏正升綏者挽以上車之索故授之使之升也少儀云僕者右帶劒負良綏申之面拖諸幦鄭玄云面前也幦覆苓也良綏君綏也負之由左肩上入右腋下申之於前覆苓令上也

簡子巡列曰畢萬匹夫也七戰

皆獲有馬百乘死於牖下畢萬晉獻公卿也皆獲有功死於牖下言得壽終○乘繩證反牖羊九反（疏）有馬至牖下　正義曰襄二十七年傳曰唯卿備百邑注云一乘之邑也坊記云家富不過百乘百乘卿之極制也檀弓云飯於牖下小斂於戶內大斂於阼殯於客位祖於庭葬於墓所以即遠也則禮之正法死於牖下羣子勉之死不在寇言有命繁羽御趙羅宋勇爲右三子晉人大夫羅無勇麇之麇束縛也○麇丘隕反注同吏詰之御對曰痁作而伏痁瘧疾也○詰起吉反痁詩占反瘧魚略反衛太子禱曰曾孫蒯聵敢昭告皇祖文王周文王皇大也○禱丁老反一音丁報反（疏）衛太至襄公　正義曰禮於曾祖以上皆稱曾孫此雖並告三祖對文王康叔稱曾孫也晉語說此事於襄公之下又有昭考靈公國語與傳異者多矣此下云無作三祖羞是無昭考也烈祖康叔烈顯也文祖襄公繼業守文故曰文祖蒯聵襄公之孫鄭勝亂

從勝鄭聲公名聲君時臣爲亂因於亂晉午在難午晉定公名。○難乃旦反下注爲難同不能治亂使鞅討之鞅趙子名蒯聵不敢自佚備持矛焉戈上音持矛。○佚音逸矛亡侯反敢告無絕筋無折骨無面傷以集大事無作三祖羞集成也。○筋居銀反大命不敢請佩玉不敢愛不敢愛故以祈禱〔疏〕大命至敢愛○正義曰上言無絕筋無折骨謂軍之士衆無令傷損以成大事此云大命不敢請者謂己之身命不敢私請苟以求生佩玉不敢愛尚書金縢稱周公植璧秉珪以告大王王季文王是禱請用玉也在軍無珪璧故以佩鄭人擊簡子中肩斃于車中斃踣也。○中肩丁仲反斃婢世反本亦作獘踣蒲北反獲其蠭旗蠭旗旗名。○蠭芳恭反大子救之以戈鄭師北獲溫大夫趙羅羅無勇故鄭師北猶獲羅大子復伐之鄭師大敗獲齊粟千車趙孟喜曰可矣趙孟簡子也喜大子前怯今更勇○復扶又反傅傁曰雖克鄭猶有知在憂未艾也傅傁簡子屬也言知氏將爲難後竟有晉陽之患○傁素口反又作叜又有知音智艾魚廢反又五蓋反初周人與范氏田公孫尨稅焉尨范氏臣爲范氏收周人所與田之稅○尨武江反稅始銳反爲于僞反下文爲其注同趙氏得而獻之得尨以獻簡子吏請殺之趙孟曰爲其主也何罪止而與之田還其所稅及鐵之戰以徒五百人宵攻鄭師取蠭旗於子姚之幕下獻曰請報主德追鄭師姚般公孫林殿而射前列多死晉前列○幕音莫姚般子姚子般殿丁電反射食亦反趙孟曰國無小言雖小國猶有善射者既戰簡子曰吾伏弢嘔血弢弓衣嘔

吐也。○弢，吐刀反。嘔，本又作歐，烏口反。吐，他路反。鼓音不衰，今日我上也。言功最為上。太子曰：吾救主於車，退敵於下，我右之上也。郵良曰：我兩靷將絕，吾能止之。止使不絕。○靷，以刃反。我御之上也。駕而乘材，兩靷皆絕。材，橫木，明細小也。傳言簡子不讓下，自伐。

疏 兩靷至皆絕。○正義曰：古之駕四馬者，服馬夾轅，其頸負軛，兩驂在旁，挽靷助之。《詩》所謂「陰靷鋈續」是也。《說文》云：靷，引軸也。僖二十八年注云：在胸曰靷。然則此靷約馬胸而引車軸也。兩靷將絕而能止馬，言其御之和也。駕而乘材，材謂橫也，細小之木也。乘小木而靷絕，示其將絕之驗也。

○吳洩庸如蔡納聘，而稍納師，師畢入，衆知之。元年蔡請遷于吳，中悔，故因聘襲之。○洩，息列反，一音息引反，未詳。中，丁仲反。蔡侯告大夫，殺公子駟以說，殺駟以說吳，言不時遷。駟之為。哭而遷墓。將遷，與先君辭，故哭。冬，蔡遷于州來。

經三年春齊國夏衛石曼姑帥師圍戚曼姑為子圍父知其不義故推齊使為兵首戚不稱衛非叛人○晶音薦為子于偽反

疏注曼姑至叛人正義曰春秋行其征伐自非霸王之命諸國其行皆以主兵為首此圍戚實出衛意引齊使之助已討應曼姑為首而序在齊下者曼姑為子圍父知其不義推齊使為兵首故先書齊也穀梁傳曰此衛事也其先國夏何也子圍父也是先儒及杜皆同穀梁之說也宋魚石去而復入據宋之彭城襄元年經書圍宋彭城傳曰非宋地追書也於是為宋討魚石故稱宋且不登叛人也此蒯聵在戚齊衛圍之與圍宋彭城事頗同矣彭城稱宋此不稱衛者蒯聵據戚與輒爭國非是叛人故不須繫之衛也公羊傳曰齊國夏曷為與衛石曼姑帥師圍戚伯討也此其為伯討奈何曼姑受命乎靈公而立輒以曼姑之義為固可以距之也輒者曷為者也蒯聵之子也然則曷為不立蒯聵而立輒蒯聵為無道靈公逐蒯聵而立輒然則輒之義可以立乎曰可其可奈何不以父命辭王父命以王父命辭父命是父之行乎子也不以家事辭王事以王事辭家事是上之行乎下也其意言靈公廢蒯聵不用使之得國輒不以國與蒯聵是靈公之命行於蒯聵也立為國君是王事也以

國距父是私事也不以國與父是天子之命行於諸侯也蒯
公羊之言則輒義可以距父國蒯不為不義而杜言曼姑知
其不義則輒不合距父意與公羊異者據左傳公子郢讓國
不受然後立輒然則輒之立也以周禮無適子則立適孫緣
是以得立耳非有靈公之命使立之也為輒之義自可讓而
不受以己是適孫緣有可立之勢貪國以距父耳非有靈公
之命天子之敕使之距蒯聵也論語說此事云冉有曰夫子
為衛君乎子貢曰諾吾將問之入曰伯夷叔齊何人也曰古
之賢人也曰怨乎曰求仁而得仁又何怨乎出曰夫子不為
也孔子意不助輒明是輒為不義故曼姑自知不義推齊為
主

○夏四月甲午地震無傳○五月辛卯桓宮僖宮災天火曰災○季孫斯叔孫州仇帥師城啓陽無傳魯黨范氏故懼晉比年四城啓陽今琅邪開陽縣○宋樂髡帥師伐曹無傳○髡苦門反○秋七月丙子季孫斯卒○蔡人放其大夫公孫獵于吳無傳公子駟之黨○冬十月癸卯秦

伯卒 無傳不書名未同盟 ○ 叔孫州仇仲孫何忌帥師圍邾 無傳

傳三年春齊衛圍戚求援于中山 中山鮮虞 ○ 夏五月辛卯司鐸火 司鐸宮名 ○ 疏 註司鐸宮名○正義曰僖二十年西宮災書之此不書者西宮公之西宮親近偪君忽被天火變重而書之此司鐸雖易公小宮在公宮之後非君常處之急又是人火所以輕而不書感司鐸覆重以將之 火踰公宮桓僖災 桓公僖公廟 疏 桓僖災○正義曰傳言火而經書災者司鐸初被人火火越宮而至廟以火踰宮故以災言之 救火者皆曰顧府 言富人愛財 南宮敬叔至命周人出御書俟於宮 敬叔孔子弟子南宮閱周人司周書典籍之官御書進之於君者也使待命於宮○閱音悅 曰庀女而不在死 庀具也○庀匹婢反女音汝 子服景伯至

命宰人出禮書景伯子服何也宰人冢宰之屬以待命命不共
有常刑待求之命○共音恭校人乘馬巾車脂轄校人掌馬巾車掌車
乘馬使四四相從爲駕之易○校戶教反注及下同乘繩證反注及下皆同轄戶瞎反本又作鎋同爲于偽反易以豉反
百官官備府庫慎守官人肅給國有火災恐有變難故慎爲備
○難乃旦反濟濡帷幕鬱攸從之鬱攸火氣也濡物於水出用爲濟○濟子細反
又子禮反下注同帷位悲反幕音莫攸音由蒙葺公屋以濡物冒覆公屋○葺七入反一音子入反
自太廟始外內以悛悛次也先尊後卑以次救之○悛七全反助所不
給有不用命則有常刑無赦公父文伯至命
校人駕乘車乘車公車季桓子至御公立于象魏
之外象魏門闕命救火者傷人則止財可爲也命

藏象魏 周禮正月縣教令之法于象魏使萬民觀之故謂其書爲象魏。縣音玄 疏注周禮至象魏

正義曰周禮大宰云正月之吉始和布治于邦國都鄙乃縣治象之法于象魏使萬民觀治象浹日而斂之鄭玄云正月周之正月吉謂朔日大宰以正月朔日布王治之事於天下至正歲又書而縣于象魏使萬民觀焉凡治有故言始和者若今改造云爾鄭衆云從甲至甲謂之浹日凡十日其地官夏官秋官皆有此言地官云布教縣教象夏官云布政縣政象秋官云布刑縣刑象各縣所掌之事爲異其文悉同唯春官不縣者以禮法一須百事皆足不可又縣故不縣之杜總彼意言縣教令之法彼所縣者皆是教令之事故也出其縣于象魏故謂其書爲象魏命藏其書也彼言浹日縣之十日即斂之則救火之時其書久已藏矣而此云出象魏之外方始命藏此書者象魏是縣書之處見其處而念及其書非始就縣處斂藏之

曰舊章不可亡也富父槐至曰無備而官辦者猶拾瀋也 槐富父終生之後瀋汁也言不備而責辦不可得。父音甫槐音懷官辦辦具之辦注並同拾音十瀋尺審反北土呼汁爲瀋

於是乎去表之槀 表表火道

火所向者去其槀積。○去起呂反注同槀古老反注同向許亮反積子賜反道還公宮開除道周

匝公宮使火無相連。○還本又作環戶關反又音患注同孔子在陳聞火曰其桓

僖乎言桓僖親盡而廟不毀宜為天所災疏注言桓至所災。○正義曰社諸侯親廟四焉高祖之父即

當毀其廟計桓之於哀八世祖也僖六世祖也親盡而廟不毀言其宜為天所災也所以不毀者服虔云季氏出桓公又

為僖公所立故不毀其廟其意或然公羊傳曰此皆毀廟也其言災何復立也曷為不言其復立春秋見者不復見也何

以不言及敵也其意言哀公兩介之不可通於左氏故以為元不毀耳服虔又公俱在疾毀故不言及其無譏或當同時

實無先後○故不言及劉氏范氏世為婚姻劉氏周卿士范氏晉大夫萇

弘事劉文公為之屬大夫故周與范氏趙鞅以為

討責周與范氏六月癸卯周人殺萇弘終違天之禍疏萇弘

至萇弘○正義曰文公以定四年卒也為之屬大夫謂當昭公之世也此時文公已卒萇弘知政以已先事劉子劉氏又

與范氏親至二歷國[illegible]萇弘氏故周人殺之以說於晉○秋季孫有疾命正常

曰無死正常桓子之寵臣欲[illegible]以從事故勑令勿從己死○令力呈反南孺子之子

男也則以告而立之南孺子季桓子之妻言若生男告公而立之○孺如住反女

也則肥也可肥康子也季孫卒康子即位既葬康

子在朝在公朝也南氏生男正常載以如朝告曰

夫子有遺言命其圉臣曰南氏生男則以告

於君與大夫而立之今生矣男也敢告遂奔

衛康子請退[illegible]位也公使共劉視之○共劉魯大夫共音恭則

或殺之矣乃討之討殺者召正常正常不反畏康

子也[illegible]言[illegible]事疏召正常正常不反○正義曰服虔云召而問兒死意然則兒於正常去後始死死非

[illegible]

正常得知召之復何所問也當欲問不立康子之意故正常畏康子不反。○冬十月晉趙鞅圍朝歌師于其南范中行所在荀寅伐其郛伐其北郛圍○郛芳夫反使其徒自北門入己犯師而出荀寅使在外救己之徒擊趙氏圍之北門因外内攻得出

疏 荀寅至而出○正義曰荀寅從内伐其北郛之郛又使其救己之徒自外伐圍郛之北門而入因外内攻故得出也

癸丑奔邯鄲十一月趙鞅殺士皐夷惡范氏也惡范氏而殺其族言忿怒○惡烏路反注同

經四年春王二月庚戌盜殺蔡侯申賤者故稱盜不言弑其君賤盜也○盜殺申志反蔡侯申今本皆如此案宣十七年蔡侯申卒是文侯也今昭侯是其玄孫不容與高祖同名未詳何者誤也

疏 蔡侯申○正義曰宣十七年蔡侯申卒是文侯也蔡世家云文侯申生景侯固固生靈侯般般生隱大子今昭侯申是隱大子之子杜世族譜亦然計昭侯是文侯玄孫乃與高祖同名周人以諱事神一申必有誤者

俱是經文未知孰誤○註賊者至盜也○正義曰公孫辰公孫姓公孫霍雖並是弒君之黨而非弒君之首首是公孫翩翩賊故稱盜不言弒其君者賊此盜也盜賊不得有其君故以盜爲文不得言弒其君

蔡公孫辰出奔吳弒君賊之黨故書名○葬秦惠公無傳○宋人執小邾子無傳邾子無道於其民故稱人以執○夏蔡殺其大夫公孫姓公孫霍皆弒君黨○姓音生又作生或一音性○晉人執戎蠻子赤歸于楚晉恥爲楚執諸侯故稱人以告若蠻子不道於其民也亦本屬楚故言歸○恥爲于僞反○城西郭無傳魯西郭備晉也○六月辛丑亳社災無傳天火也亳社殷社諸侯有之所以戒亡國○亳步各反

疏註天火至亡國○正義曰傳例曰天火曰災知天火也殷有天下作都于亳故知亳社殷社也蓋武王伐紂以其社班賜諸侯使各各立之所以戒亡國也其社有屋故火得焚之公羊傳曰蒲社者何亡國之社也社者封也其言災何亡國之社蓋掩之掩其上而柴其下穀梁傳曰亳社者亳之社也亳亡國也亡國

之社以爲廟屏戒也其屋亡國之社不得達上也說者以爲
亡亳社於廟門之外以爲屏蔽使人君視之而致戒也左傳
稱間于兩社事皆爲然郊特牲亦云喪
國之社屋之不受天陽故災其屋也 ○秋八月甲寅
滕子結卒無傳同盟於皐鼬 ○冬十有二月葬蔡昭公
無傳亂故是以緩 ○葬滕頃公無傳
傳四年春蔡昭侯將如吳諸大夫恐其又遷
也承承音懲盖楚言○懲直升反 【疏】註承音懲盖楚言○正義曰懲創往年之遷恐其更復遷徙承
懲音相近盖是楚人之言聲轉而字異耳公孫翩逐而射之入於家人
而卒翩蔡大夫○翩音篇射食亦反下同 【疏】入於家入而卒○正義曰言將如吳已適吳矣翩在路逐
而殺之遂入于凡人之家言此者說其非理之意以兩矢門之衆莫敢進翩以
矢自守其門文之鍇後至鍇蔡大夫○鍇音揩又音皆又客駭反曰如牆而

進多而殺二人（併行如牆俱進。○併，步頂反）鍇執弓而先翩射之中肘鍇遂殺之故逐公孫辰而殺公孫姓公孫盱（盱即霍也。○中，丁仲反。肘，竹九反。盱，況于反）○夏楚人既克夷虎（夷虎，蠻夷叛楚者）乃謀北方左司馬眅申公壽餘葉公諸梁致蔡於負函（三子楚大夫也。此蔡之故地人民，楚因以爲邑，致之者，會其衆也。○眅，普版反，字林匹姦反。葉，始涉反。函音咸）致方城之外於繒關（負函、繒關皆楚地。○繒，才陵反）曰吳將泝江入郢（逆流曰泝。○泝音素。郢，以井反，又以政反）將奔命焉爲一昔之期襲梁及霍（爲辭當備吳，夜結期，明日便襲梁霍，使不知之。梁，河南梁縣西南故城也。梁南有霍陽山，皆蠻子之邑也）單浮餘圍蠻氏蠻氏潰（浮餘，楚大夫。○單音善。潰，戶內反）蠻子赤奔晉陰地（陰地，河南山北）

自上雒以東至陸渾○渾户門反 司馬起豐析與狄戎 楚司馬㱿也析縣屬南鄉
郡析南有豐鄉皆楚邑發此二邑人及戎狄○析星歷反注同 以臨上雒左師軍于
菟和 菟和山在上雒東也○菟音徒 右師軍于倉野 倉野在上雒縣 使謂
陰地之命大夫士蔑 命大夫別縣監尹○監古銜反 疏 注命大至監尹○正
義曰陰地者河南山北東西横長其間非一邑也若是典邑大夫則當以邑冠之乃言陰地之命大夫則是特命大夫使
總監陰地故以爲別縣監尹也以其去國遥遠別爲置監楚官稱尹故以尹言之 曰晉楚有盟
好惡同之若將不廢寡君之願也不然將通
於少習以聽命 少習商縣武關也將大開武關道以伐晉○少詩照反又如字 士蔑
請諸趙孟趙孟曰晉國未寧安能惡於楚必
速與之 未寧時有范中行之難○難乃旦反 士蔑乃致九州之戎 九州

陳桂

戎在晉陰地陸渾者將裂田以與蠻子而城之少許蠻子且將爲之卜卜城○爲于僞反下注同蠻子聽卜遂執之與其五大夫以畀楚師于三戶今丹水縣北三戶亭○畀必利反與也司馬致邑立宗焉以誘其遺民楚復詐爲蠻子作邑立其宗主○復扶又反而盡俘以歸○秋七月齊陳乞弦施衛甯跪救范氏陳乞僖子弦施弦多○跪其委反庚午圍五鹿五鹿晉邑九月趙鞅圍邯鄲冬十一月邯鄲降荀寅奔鮮虞趙稷奔臨臨晉邑○降戶江反十二月弦施逆之遂墮臨國夏伐晉取邢任欒鄗逆畤陰人于壺口八邑晉地欒在趙國平棘縣西北鄗即高邑縣也路縣東有壺口關○墮許規反邢音刑任音壬欒力官反鄗呼洛反郭璞王

音解詁音階字林火沃反韋昭呼告反闞駰云讀磽确同時音止盂音于【疏】遂隨至臨○正義曰稷初奔臨欲據臨距國今茲施逆稷欲納之於邑以臨險固故毀之晉邑也今趙國柏人縣是茲施與鮮虞會也會鮮虞納荀寅于柏人

【經】五年春城比。無傳備晉也○比頻夷反○夏齊侯伐宋。無傳○晉趙鞅帥師伐衛。○秋九月癸酉齊侯杵臼卒。再同盟也○杵昌呂反臼求又反【疏】注再同盟○正義曰襄二十五年崔杼弑莊公而立杵臼昭二十六年盟于鄟陵定四年于皋鼬又再同盟也昭三十二年大夫盟于狄泉未告公而公薨故不數也○冬叔還如齊。○閏月葬齊景公。無傳

【傳】五年春晉圍柏人荀寅士吉射奔齊初范氏之臣王生惡張柳朔言諸昭子使為柏人

為柏人宰也昭子范吉射也○惡烏路反下同讎市由反昭子曰夫非而讎乎對

曰私讎不及公公家之事也○夫音扶好不廢過惡不去

善義之經也臣敢違之及范氏出出奔柏人○好呼報反

去起呂反張柳朔謂其子爾從主勉之我將止死王

生授我矣授我以死節吾不可以僭之遂死於柏人

為吉射距晉戰死○僭子念反從後同為于偽反○夏趙鞅伐衛范氏之故也

遂圍中牟衛助范氏故也○齊燕姬生子不成而死燕姬

景公夫人不成未冠也○燕於賢反冠古亂反諸子鬻姒之子荼嬖諸子庶公子也

鬻姒景公妾荼安孺子○鬻音育姒音似荼音舒又音徒又丈加反嬖必計反諸大夫恐其為

太子也言於公曰君之齒長矣未有太子若

之何公曰二三子間於憂虞則有疾疢亦姑謀樂何憂於無君景公意欲立荼而未發故以此言塞大夫請○長丁丈反間音閑又音間厠之間又如字疢勑覲反一反本或作疹乃結反樂音洛〔疏〕間於至無君○正義曰公謂羣臣云君間暇於憂虞謂國無憂虞事得閒暇則恐有疾疢不得飲樂今既無憂虞又無疾疢亦且謀樂何憂乎無君公疾使國惠子高昭子立荼惠子國夏昭子高張寘羣公子於萊萊齊東鄙邑○寘之豉反羣或作諸萊音來秋齊景公卒冬十月公子嘉公子駒公子黔奔衛公子鉏公子陽生來奔皆景公子在萊者○黔巨廉反又音琴鉏仕居反○萊人歌之曰景公死乎不與埋三軍之事乎不與謀師乎師乎何黨之乎師衆也黨所也之往也稱謚蓋葬後而爲此歌哀羣公子失所○與音預下同埋亡皆反〔疏〕

註師衆也黨所也之往也至公子失所○正義曰師衆之往釋詁文也周禮五百家爲黨言其居一所故以黨爲名是黨爲所也經書閏月葬齊景公長曆閏十一月禮葬乃有謚此闕謚明是葬後傳言冬十月者記公子出奔之月其葬人之葬在公子出奔之後杜以文承十月之下故云蓋耳公羊以爲喪以閏數謂通數閏月穀梁云不正其閏也謂喪事不數左氏無傳未知所從○鄭駟秦富而侈嬖大夫也而常陳卿之車服於其庭鄭人惡而殺之子思曰詩曰不解于位民之攸塈子思子產之子國參也詩大雅攸所也塈息也○塈邑氏反又古氏反惡烏路反解佳賣反塈許器反疏詩曰至攸塈○正義曰詩大雅嘉樂之篇也言在上者不解惰於其位民之所以得安息駟秦棄位潛上是惰于位也不守其位而能久者鮮矣商頌曰不僭不濫不敢怠皇命以多福僭差也濫溢也皇暇也言駟秦違詩商頌故受禍○鮮息淺反濫力暫反溢音逸疏商頌至多福

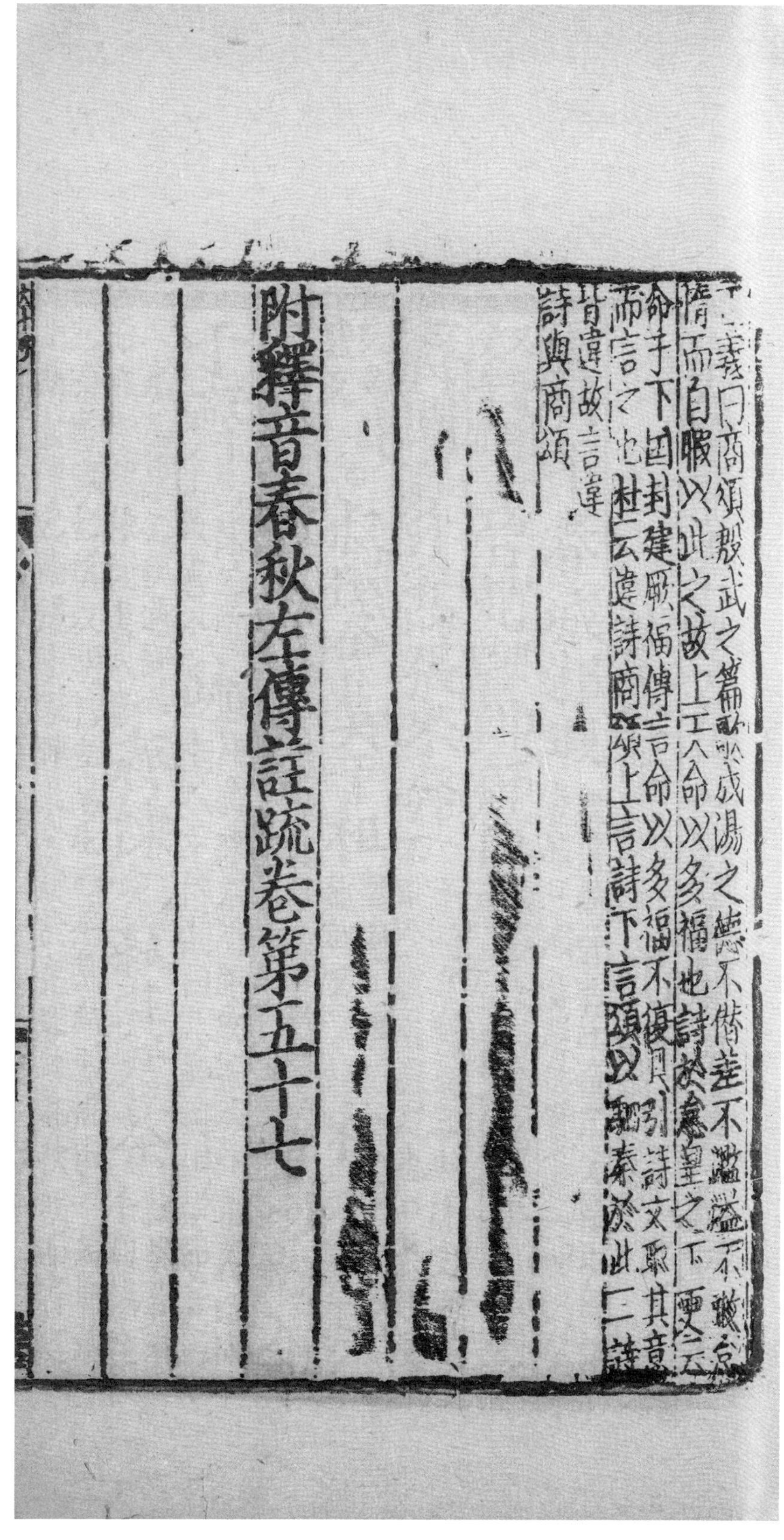

正義曰商頌殷武之篇歌成湯之德不僭差不濫溢不敢怠
情而自暇以此之故上天命以多福也詩於怠皇之下更云
命于下國封建厥福傳言命以多福不復具引詩文取其意
而言之也杜云逸詩商頌上言詩下言頌以詞泰於此二詩
皆逸故言逸
詩與商頌

附釋音春秋左傳註疏卷第五十七

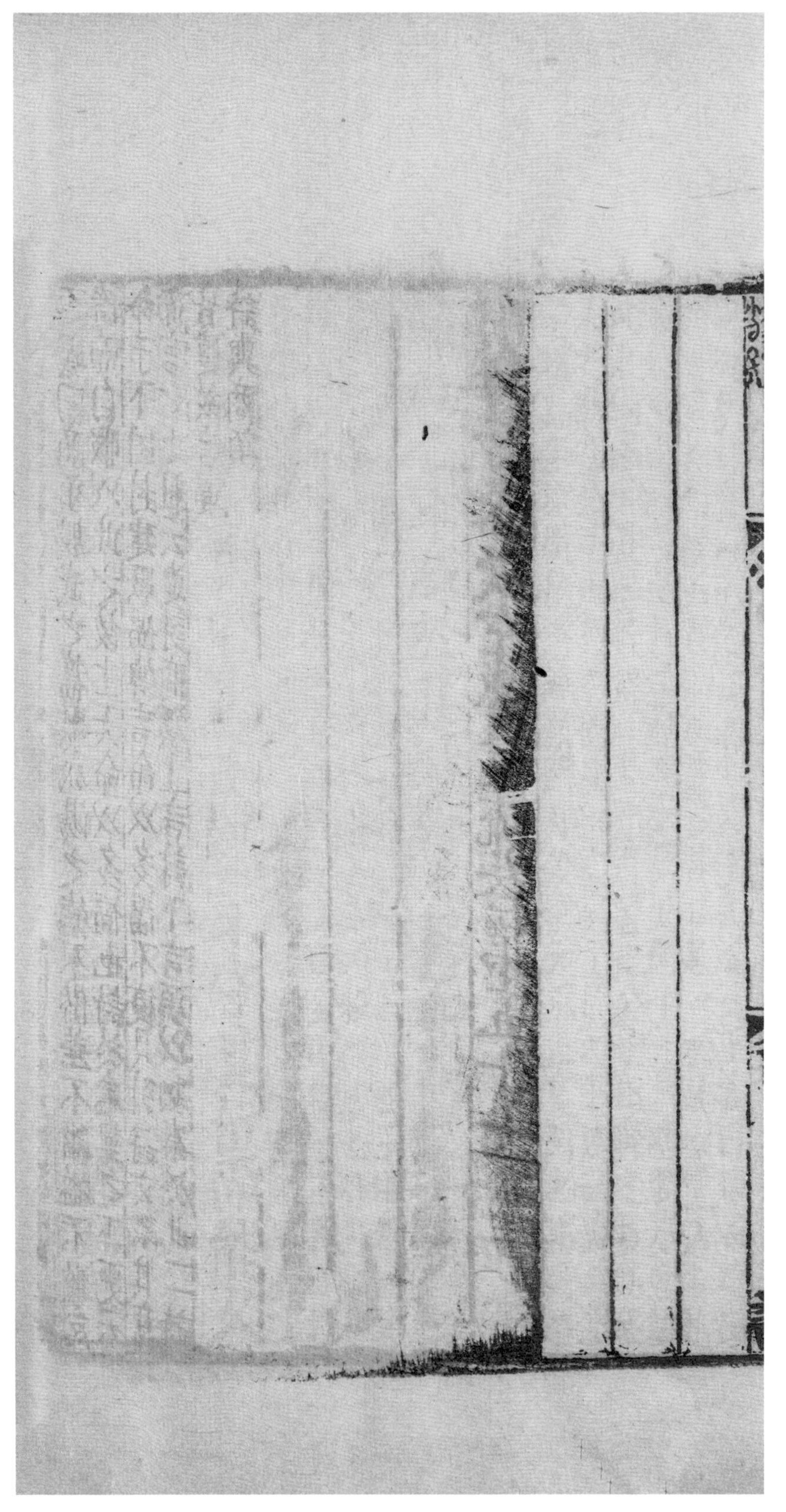

附釋音春秋左傳註疏卷第五十八 哀公六年盡十一年

杜氏註　孔穎達疏

經六年春城邾瑕無傳備晉也任城亢父縣北有邾婁城。瑕音遐任音壬亢苦浪反又音剛父音甫。晉趙鞅帥師伐鮮虞。吳伐陳。夏齊國夏及高張來奔二子阿君廢長立少既受命又不能全書名罪之也。長丁丈反少詩照反。叔還會吳于柤無傳。柤莊加反。秋七月庚寅楚子軫卒未同盟而赴以名。軫之忍反史記作珍字。齊陽生入于齊爲陳乞所逆故書入【疏】注爲陳乞所逆故書入。正義曰成十八年傳例曰凡去國國逆而立之曰入此爲陳乞秋逆既入而立之故依例書入也齊陳乞弒其君荼弒荼者朱毛與陽生也而書陳乞所以明乞立陽生而荼見弒則禍由乞始也楚比劫立陳乞流涕子家羈諸皆疑於免罪故春秋明而書之

以爲弒主。弒荼音試，下皆同。【疏】注弒荼至弒主。○正義曰：實非陳乞弒荼，而書乞弒其君者，以荼死由乞，故書乞弒也。此與楚公子比、鄭公子歸生俱非弒君之首，春秋顯而書之，以爲弒君之主，所以惡此三人。釋例曰：諸懷賊亂以爲心者，故不容於誅也。若鄭之歸生、齊之陳乞、楚公子比，雖本無其心，春秋之義亦同大罪，是以君子愼所以立也。是說罪之之意。○冬，仲孫何忌帥師伐邾。無傳。○宋向巢帥師伐曹。無傳。

傳六年春，晉伐鮮虞，治范氏之亂也。四年鮮虞納荀寅于柏人。○吳伐陳，復脩舊怨也。元年未得志故也。○復，扶又反。楚子曰：吾先君與陳有盟，不可以不救。乃救陳，師于城父。陳盟在昭十一年。○父音甫。【疏】註陳盟在昭十三年。○正義曰：昭十三年無楚與陳盟之事。於時楚既滅蔡，使棄疾爲蔡公。子干、子晳之入也，傳稱朝吳奉蔡公，召二子而盟于鄧，依陳蔡人以國，是與陳人盟，更許復其國某年平王即位更封陳是與盟也○齊陳乞偽事高國者高國夏受命立荼陳乞欲害之故先偽事焉每朝必驂乘焉所從必言諸大夫言其罪過乘繩證反○曰彼皆偃蹇將棄子之命偃蹇驕敖○偃約免反蹇紀晚反敖五報反皆曰高國得君得君寵也必偪我盍去諸固將謀子子早圖之圖之莫如盡滅之需事之下也需疑也○偪音逼盍戶臘反去起呂反下同需音須一音懦弱持疑也【疏】需事之下也○正義曰需是懦弱之意懦弱持疑不能決斷是爲事之下者勸其決斷而盡殺之及朝則曰彼虎狼也見我在子之側殺我無日矣請就之位欲與諸大夫謀高國故求就之又謂諸大夫曰二子者禍矣恃得君而欲謀二三子曰國之多難貴寵

之由盡去之而後君定既成謀矣盡及其未作也先諸作而後悔亦無及也大夫從之夏六月戊辰陳乞鮑牧（牧鮑圉孫。難乃旦反鮑牧州牧之牧）及諸大夫以甲入于公宮昭子聞之與惠子乘如公戰于莊敗（高國敗也莊六軌之道。乘繩證反）國人追之國夏奔莒遂及高張晏圉弦施來奔（晏圉嬰之子圉施不書非卿。圉魚呂反）

。秋七月楚子在城父將救陳卜戰不吉卜退不吉王曰然則死也再敗楚師不如死（前已敗於柏舉今若退還亦是敗）【疏】注前已至是敗。正義曰劉炫言卜不吉謂戰當敗再敗當謂今伐更敗也杜言退還亦是敗非也以規杜氏今知劉非者杜言退還亦是敗者以傳卜退不吉是不得好退是雖欲退還亦必敗也故云退還亦是敗但文不委悉劉以爲退還謂先將退而還以規杜非也棄盟逃讎亦不如死死一也其死讎乎命公子申爲王不可則命公子結亦不可則命公子啓申子西結子期啓子閭皆昭王兄五辭而後許將戰王有疾庚寅昭王攻大冥卒于城父大冥陳地吳師所在○辭本又作辤說文云辤不受也受辛宜辤也辭籀文冥亡丁反子閭退曰君王舍其子而讓群臣敢忘君乎從君之命順也從命許立○舍音捨立君之子亦順也二順不可失也與子西子期謀潛師閉塗潛師密發也門塗不通外使也逆越女之子章立之而後還越女昭王妾章惠王是歲也有雲如衆赤烏夾日以飛三日

楚子使問諸周大史周大史曰其當王身乎日爲人君妖氣守之故以爲當王身雲在楚上唯楚見之故禍不及他國○大古治反大音泰下同疏問諸周大史○正義曰服虔云諸侯皆有大史主周所賜典籍故曰周大史一曰是時往問周大史杜以問周大史於文自明故不須釋若禜之可移於令尹司馬禜禳祭○禜音詠禳如羊反王曰除腹心之疾而寘諸股肱何益不穀不有大過天其夭諸有罪受罰又焉移之遂弗禜

初昭王有疾卜曰河爲祟王弗祭大夫請祭諸郊王曰三代命祀祭不越望諸侯望祀竟内山川星辰○寘之豉反夭於表反焉於虔反祟息遂反竟音境疏不穀至移之○正義曰言己若無大罪天其妄夭之乎必是身有大罪天乃下罰有罪受罰又焉移之江漢睢漳楚之望也四水在楚界○睢七餘反

漳音章疏註四水在楚界○正義曰土地名江經南郡江夏弋陽安豐漢經襄陽至江夏安陸縣入江睢經襄陽至南郡枝江縣入江漳經襄陽至南郡當陽入江是四水皆在楚界也禍福之至不是過也不穀雖不德河非所獲罪也遂弗祭孔子曰楚昭王知大道矣其不失國也宜哉夏書曰惟彼陶唐帥彼天常逸書言堯循天之常道○楚昭王知大道矣本或作天道非夏户雅反下注同此語在尚書五子之歌書無帥彼天常一句下亦微異有此冀方今失其行亂其紀綱乃滅而亡滅亡謂夏桀也唐虞及夏同都冀州不易故而亡由於不知大道故○行如字又下孟反尚書作厥道乃滅而亡尚書作乃底滅亡疏夏書至而亡

正義曰此夏書五子之歌第三章也彼云惟彼陶唐有此冀方今失厥道亂其紀綱乃底滅亡此多帥彼天常一句及字小異者文經篆隷師讀不同故兩存之賈服孫杜皆不見古文以為逸書解為夏桀之時唯王肅云太康時也案王肅注

尚書其言多是孔傳疑謂見古文匿之而不言也堯治平陽
舜治蒲坂禹治安邑三都相去各二百餘里俱在冀州統天
下四方故云有此冀方也又曰允出茲在茲由己率常可矣又逸
書言信出己則福亦在己○八月齊邴意茲來奔高國黨陳僖子
使召公子陽生陽生召在七月今在八月下記事之次（疏）註召在至之次正義曰經書陽
生入齊文在七月之下知其召在七月也今傳在八月下者欲令下接十月立之是記事之次也邴意茲來奔者自以高
國之黨八月來奔耳僖子使召陽生自以七月之時別使人召之非遣意茲召也賈逵以傳文相連謂遣意茲來召又怪其
日月錯誤云其說未聞杜以此故爲注云高國黨以隔之陽生駕而見南郭且于
且于齊公子鉏在魯南郭外○且子餘反曰嘗獻馬於季孫不入於上
乘故又獻此請與子乘之畏在家人聞其言故欲一人共載以試馬爲辭
以上乘繩證反出萊門而告之故魯郭門也闞止知之先待

諸外闞止陽生家臣子我也待外欲俱去○闞苦暫反公子曰事未可知
反與壬也處壬陽生子簡公○壬而林反戒之遂行戒備鮑氏言○洩息
列反逮夜至於齊國人知之故以昏至不欲令人知也國人知而不言言陳氏得
衆○令力呈反下同僖子使子士之母養之隱於僖子家內子士僖子臣與
饋者皆入陳僖子又令陽生一隨饋食之人入處公宮○饋其位反冬十月丁
卯立之將盟盟諸大夫鮑子醉而往其臣差車鮑
點點鮑牧臣也差車主車之官○差初宜反點之廉反又如字曰此誰之命也陳
子曰受命于鮑子遂誣鮑子曰子之命也見其醉故
誣之鮑子曰女忘君之爲孺子牛而折其齒乎
而背之也孺子荼也景公嘗銜繩爲牛使荼牽之荼頓地故折其齒○女音汝折之舌反又市列反

鉏同音音…後年皆同 悼公稽首（悼公陽生）曰吾子奉義而行者也若我可不必亡一大夫（言己可爲君必不怨鮑子）若我不可不必亡一公子（公子自謂也恐鮑子殺己故要之○要一遥反）義則進否則退敢不唯子是從廢興無以亂則所願也鮑子曰誰非君之子乃受盟（言陽生亦君之子固可立）使胡姬以安孺子如賴（胡姬景公妾安孺子荼賴齊邑[illegible]號也）去鬻姒（荼之母○去起呂反）殺王甲拘江說囚王豹于句竇之丘（三子景公嬖臣荼之黨也○拘音俱說音悅句音鉤竇音豆）公使朱毛告於陳子（朱毛齊大夫）曰微子則不及此然君異於器不可以二器二不匱君二多難敢布諸大夫僖子不對而

泣曰君舉不信羣臣乎舉皆也○還其位反難乃旦反以齊國之困困又有憂內有飢荒之困又有兵革之憂少君不可以訪是以求長君庶亦能容群臣乎不然夫孺子何罪毛復命公悔之悔失言○少詩照反長丁丈反夫音扶孺或作儒同毛曰君大訪於陳子而圖其小可也大謂國政小謂殺荼使毛遷孺子於駘不至殺諸野幕之下葬諸殳冒淳恐駘人不從故毛駐於野張帳而殺之駘齊邑殳冒淳地名實以冬殺經書秋者史書秋記始事遂連其死通以冬告魯○駘他才反又徒來反幕音莫殳音殊冒亡報反淳音純駐中住反

【疏】註實以至告魯○正義曰傳言十月立陽生陽生既立之後方還朱毛殺荼則荼死在冬經書爲秋殺者記陽生初事入齊之始遂連荼死二事通以冬始來告言陽生秋入荼以秋死故并書於秋也

經七年春宋皇瑗帥師侵鄭○晉魏曼多帥師侵衛○夏公會吳于鄫鄫今琅邪鄫縣○瑗于眷反鄫本又作繒才陵反○秋公伐邾八月己酉入邾以邾子益來他國言歸於魯言來內外之辭○宋人圍曹○冬鄭駟弘帥師救曹

傳七年春宋師侵鄭鄭叛晉故也定八年鄭始叛晉師侵衛衛不服也五年晉伐衛至今未服○夏公會吳于鄫吳欲霸中國吳來徵百牢子服景伯對曰先生未之有也吳人曰宋百牢我是將吳過宋得百牢○牢力刀反過古禾反魯不可以後宋且魯牢晉大夫過十晉大夫范鞅也在昭二十一年○後如字又戶豆反吳王百牢不亦可乎景伯曰

晉范鞅貪而棄禮以大國懼敝邑故敝邑十

一牢之君若以禮命於諸侯則有數矣有常數

【疏】吳王百牢○正義曰王制云君十卿祿魯牢晉大夫過十故吳王自謂合得百牢○注有常數○正義曰周禮大行人云上公九牢侯伯七牢子男五牢是常數也

若亦棄禮則有淫者矣淫過也

周之王也制禮上物不過十二上物天子之牢○上如字一音時掌反注同

【疏】注上物天子之牢○正義曰周禮掌客云王合諸侯而饗禮則具十有二牢鄭玄云饗諸侯而用王禮之數者以公侯伯子男盡在是義饗之莫適用也以莫適用故用王禮是天子之禮十二牢也郊特牲云天子適諸侯諸侯膳用犢諸侯適天子天子賜之禮大牢貴誠之義也加彼記文諸侯共天子之膳唯一犢耳而得有十二牢者若是天子大禮必以十二爲數其餘共王之膳食自用犢爲食耳非謂獻大禮者唯一犢也

以爲天之大數也天有十二次故制禮象之

今棄周禮而曰必百牢亦

唯執事吳人弗聽景伯曰吳將亡矣棄天而背本違周爲背本【疏】棄天而背本○正義曰棄十二之數爲棄天違周禮是背本不與必棄疾於我恐棄凶疾來伐擊我乃與之大宰嚭召季康子嚭吳大夫康子使子貢辭大宰嚭曰國君道長蓋言君長大於道路○長丁丈反注及下注同而大夫不出門此何禮也對曰豈以爲禮畏大國也畏大國不敢虛國盡行大國不以禮命於諸侯苟不以禮豈可量也寡君既共命焉其老豈敢棄其國大伯端委以治周禮仲雍嗣之斷髮文身臝以爲飾豈禮也哉有由然也大伯周大王之長子仲雍大伯弟也大伯仲雍讓其弟季歷俱適荆蠻遂有民衆大伯卒

無子仲雍嗣立不能行禮致化故效吳俗言其權時制宜以辟災害非以爲禮也端委禮衣也○共官恭大伯音泰注同斷丁管反臝本又作倮力果反效戸孝反【疏】註大伯至衣也○正義曰吳世家云大伯及仲雍皆周大王之子而王季歷之兄也季歷賢而有聖子昌大王欲立季歷以及昌於是大伯仲雍二人乃奔荊蠻文身斷髮示不可用大伯之奔荊蠻自號句吳荊蠻義之從而歸之千餘家立爲吳大伯大伯卒無子弟仲雍立是說大伯仲雍適吳之由也魯人不甚吳責徵牽吳之上世以討之二人同時適吳亦大伯端委仲雍斷髮者大伯初往未爲彼君故服其本服自治周禮及仲雍民歸稍多乃爲彼君宜從彼俗曲禮云君子行禮不求變俗仲雍爲彼人主不能行周人之禮致中國之化故文身斷髮故效吳俗言其權時制宜以辟災害非以爲禮也漢書地理志云越人文身斷髮以辟蛟龍之害應劭曰常在水中故斷其髮文其身以象龍子故不見傷害也言辟害辟此蛟龍之害大伯之時未有周禮言治周禮者謂治其本國舊周之禮非周公所制禮也臝以爲飾者臝其身體以文身爲飾也端委禮衣者王肅云委貌之冠玄端之衣也此傳言大伯端委仲雍斷髮史記云二人皆文身斷髮然則文身斷髮自辟害耳史記以爲示不可用二人亡去適荊蠻則周人不知

其動何以須亦不可用也皆焉還繇耳反自鄫以吳爲無能爲也棄禮知其不能霸也○季康子欲伐邾乃饗大夫以謀之子服景伯曰小所以事大信也大所以保小仁也背大國不信大國吳也伐小國不仁民保於城城保於德失二德者危將焉保二德信與仁也○焉於虔反孟孫曰二三子以爲何如惡諸大夫不言故相問之惡賢而逆之孟孫惡景伯欲使大夫不逆其言惡猶安也○惡音烏注同對曰禹合諸侯於塗山執玉帛者萬國諸大夫對也諸侯執玉附庸執帛塗山在壽春東北

［疏］注諸侯至執帛○正義曰周禮大宗伯云以玉作六瑞以等邦國公執桓圭侯執信圭伯執躬圭子執穀璧男執蒲璧是諸侯執玉也典命云諸侯之適子未誓於天子以皮帛繼子男是子執帛也知附庸執帛者以出于皮帛繼子

男附庸君亦繼子男公之孤四命以皮帛視小國之君附庸無爵雖不得同於子男其位不卑於世子與公之孤也諸侯世子各稱朝附庸君亦稱朝是與世子相似故知執帛也且附庸是國此言執玉帛者萬國國而執帛唯附庸耳知附庸執帛也案尚書有三帛公之孤諸侯世子附庸君此唯言附庸者以傳云禹合諸侯又云執玉皆據君身言之故不數世子及孤也下云萬國故唯據附庸言之王制云不能五十里者不合於天子附於諸侯曰附庸鄭玄云不合謂不朝會也小城曰附庸附庸者以國事附於大國未能以其名通也如彼云附庸不得朝會而禹會萬國有附庸者附庸不得特達天子耳禹會諸侯諸國盡至附庸從其所附之國共見天子故有執帛者言萬國者舉盈数耳鄭玄注尚書以爲數正滿萬國案益稷州十有二師鄭以爲每一師領百國州十有二師則每州千二百國畿外八州揔九千六百國其餘四百國在畿内州得有千二百國者以唐虞土方萬里九州之内地方七千里七七四十九爲方千里者四十九其一爲畿内餘四十八八州分之州各有千里之方六以千里之方二爲方百里之國二百又以千里之方二爲七十里之國四百又以千里之方二爲五十里之國八百揔爲一千四百國去其方五十里之國二百是州別千二百國也鄭玄云畿内四百國

考皆謂五十里國也杜云諸侯執玉附庸執帛是與鄭異也尚書傳云百里之方三爲國七有奇以百里之方一爲百里之國一又以百里之方一爲七十里之國二有奇知者但方百里者爲方十里者百若方七十里之國唯有七七四十九是爲七十里之國二仍有十里之方二在又以百里之方一爲五十里之國四是百里之方三爲國七有奇則千里之方三爲國七百有奇有百里之方二在

今其存者無數十焉唯大不字小小不事大也 言諸侯相伐古來以然○數所主反

知必危何故不言 知伐邾必危自當言今不言者不危故也大夫以荅孟孫所怪且何附季孫

魯德如邾而以衆加之可乎 孟孫忿荅大夫今魯德無以勝邾但欲恃衆可乎言不可

疏註孟孫至不可○正義曰傳於異人之言更應加曰今無曰者作傳畧之論語之文此類多矣雖魯上無曰要言與大夫對亙不得爲大夫之辭故以爲孟孫忿荅大夫也服虔以上二句亦爲孟孫之言謂諸大夫誠知伐邾必危何故不早言也杜以上屬爲便唯以此句爲孟孫言耳

不樂而出 季孟意異彼直不同故罷饗○樂音岳一音洛

秋，伐邾，及范門，范門，邾郭門也。猶聞鍾聲。邾不樂哉○樂魚呂反。大夫諫，不聽。茅成子請告於吳，成子，邾大夫茅夷鴻。不許，曰：「魯擊柝聞於邾，言以近。○柝音託，以兩木相擊以行夜也，字又作㯳，同。聞音問，又如字。

【疏】「魯擊柝聞於邾」。○正義曰：《易·繫辭》云「重門擊柝，以待暴客」，鄭玄云「手持兩木以相敲，是爲擊柝，守備警戒也」。

吳二千里，不三月不至，何及於我？且國內豈不足？」言足以距吳。成子以茅叛，高平西南有茅鄉亭。師遂入邾，處其公宮，衆師晝掠，虜掠取財物也。○晝音中救反，掠音亮。邾衆保于繹。繹，邾山也，在鄒縣北。○繹音亦，鄒側留反。師宵掠，以邾子益來，益，邾隱公也。晝夜掠，傳言虜子無法。獻于亳社，以其亡國與殷同。囚諸負瑕，負瑕故有繹。負瑕，魯邑，高平南平陽縣西北有瑕丘城。邾衆保繹者，魯得邾之衆民，使在負瑕，故使相就以辟

之邾茅夷鴻以束帛乘韋自請救於吳君命故言曰○乘繩證反下及注同曰魯弱晉而遠吳馮恃其衆馮依○馮皮冰反注同而背君之盟辟君之執事辟陋○辟匹亦反注同以陵我小國邾非敢自愛也懼君威之不立君威之不立小國之憂也若夏盟於鄫衍鄫衍即鄫也鄫盟不書吳行夷禮禮儀不成非所以結信義故不書秋而背之成求而不違言會成其所求無違逆也四方諸侯其何以事君且魯賦八百乘君之貳也貳敵也魯以八百乘之賦貢於吳言其國大邾賦六百乘君之私也為私屬以私奉貳唯君圖之吳子從之為明年吳伐我傳○宋人圍曹鄭桓子思曰宋人有

曹鄭之患也不可以不救析謚冬鄭師救曹侵

宋初曹人或夢衆君子立于社宮社宮社也（疏）或夢衆君子○正義曰曹人夢見多人不識姓名故唯云衆君子也服虔云衆君子諸國君妾耳而謀亡曹

曹叔振鐸請待公孫彊許之振鐸曹始祖○鐸待洛反注同彊其良反

旦而求之曹無之戒其子曰我死爾聞公孫彊為政必去之及曹伯陽即位好田弋曹鄙人公孫彊好弋獲白鴈獻之且言田弋之說說之因訪政事大說之有寵使為司城以聽政夢者之子乃行彊言霸說於曹伯曹伯從之乃背晉而奸宋宋人伐之晉人不救築五

邑於其郊曰黍丘揖丘大城鍾邘為明年入曹傳也梁國下邑縣西南有黍丘亭○好呼報反下同弋以職反繳射也之說如字說文音稅下大說同霸說如字一音始銳反好音干揖音集一音於入反邘音于

疏好田弋○正義曰周禮司弓矢云矰矢用諸弋射鄭玄云結繳於矢謂之矰矰高也可以弋飛鳥說文云繳生絲縷也謂用生絲為繩繫矢以射鳥也

經八年春王正月宋公入曹以曹伯陽歸曹人背晉而奸宋是以致討宋公既還之而不忍褚師之詬怒而反之一舉滅曹滅非本志故以入告○褚中呂反詬呼豆反

疏註曹人至入告○正義曰傳例曰不其有地曰入案傳宋實滅曹而有之經書為入故注原其事而解之○

吳伐我○夏齊人取讙及闡不書伐兵未加而魯與之邑闡在東平剛縣北○讙音歡闡尺善反

疏取讙及闡○正義曰公羊穀梁以為賂齊謂前年魯伐邾取邾子益益是齊甥畏齊故賂之非左氏意也○

歸邾子益于邾○秋七月○冬十有

哀八

二月癸亥杞伯過卒無傳未同盟而赴以名○過古禾反疏杞伯過卒○正義曰世族譜云僖公過悼公曾孫案悼公祖文公以昭六年卒弟平公以昭二十四年卒悼公以定四年卒未應有曾孫可以長之國也杞世家僖公過是悼公之子疑譜誤○齊人歸讙及闡不言來公歸之無官使也○使所吏反疏注不言至使也○正義曰定齊人來歸鄆讙龜陰田此不言來故解之

傳八年春宋公伐曹將還褚師子肥殿子肥宋大夫○殿丁練反下主同曹人詬之不行詬詈言辱也不行殿在其上也○詬本又作詢呼豆反詈力智反師待之公聞之怒命反之遂滅曹執曹伯及司城彊以歸殺之終曹人之夢○吳為邾故將伐魯問於叔孫輒問可伐不輒故魯人○為于僞反下註為之同疏問於叔孫輒○正義曰定十二年叔孫輒與公山不狃帥費人以襲魯兵敗奔[illegible]後自齊奔吳吳子今問之叔孫

轉對曰魯有名而無情有大國名無情實伐之必得
志焉退而告公山不狃不狃亦故魯人○狃女久反公山不
狃曰非禮也君子違不適讎國違奔亡也〔疏〕君子至讎
國。○正義曰謂有故而去者也本國於已無大讎怨已無報
怨之心則違而不適讎國武王數紂之罪以告衆云撫我則
后虐我則讎若父本無罪而被誅殺如伍負之徒志在復
讎適國亦可矣不得以此言抑之也若父以罪而受誅者如
鬪辛之徒本自不合怨君故辛亦不敢怨也未臣而有伐之奔命焉死
之可也未臣所適之國若有伐本國者則可還奔命死其難○難乃旦反〔疏〕註未臣至其難。○正
義曰既臣之後則身是新君之臣性命非復已有故不復得
爲舊君死節也若未有臣服則舊君之恩未絶故可還奔舊
君之命死其難也言奔命則有命乃奔之若命不及亦不當還所託也則隱謂所因託則爲之隱
惡○曾子增反且夫人之行也不以所惡廢鄉不以其私怨惡廢棄

其鄉黨之好○夫音符行下孟反又如字惡烏路反又如字注同好呼報反下文好焉同今子以小惡而欲覆宗國不亦難乎轉魯公族故謂之宗國○覆芳服反若使子率子必辭王將使我子張病之子張輒也

【疏】若使子率○正義曰率謂在軍前引道率領先行非爲軍之將帥也故不狃云子辭王將使我以其知魯道者唯此二人故也

王問於子洩子洩不狃○洩息列反又作泄對曰魯雖無與立緩時若無能自立必有與斃急則人人知懼皆將同死戰○斃婢世反諸侯將救之未可以得志焉晉與齊楚輔之是四讎也與晉而四夫魯齊晉之脣脣亡齒寒君所知也不救何爲三月吳伐我子洩率故道險從武城故由險道欲使魯成備○子洩率絕句故道險絕句初武城人或有因於吳竟

田焉僑田吳界○竟音境僑其驕反拘鄫人之漚菅者曰何故使吾水滋鄫人亦僑田吳滋濁也○拘音俱下同漚烏豆反菅古顏反滋音玄本亦作茲子絲反字林云黑也及吳師至拘者道之以伐武城克之鄫人教吳必可克○道音導王犯嘗為之宰澹臺子羽之父好焉國人懼王犯吳大夫故嘗奔魯為武城宰澹臺子羽武城人孔子弟子也其父與王犯相善國人懼其為內應○澹待丹反應應對之應及吳至人懼○正義曰杜意拘者道之以伐武城克之謂語吳人云若伐武城必可克之吳人王犯嘗為武城之宰與澹臺子羽之父相善國人懼者謂武城邑懼子羽為吳內應劉炫以為實克武城令知非者以下傳始云王犯嘗為之宰國人懼是未得武城故知此克之是鄫人教吳之語劉以為伐武城克之者實克武城國人懼者懼其害魯若然吳師既來伐魯是顯然行兵不須云王犯與子羽之父相善魯已受害何須云國人始懼傳既云王犯嘗為之宰又繼武城之下是為武城之宰澹臺子羽又是武城之人皆據武城而言故知恐為武城內應傳載漚

管事者說來伐武城之由劉妄生異見而規杜非也懿子謂景伯若之何對曰吳師來斯與之戰何患焉且召之而至又何求焉言犯嘗伐邾所以召吳吳師克東陽而進舍於五梧明日舍於蠶室二邑魯地公賓庚公甲叔子與戰于夷獲叔子與析朱鉏公賓庚公甲叔子析朱鉏為三人皆同車傳言之○析星歷反注及下同獻於王王曰此同車必使能國未可望也同車能俱死是國能使人故不可望得明日舍于庚宗遂次於泗上微虎欲宵攻王舍微虎魯大夫○泗音四私屬徒七百人三踊於幕庭於帳前設格令士試躍之○屬音燭幕亡博反格古百反令力呈反躍羊灼反卒三百人有若與焉卒終也終得三百人任行有若孔子弟子與在

三百八中○與音預注同往音壬及稷門之內三百八行至稷門一或謂季孫曰不足以害吳而多殺國士不如已也乃止之吳子聞之一夕三遷長歲虎○二息暫反吳人行成求與魯成將盟景伯曰楚人圍宋易子而食析骸而爨莊宣十五年○骸戶皆反本又作骨爨七亂反猶無城下之盟我未及虧而有城下之盟是棄國也吳輕而遠不能久將歸矣請少待之弗從景伯負載造於萊門以言不見從故負載書將欲出盟○牆去危反輕遣政反載如字或音戴造七報反萊音來

疏注以言至出盟○正義曰劉炫云載謂盟主所制自當吳人爲之何由傳出魯國又載書數之文耳何須負之且諸言載書未有單稱載者以爲負載器物欲往質於吳以規杜今杜知負載是負載書者以周禮司盟掌盟載之事故傳云士莊子

爲載書此上有將盟之文下即云負載之事故知是載書也劉以負載謂背負器物然則景伯魯之大夫豈自負其物不近人情而規杜過非也乃請釋子服何於吳吳人許之以王子姑曹當之而後止釋舍也魯人不以盟爲了欲因留景伯爲質於吳則得吳之許復求吳王之子以交質吳人不欲留王子故遂兩止○質音致下同復扶又反吳人盟之而還不書盟恥吳夷○齊悼公之來也在五年季康子以其妹妻之即位而逆之季魴侯通焉魴侯康子叔父○妻七計反魴音房女言其情弗敢與也齊侯怒夏五月齊鮑牧帥師伐我取讙及闡○或譖胡姬於齊侯胡姬景公妾○曰安孺子之黨也六月齊侯殺胡姬傳言齊侯無道所以不終齊侯使如吳請師將以伐我乃歸邾子齊未得季姬故

請師也吴前爲邾討魯懼二國同心故歸邾子○爲于僞反 邾子又無道，吴子使大宰子餘討之，子餘大宰嚭○ 因請樓臺，栫之以棘，栫雍也○栫本又作椿在薦反雍於勇反 使諸大夫奉大子革以爲政。革邾大子桓公也爲十年邾子來奔傳 ○ 秋，及齊平。九月，臧賓如如齊涖盟，賓如臧會子○ 齊閭丘明來涖盟，明閭丘嬰之子也盟不書諱畧之。【疏】注明閭至畧之○正義曰魯以淫女見伐亡二邑又屈服求盟是可恥之事二盟皆不書皆諱其恥而畧之 且逆季姬以歸，嬖。季姬魴侯所通者○ 鮑牧又謂羣公子曰：「使女有馬千乘乎？」有馬千乘使爲君也鮑牧本不欲立陽生故諷動羣公子○女音汝乘繩證反注及下同諷方鳳反 公子愬之。公謂鮑子：「或譖子，子姑居於潞以察之。潞齊邑○愬音素潞音路 若有之，

古卜八

則分室以行若無之則反子之所出門使以三分之一行半道使以二乘及潞麇之以入遂殺之麇亦作麕○麇丘倫反○冬十二月齊人歸讙及闡季姬嬖故也

經九年春王二月葬杞僖公無傳三月而葬速○宋皇瑗帥師取鄭師于雍丘書取覆而敗之雍丘縣屬陳留○雍於勇反

【疏】注書取覆而敗之○正義曰莊十一年傳例曰覆而敗之曰取某師釋例曰覆者謂威力兼備若羅網之所掩覆一軍皆見禽制故以取為文專制之辭也宋傳鄭師圍宋雍丘宋皇瑗復於鄭師之外築壘環之壘合鄭師無處可逃子姚救之又大敗而宋師乃號令使有能者無死是其合軍盡為敵人制其死命是於取例正合書取也○

夏楚人伐陳○秋宋公伐鄭○冬十月

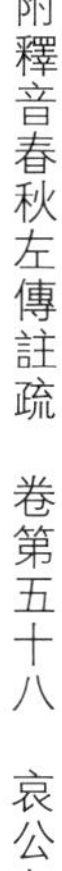

傳九年春齊侯使公孟綽辭師于吳（齊畏吳平故辭）

吳師。綽昌灼反本又作卓同）吳子曰昔歲寡人聞命今又革

之不知所從將進受命於君（爲十年吳伐齊傳）。鄭武

子賸之嬖許瑕求邑無以與之（賸字遂也瑕武子之嬖。賸以證反）

請外取許之（瑕請取於他國）故圍宋雍丘宋皇瑗圍

鄭師（許瑕師）每日遷舍（作壘塹成則徙舍合其圍。壘力軌反塹七豔反）壘

合鄭師哭子姚救之大敗（子姚武子賸也）二月甲戌

宋取鄭師于雍丘使有能者無死（惜其能也）以郟

張與鄭羅歸（郟張鄭羅鄭之有能者。郟古洽反又古甲反）夏楚人伐陳陳

即吳故也。宋公伐鄭（報雍丘）〔疏〕宋公伐鄭○正義曰盧舉經文六者爲

大適與鄭起并以發下取鄭師之事也○秋，吳城邗，溝通江淮。於邗江築城穿溝東北通射陽湖西北至宋口入淮通糧道也今廣陵韓江是○邗音寒射食亦反又音亦○晉趙鞅卜救鄭，遇水適火。水火之兆（疏）遇水適火○正義曰服虔云兆南行適火卜法橫者爲土立者爲木邪向經者爲金背經者爲火因兆而細曲者爲水占諸史趙、史墨、史龜。皆晉史史龜曰：是謂沈陽，火陽得水故沈可以興兵。兵陰類也故可以興兵利以伐姜，不利子商。姜齊姓子商謂宋伐齊則可，敵宋不吉。史墨曰：盈，水名也。子，水位也。趙鞅姓盈宋姓子水盈坎乃行子姓又得北方水位（疏）注趙鞅至水位○正義曰秦本紀秦伯翳之後爲嬴姓也趙世家云趙氏之先與秦同祖其伯翳後世爲盈姓蜚廉有子二人一曰惡來其後爲秦一曰季勝其後爲趙今卜趙鞅伐宋故以嬴子二姓爲占也名位敵，不可干也。二水俱盛故言不可干炎炎帝為火師神農有火瑞以火名官姜姓其後也水勝火伐姜則可史趙曰是謂如川之滿不可游也既盈而得水位故為如川之滿不可馮也言其波流盛○游音由馮皮冰反鄭方有罪不可救也鄭以嬖寵伐人故以為有罪救鄭則不吉不知其他救鄭則當伐宋故不吉也陽虎以周易筮之遇泰☷☰乾下坤上之需☵☰乾下坎上需泰六五變○需音須【疏】遇泰之需　正義曰乾下坤上泰乾為天坤為地地在上天在下象曰天地交泰泰者大也天地大交合萬物大通故名其卦為泰乾下坎上需彖曰需須也言雲在天上須散而為雨故名此卦為需曰宋方吉不可與也不可與戰泰六五曰帝乙歸妹以祉元吉帝乙紂父立為天子故稱帝乙陰而得中有似王者嫁妹得如其願受福祿而大吉○祉音恥【疏】註不可至大吉　正義曰泰六五曰帝乙歸妹以祉元吉易之文也既引其文又解其意帝乙紂父殷本紀文也易之爻位五為天子故於六

五之爻稱帝乙也其象曰以祉元吉中以行願六是陰爻也五是上體之中居天子之位陰而得中有似王者嫁妹得如其願受福禄而大吉王弼云婦人謂嫁曰歸泰者陰陽交通之時也女處尊位履中居順降身應二感以相與用中行願不失其禮帝乙歸妹誠合斯義履順居中行願以祉盡夫陰陽交配之宜故元吉也杜說與彼同案易稱高宗伐鬼方者實伐之帝乙歸妹者實嫁之其女有賢德名聞昭著故得載之易象但書典散亡不知嫁與何人爲誰之妻

微子啓帝乙之元子也宋鄭甥舅也宋鄭爲昏姻甥舅之國宋爲微子之後令卜得帝乙卦故以爲宋吉

疏　宋鄭甥舅○正義曰宋鄭異姓必嫁娶往來或可時實有親故爲甥舅輒言甥舅者言其昏姻勢敵敵則無以相傾宋有福鄭必衰言鄭不可助也

祉禄也若帝乙之元子歸妹而有吉禄我安得吉焉乃止吉在彼則我伐之爲不吉○

冬吴子使來儆師伐齊前年齊與吴謀伐魯齊既與魯成而止故吴恨之反與魯伐齊○儆音景

經十年春王二月邾子益來奔 跡 邾子益來奔○正義曰八年歸邾子益于邾傳云邾子又無道吳子使大宰子餘討之囚諸樓臺栫之以棘蓋將歸吳而因之令言來奔當是自吳逃而來適魯傳稱齊甥也遂奔齊經不復書其奔齊者凡諸來奔既至魯而更復奔他國者已去其位畧賤之不復書齊慶封亦是也 ○公會吳伐齊 書會從不與謀○與音預 跡 註書會至與謀○正義曰往年吳來徵師是與我謀也而從不與謀者與謀者謂彼此和同計謀然後共伐則是我爲伐主故言及其同行不與謀者謂彼心自定遣來召我則彼爲伐主我往會之故言會其伐某令吳伐齊之意已定徵師者來召魯耳於例止當言會故從不與謀之文 ○三月戊戌齊侯陽生卒 以疾赴故不書弒○弒申志反 跡 註以疾至書弒○正義曰傳稱齊人弒悼公赴于師則陽生彼弒矣而經書卒是以疾死赴也襄七年鄭伯髡頑卒于鄵傳稱子駟使賊夜弒僖公而以瘧疾赴于諸侯知此亦以疾死赴故不書弒也八年臧賓如如齊涖盟齊閭丘明來涖盟是再同盟故赴以名杜不言畧之 ○夏宋人伐鄭 無傳 ○晉趙鞅

師師侵齊。五月公至自伐齊無傳。葬齊悼公無傳。衛公孟彄自齊歸于衛無傳書歸齊納之。彄苦侯反【疏】註書歸齊納之。正義曰定十四年衛公孟彄出奔鄭自鄭奔齊故今自齊歸衛也成十八年傳例曰凡去其國諸侯納之曰歸此書自齊歸知是齊納之。薛伯夷卒無傳赴以名故書【疏】註赴以名故書。正義曰定十三年薛弒其君比此夷當代爲君爾來未同盟而赴以名故書。秋葬薛惠公無傳。冬楚公子結帥師伐陳。吴救陳季子不書陳人來告不以名【疏】註季子至以名。正義曰傳稱延州來季子救陳即是季札也札以襄二十九年來聘書名則此亦宜書名今不書者陳人來告不以名也

傳十年春邾隱公來奔齊甥也故遂奔齊終子貢之言公會吴子邾子郯子伐齊南鄙師于鄎鄎齊

地郳郳不書兵并屬吳不列於諸侯。鄖音談郳音息并必政反○齊人弒悼公赴于

師以說吳。弒申志反○吳子三日哭于軍門之外徐承帥

舟師將自海入齊齊人敗之吳師乃還承吳大夫

○夏趙鞅帥師伐齊經書侵以侵告大夫請卜之趙孟

曰吾卜於此起兵謂往歲卜伐宋不吉利以伐姜故令興兵事不再令

再令〻瀆也卜不襲吉襲重也。重直龍反又直用反行也於是乎取犂

及轅犂一名隰濟南有隰陰縣祝阿縣西有轅城。犂力兮反又力之反轅音袁一音于眷反隰音習本或作

隰音同【疏】註犂一名隰。正義曰犂即犂丘也二十三年傳稱齊晉戰于犂丘知伯親禽顏庚庚即涿聚也二

十七年陳成子召顏涿聚之子晉曰隰之役而父死焉是犂一名隰毀高唐之郭侵及

頼而還。秋吳子使來復儆師伐齊未得去故爲明年吳伐齊傳。

復扶又反○冬，楚子期伐陳，陳即吳故。吳延州來季子救陳，謂子期曰：“二君不務德，二君，吳楚。而力爭諸侯，民何罪焉？我請退，以爲子名，務德而安民。”乃還。季子，吳王壽夢少子也。壽夢以襄十二年卒，至今七十七歲。壽夢卒，季子已能讓國，年當十五六，至今蓋九十餘。○夢音蒙。少，詩照反。

【疏】注“季子”至“十餘”。○正義曰：襄、昭之傳稱延州來季子者，皆是季札也。此說務德安民，是大賢之事，亦當是札。故計跡其年，言雖老猶能將兵也。蔡毓以爲季子食邑於州來，世稱延州來季子，猶趙氏世稱知伯，延州來季子或是札之子與孫也。

經十有一年春，齊國書帥師伐我。○夏，陳轅頗出奔鄭。書名，貪也。○頗，破可反，又普多反。○五月，公會吳伐齊。○甲戌，齊國書帥師及吳戰于艾陵，齊師敗

績獲齊國書公與伐而不與戰芟陵齊地○芟五盖反與伐音預下同○秋七月

辛酉滕子虞母卒無傳赴以名故書之【疏】注赴以名故書之正義曰四年滕子

結卒虞母代結爲君爾來未同盟來赴故書也○冬十有一月葬滕隱公無傳

○衛世叔齊出奔宋書名淫也

傳十一年春齊爲鄎故鄎在前年爲于偽反○國書高無

丕帥師伐我及清清齊地齊北盧縣東有清亭○丕音普悲反季孫謂

其宰冉求冉求魯人孔子弟子曰齊師在清必魯故也若

之何求曰一子守二子從公禦諸竟季孫曰

不能自度力不能使二子禦諸竟○守手又反從才用反禦魚呂反亦作御竟音境度作洛反求曰

居封疆之間封疆竟內近郊地○疆居良反季孫告二子二子叔孫

孟孫也二子不可求曰若不可則君無出一子帥師背城而戰不屬者非魯人也屬臣屬也言不戰爲不臣魯之群室衆於齊之兵車群室都邑居家室敵車優矣子何患焉二子之不欲戰也宜政在季氏言二子恨季氏專政故不盡力○二子之不欲戰也宜絕句當子之身齊人伐魯而不能戰子之恥也大不列於諸侯矣季孫使從於朝使冉求隨己之公朝俟於黨氏之溝黨氏溝朝中地名○黨音掌武叔呼而問戰焉問冉求對曰君子有遠慮小人何知懿子強問之對曰小人慮材而言量力而共者也言子所問非己材力所及故不能言○強其丈反又共音恭武叔曰

是我謂不成丈夫也知冉求非已不欲戰故不對○不成丈夫也本或作大夫非是退而蒐乘蒐閱○蒐所求反乘繩證反閱音悅孟孺子洩帥右師孺子孟懿子之子武伯彘○孺而注反彘直利反顏羽御邴洩爲右二子孟氏臣○邴音丙又彼命反冉求帥左師管周父御樊遲爲右樊遲魯人孔子弟子樊須○父音甫季孫曰須也弱有子曰就用命焉雖年少能用命有子冉求也○少詩照季氏之甲七千冉有以武城人三百爲己徒卒步卒精兵○卒子忽反注同○老幼守宮次于雩門之外南城門也○雩音于五日右師從之五日乃從言不欲戰公孫務人務人公爲昭公子見保者而泣保守城者曰事充繇役煩○繇本或作傜同音遥政重賦稅多○上不能謀士不能死何

以治民吾既言之矣敢不勉乎既言人不能死已不敢不死師及齊師戰于郊齊師自稷曲稷曲郊地名師不踰溝樊遲曰非不能也不信子也請三刻而踰之與衆三刻約信如之衆從之如樊遲言乃踰溝師入齊軍冉求之師右師奔齊人從之遂右師陳瓘陳莊涉泗二陳齊大夫○瓘古喚反泗音四孟之側後入以爲殿之側孟氏族也字反○殿丁練反抽矢策其馬曰馬不進也不欲伐善○抽勑留反策初革反本或作筴林不狃之伍曰走乎不狃魯士五人爲伍敢不而欲走不狃曰誰不如我不如誰而欲走○誰不如如字一音而庶反注同曰然則止乎不狃曰惡賢言此戰惡足爲賢皆无戰志○惡音烏注同徐步而死徐行而死言魯非无

壯子伯季孫不能使師獲甲首八十冉求所得齊人不能師不能整其
師宵諜曰齊人遁諜間也○諜音牒遁徒困反間間廁之間冉有請從
之三季孫弗許孟孺子語人曰我不如顏羽
而賢於邴洩二子與子孟孺子同車○語魚據反子羽銳敏子羽顏羽銳請
也敏疾也言欲戰我不欲戰而能默心雖不欲口不言奔○默本亦作嘿亡北反
洩曰驅之言驅馬欲奔公為與其嬖僮汪錡乘皆
死皆殯皆俱也○嬖必計反僮本亦作童音同汪烏黃反錡魚綺反乘繩證反孔子曰能
執干戈以衛社稷可無殤也時人疑童子當殤○殤音商八歲至十九
歲為殤〔疏〕註時人至當殤○正義曰喪服大功章云子女子子之長殤中殤傳曰何以大功未成人也年十九
至十六為長殤十五至十二為中殤十一至八歲為下殤不滿八歲以下皆為無服之殤其於服也長殤中殤降成人一

等下殤降二等此注鑄蓋長殤也時人疑其當降服又葬殤之礼亦異成人檀弓云周人以殷人之棺槨葬長殤以夏后氏之堲周葬中殤下殤以有虞氏之瓦棺葬無服之殤是其異於成人也非有用矛於齊師故能入其軍孔子曰義也言能以義勇不書戰不皆陳也不書敗略負不殊。矛亡侯反陳直覲反○夏陳轅頗出奔鄭初轅頗為司徒賦封田以嫁公女封內之田悉賦稅之有餘以為己大器長器鍾鼎之屬國人逐之故出道渴其族轅咺進稻醴粱糗腶脯焉糗乾飯也以稻米為醴酒粱糗以粱米為之。咺况阮反稻醴音礼糗起九反以粱米為之一音昌紹反腶腶脯丁亂反字亦作鍛加薑桂曰鍛脩也

疏稻醴粱糗腶脯。正義曰周礼酒正辨五齊之名一曰醴齊鄭玄云醴猶體也成而汁滓相將如今之恬酒矣則醴是濁酒也月令命作酒云秫稻必齊是以稻為醴也釋草云虋赤苗芑白苗郭璞曰今之赤粱粟白粱粟皆好穀也內則鄭玄注云腶脩捶脯施薑桂也喜曰何

其給也對曰器成而具（具此器獲）曰何不吾諫對曰懼先行（恐言不從先見逐）○為郊戰故公會吳子伐齊（欲以報也○為于偽反）五月克博壬申至于嬴（博嬴齊邑也二縣皆屬泰山○嬴音盈）中軍從王（吳中軍）胥門巢將上軍王子姑曹將下軍展如將右軍（三將吳大夫）齊國書將中軍高無丕將上軍宗樓將下軍陳僖子謂其弟書爾死我必得志（書子占也欲使死事之功）宗子陽與閭丘明相厲也（相勸厲致死子陽宗樓也）桑掩胥御國子（國子國書）公孫夏曰二子必死（相勸勉也○夏戶雅反）將戰公孫夏命其徒歌虞殯（虞殯送葬歌曲示必死○殯必刃反）（疏）歌虞殯○正義曰賈逵云

虞殯遣殯歌詩杜云送葬歌曲並不解虞殯之名禮啓殯而葬葬下棺反日中而虞蓋以啓殯將虞之歌謂之虞殯歌者樂也喪者哀也送葬得有歌者蓋挽引之人爲歌聲以助哀今之挽歌是也舊說挽歌漢初田橫之臣爲之據此挽歌之有久矣晉初荀顗制禮以吉凶不雜送葬不宜有歌去之摯虞駮之云詩云君子作歌惟以告哀葬之有歌不爲害也[illegible]之

陳子行命其徒具含玉子行陳逆也具含玉亦示必死。○行如字又戸郎反含戸暗反本又作唅公孫揮命其徒曰人尋約吳髮短約繩也八尺爲尋吳髮短欲以繩貫其首。○揮許韋反東郭書曰三戰必死於此三矣三戰夷儀五氏與今使問弦多以琴弦多齊人也六年奔魯問遺也。○遺唯季反

疏「使問弦多以琴」。○正義曰禮以物遺人謂之問二十六年衛出公使以弓問子贛論語云問人於他邦是也

曰吾不復見子矣言將死戰陳書曰此行也吾聞鼓而已不聞金矣鼓以進軍金以退軍不聞金言將死也傳言吳師彊齊人皆[illegible]

知將敗

疏注鼓以至退軍。正義曰周礼大司馬教大閱之礼云中軍以鼙令鼓鼓人皆三鼓車徒皆作鼓行鳴鐲車徒皆行及表乃止鳴鐃且卻鄭注云凡進軍退軍鼓鐸同其所異者鐃鐲而鳴鐃耳如鄭此言則進退皆有金鼓如杜云鼓以進軍金以退軍者周礼是教戰之法其臨敵之時欲戰則先擊鼓以動之欲退則先擊金以靜之故長勺之役公將鼓之是欲戰擊鼓也此傳云吾聞鼓而已不聞金矣是欲退擊金也

甲戌戰于艾陵展如敗高子齊上軍敗國子敗胥門巢吳上軍亦敗王卒助之大敗齊師獲國書公孫夏閭丘明陳書東郭書革車八百乘甲首三千以獻于公公以兵從敵以勞公○卒子忽反乘繩證反從才用反又如字勞力報反將戰吳子呼叔孫叔孫武叔州仇曰而事何也問何職對曰從司馬從吳司馬所命王賜之甲劍鈹曰奉爾君事敬無廢命叔孫未

能對。衛賜進，賜，子貢，孔子弟子。○歔，皆悲反。【疏】衛賜。○正義曰：子貢衛人，故稱衛賜。曰：州仇奉甲從君而拜。拜受之。公使大史固歸國子之元，歸於齊也。元，首也。吳以獻齊。寘之新篋，褽之以玄纁，褽，薦也。○寘，之豉反。篋，苦協反。褽，音尉。別本作褽以玄纁，許云反，本亦作勳。加組帶焉。寘書于其上，曰：天若不識不衷，何以使下國？言天不識不善，故殺國子。○組，音祖。衷，音忠。○吳將伐齊，越子率其衆以朝焉，王及列士皆有饋賂。吳人皆喜，唯子胥懼，曰：是豢吳也夫！豢，養也。若人養犧牲，非愛之，將殺之。○饋，其位反，或作餽。賂，音路。豢，音患。夫，音扶。諫曰：越在我，心腹之疾也。壤地同，而有欲於我。欲得吳。夫其柔服，求濟其欲也，不如早從事焉。從事

擊之得志於齊猶獲石田也無所用之石田不可耕越不爲沼吳其泯矣使醫除疾而曰必遺類焉者未之有也盤庚之誥曰其有顛越不共則劓殄無遺育無俾易種于茲邑盤庚商書也顛越不共從撗不承命者也劓割也殄絕也育長也俾使也易種轉生種類○沼之兆反泯亡軫反盤步干反共音恭注同劓魚器反殄大典反俾必耳反種章勇反注同從子容反長丁丈反

疏註盤庚至種類○正義曰彼文云顛越不恭暫遇姦宄我乃劓殄滅之無遺育無俾易種于茲新邑此傳字必於彼剝之略也孔安國云顛殞越墜也不恭不奉上命孔言隕隊謂受上命而隊失之杜言從撗不承命謂其人性自顛越從撗不肯承命意亦異也刑名以截鼻爲劓劓是割也殄絕育長俾使皆釋詁文也易謂轉易無使轉生種類不令更有懸子孫也

是商所以興也今君易之將以求大不亦難乎弗聽使於齊

屬其子於鮑氏爲王孫氏私使人至齊屬其子改姓爲王孫欲以辟吳禍○使所吏反屬音燭注及下同反役王聞之使賜之屬鏤以死屬鏤劔名○鏤力俱反又力侯反將死曰樹吾墓檟檟可材也吳其亡乎三年其始弱矣盈必毀天之道也越人朝之伐齊勝之盈之極也爲十三年越伐吳起○檟古雅反木名【疏】將死○正義曰吳語云子胥將死曰而縣吾目於吳門以見越人之入吳国之亡也遂自殺王投曰孤不使大夫得有見也乃使取申胥之尸盛之鴟夷而慍之於江賈逵云鴟夷革囊也○秋季孫命脩守備曰小勝大禍也齊至無日矣言有備○守手又反○冬衛大叔疾出奔宋疾即齊也初疾娶于宋子朝子朝宋人仕衛爲大夫○朝如字其娣嬖娣所娶女之娣子朝出出奔孔文子使疾出其妻而

妻之疾使侍人誘其初妻之娣寘於犂（犂衛邑○妻之七計反犂力兮反）而爲之一宮如二妻文子怒欲攻之仲尼止之遂奪其妻或淫于外州外州人奪之軒以獻（外州衛邑軒車也以獻於君）恥是二者故出衛人立遺使室孔姞（遺疾之弟孔姞孔文子之女疾之妻○姞其乙反又其吉反）疾臣向魋（疾爲宋向魋臣○魋徒回反）納美珠焉與之城鉏（城鉏宋邑）宋公求珠魋不與由是得罪及桓氏出（出在十四年）城鉏人攻大叔疾衛莊公復之（聽其還）使處巢死焉殯於鄖葬於少禘（終言疾之失所也巢鄖少禘皆衛地○鄖音云少詩照反禘大計反）初晉悼公子憖亡在衛使其女僕而田（僕御田獵）

○懟魚觀反一作整征領反大叔懿子止而飲之酒懿子大叔儀之孫。○飲於鴆反遂聘之生悼子悼子大叔疾。○聘匹政反悼子即位故夏戊爲大夫夏戊悼子之甥。○夏戶雅反下同戊音戊悼子亡衛人翦夏戊翦削其爵邑孔文子之將攻大叔也訪於仲尼仲尼曰胡簋之事則嘗學之矣胡簋禮器名夏曰胡周曰簋。○簋音軌【疏】注胡簋至曰簋。○正義曰胡簋行禮所用之器故以胡簋言禮事論語衛靈公問曰俎豆之事意亦同也明堂位說四代之器云有虞氏之兩敦夏后氏之四璉殷之六瑚周之八簋如記文則夏器名璉殷器名瑚而包咸鄭玄等注論語賈服等注此傳皆云夏曰胡杜亦同之或別有所據或相從而誤甲兵之事未之聞也退命駕而行曰鳥則擇木木豈能擇鳥以鳥自喻【疏】甲兵至聞也。○正義曰對靈公軍旅之事未之學也其意亦與此同軍旅甲兵以治國之具也此以

文子非礼欲因内用兵靈公空問軍陳故正不本非衛出兵也文子遽止之曰圉豈

敢度其私訪衛國之難也圉文子名度謀也○遽其據反度待洛反注及下同難乃旦反將止仲尼止魯人以幣召之乃歸於是自衛反魯樂正雅頌各得其所

[疏]魯人至乃歸○正義曰孔子世家云季康子使公華公賓公林以幣迎孔子孔子歸是也

○季孫欲以田賦丘賦之法因其田財通出馬一疋牛三頭今欲別其田及家財各爲一賦故言田賦○別如字一管彼列反

[疏]註丘賦至田賦○正義曰司馬法方里爲井四井爲邑四邑爲丘丘出馬一匹牛三頭四丘爲甸甸乃有馬四匹牛十二頭是爲革車一乘今用田賦必改其舊但不知若爲用之賈逵以爲欲令一井之間出一丘之税井別出馬一匹牛三頭若其如此則一丘之内有一十六井其出馬牛乃多於常一十六陪且直云用田賦何知使井爲丘也杜以如此則賦税大多非民所能給故改之舊制丘賦之法田之所收及家内資財井共一馬三牛今欲別其田及家資各爲一賦計一丘民之家資令出一馬三牛又計田之所收更出一馬三牛是爲所出倍於常也

舊田與家資同賦今欲別賦其田故言欲以田賦也使冉有訪諸仲尼仲尼曰丘不識也三發發三問卒曰卒終也子爲國老待子而行若之何子之不言也仲尼不對不公答而私於冉有曰君子之行也行政事度於禮施取於厚事舉其中斂從其薄如是則以丘亦足矣丘十六井出戎馬一匹牛三頭是賦之常法○施式豉反斂力驗反若不度於禮而貪冒無厭則雖以田賦將又不足且子季孫若欲行而法則周公之典在若欲苟而行又何訪焉弗聽爲明年用田賦傳○冒亡北反一音莫報反厭於鹽反

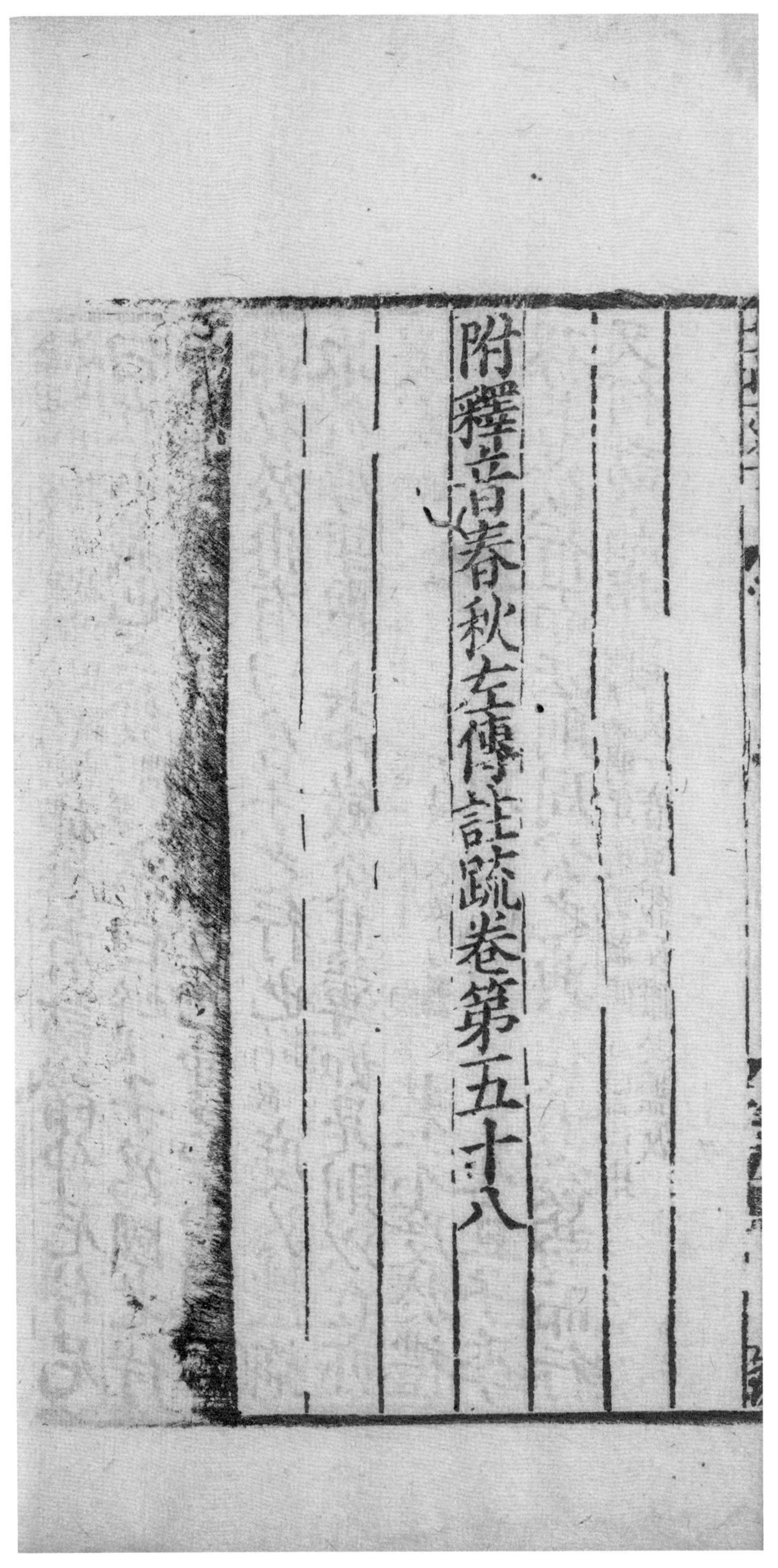
附釋音春秋左傳註疏卷第五十八

附釋音春秋左傳註疏卷第五十九 哀十二年盡十五年

孔穎達疏

經十有二年春用田賦直書之者以示改法重賦〔疏〕註直書至重賦

正義曰用田賦者用田之所收以為賦今之出牛馬也依賓直書之以示改常法重賦斂成元年作丘甲甲是造作之物故言作馬牛賦稅以充之非造作之物且譏其賦不譏其作故書用言舊不用而今用之○夏五月甲辰孟子卒魯人諱娶同姓謂之孟子春秋不改所以順時○娶本或作取七喻反又如字〔疏〕註魯人至順時○正義曰論語云君娶於吳為同姓謂之吳孟子是魯人常言稱孟子也坊記云魯春秋去夫人之姓曰吳其死曰孟子卒是舊史書為孟子卒及仲尼修春秋以魯人已知其非諱而不稱姬氏諱國惡禮也因而不改所以順時世也魯春秋去夫人之姓曰吳春秋無此文坊記云然者禮夫人初至必書於策若娶齊女則云夫人姜氏至自齊此孟子初至之時亦當書曰夫人姬氏至自吳同姓不得稱姬舊史所書蓋直云夫人至自吳是去夫人之姓直書曰吳而

巳仲尼修春秋以犯禮明著全去其文故今經無其事○**公會吳于槖皋**槖皋在淮南逡遒縣東南○槖章夜反一音託逡音峻又七倫反遒音因又音巡○**秋公會衛侯宋皇瑗于鄖**鄖發陽也廣陵海陵縣東南有發繇亭○繇音遥（疏）註鄖發陽也○正義曰十七年傳云孟武伯問於高柴曰諸侯盟誰執牛耳季羔曰發陽之役衛石魋指此會也知鄖即發陽一也二名也○**宋向巢帥師伐鄭○冬十有二月螽**周十二月今十月是歲置閏而失不置雖書十二月實今之九月司歷誤一月九月之初尚溫故得有螽○螽音終

傳十二年春王正月用田賦終前年事○**夏五月昭夫人孟子卒昭公娶于吳故不書姓**諱娶同姓故謂之孟子若宋女（疏）註諱娶至宋女○正義曰諱娶同姓不得謂之吳女宋是子姓長女字孟故惠公元妃謂之孟子今亦稱孟子者全改其本若言此夫人是宋國之長女也釋例曰經書孟子卒傳言昭公娶于吳故不書姓此為昭公加諱

不復繫吳改其姓號傳因而弗革也論語謂之吳孟子蓋時人常言非經傳正文也而賈氏以為言孟子若言吳之長女也稱吳長女既不異於同姓且娶同姓長之與火宋聞其異無所為別也

死不赴故不稱夫人不稱夫人故不言薨不反哭故不言葬小君反哭者夫人禮也以同姓故不成其夫人喪

【疏】註反哭至人喪。正義曰禮既葬日中自墓反虞於正寢所謂反哭於寢反哭者是夫人之正禮也季氏以同姓之故不成其夫人之喪不為反哭故不書葬所以懲臣子之過也釋例曰若昭之孟子者以同姓為闕生革其姓過而知悔也然吳之大伯下及魯昭於親遠矣所諱在於名義而已居夫人之位籍小君之尊已三世矣季氏當國而不為之服至令仲尼釋已之經國朝不成其喪以世適夫人不書於策此季氏之咎也杜言不書於策謂不以夫人之禮書於經也

孔子與弔適季氏季氏不絻放經而拜孔子始老故與弔也絻喪冠也孔子以小君禮往弔季孫不服喪故去絰從主節制。與弔音預註同絻音問絰大結反去其呂反

【疏】註孔子至節制　正義曰杜以孔子與弔明其已去臣位若在臣位則服小君之喪

不得云與弔而已故云孔子始老始老者謂始致事也劉炫
云按十六年仲尼卒哀公誄之子貢譏云生不能用則是哀
公不用仲尼爲臣也又世家又諸書無云仲尼仕於哀公杜
焉得云孔子始老乎今知不然者以上十一年傳稱仲尼在
衛魯人以幣召之是召之而來當以任用故冉有云子爲國
老待子而行後乃致事故孟子之喪而來與用若哀公全不
能用何須以幣召之但哀公不用其言故云生不能用於傳
文上下理其符同劉以爲不仕哀朝以規杜過非也喪服齊
衰三月章曰爲舊君君之母妻傳曰爲舊君者孰謂也仕焉
而已者也何以服齊衰三月言與民同也君之母妻則不名
也鄭玄云仕焉而已者謂老若有癈疾而致仕者也爲小君
服者恩深於民也是其服與民同不服臣爲小君之服故與
常弔也禮齊衰之喪始死而絻以至於成服絻以代吉冠故
以絻爲喪冠也孔子以季孫當服臣爲小君之禮故以小君
禮往弔季氏傳言適季氏謂適季氏哭位故杜言往弔謂就
其哭位也季孫既不服喪孔子不得服弔服故去絰從主節
制也大夫之弔服弁絰鄭玄云弁絰者如爵弁而素加環
絰大如緦之絰纏而不糾也曲禮云凡非弔喪非見國君無
不荅拜者鄭玄云喪賓不荅拜不自賓客也禮弔無拜法而
此言孔子去絰而拜者記言喪賓不荅拜謂喪主既拜賓賓

不答拜耳其初見主人成禮者先拜據此傳文必有拜法記無其事記不具耳○公會吳于橐皋吳子使大宰嚭請尋盟尋盟鄫公不欲使子貢對曰盟所以周信也周固故心以制之制其義玉帛以奉之奉贄明神○贄音至言以結之結其信明神以要之要以禍福○要一遥反注同寡君以爲苟有盟焉弗可改也已若猶可改日盟何益今吾子曰必尋盟若可尋也亦可寒也尋重也寒歇也○重直龍反歇許謁反

疏注尋重也寒歇也○正義曰少牢有司徹云乃尋尸俎鄭玄云尋溫也引此若可尋也亦可寒也則諸言尋盟者皆以前盟已寒更溫之使熱溫舊即是重義故以尋爲重傳意言若可重溫使熱亦可歇之使寒故言寒歇不訓寒爲歇也

乃不尋盟○吳徵會于衛初衛人殺吳行人且姚

而懼謀於行人子羽子羽衛大夫○且子餘反子羽曰吳方
無道無乃辱吾君不如止也子木曰吳方無
道子木衛大夫國無道必棄疾於人吳雖無道猶
足以患衛爲衛患也往也長木之斃無不摽也摽擊
○斃婢世反摽敷蕭反又普交反國狗之瘈無不噬也瘈狂也噬齧也○狗音苟
瘈吉世反噬市制反齧五結反本或作齧【疏】長木至噬也○正義曰長木喻吳國大也狗瘈喻吳失道也國狗猶
家狗言家畜狂狗以齧人也而況大國乎秋衛侯會吳于鄖公
及衛侯宋皇瑗盟盟不書畏吳竊盟【疏】註盟不至竊盟○正義曰畏吳竊盟
恐吳知之故不敢書於策也成二年公及楚人秦人云云盟於蜀傳曰卿不書匱盟也於是乎畏晉而竊與楚盟故曰匱
盟彼以畏晉竊盟故諸侯之卿皆貶而稱人此亦畏吳竊盟宜應貶此三國經遂沒而不書者彼以晉是盟主諸侯不應

背晉故貶諸侯之卿以成晉爲霸王此吳以夷禮自處不合主諸侯之盟故與吳盟者悉皆不書是不與吳爲盟主也既不與吳則三國私盟於義可許不合貶責但會自不書仲尼爾從而不書之耳釋例曰諸侯畏晉而竊與楚盟而貶其卿所以成晉爲盟主也吳之疆大始於會鄫終於黄池凡三會一伐三盟唯書會伐而不書盟者吳以盟主自居而行其夷禮禮儀不典則盟神不蠲非所以結信義昭明德故不録其盟不與其成爲盟主也既不與吳之爲盟主則宋魯衛三國私盟可許故無貶文是其說也杜言三會三伐三盟者七年會于鄫十二年會于橐皋十三年會于黄池是三會也八年吳伐我十年公會吳伐齊十一年齊國書及吳戰于艾陵是三伐也七年傳云夏盟于鄫衍八年傳云吳人盟而還十三年傳云秋七月辛丑盟吳晉爭先是三盟也

而卒辭吳盟吳人藩衛侯之舍藩籬。藩方元反注及下同籬力知反子服景伯謂子貢曰夫諸侯之會事既畢矣侯伯致禮地主歸餼侯伯致禮以禮賓也地主所會主人也餼生物。餼許氣反

疏注侯伯至生物。正義曰侯伯諸侯之長謂盟主也

侯伯為主則諸侯之從已者皆為賓致禮禮賓當謂有以禮之或設飲食與之宴也地主所會之地主人也當歸生物於賓禮牲生曰餼服虔云致賓禮於地主傳言吳不行禮於衛衛非地主

以相辭也各以禮相辭讓

今吳不行禮於衛而藩其君舍以難之難苦困也○難乃旦反

子盍見大宰乃請束錦以行以賂吳○盍音戶獵反

語及衛故若本不為制請者○為于偽反

大宰嚭曰寡君願事衛君衛君之來也緩寡君懼故將止之止執

子貢曰衛君之來必謀於其衆其衆或欲或否是以緩來其欲來者子之黨也其不欲來者子之讎也若執衛君是墮黨而崇讎也墮毀也○墮許規反注及下皆同

夫墮子者得其志矣且合諸侯而

執衛君誰敢不懼墮黨崇讎而懼諸侯或者難以霸乎大宰嚭說乃舍衛侯衛侯歸效夷言子之尚幼子之公孫彌牟○說音悅下同舍音捨釋也又音赦效戶教反曰君必不免其死於夷乎執焉而又說其言從之固矣出公輒後卒死於越○冬十二月螽季孫問諸仲尼仲尼曰丘聞之火伏而後蟄者畢火心星也火伏在今十月○蟄直切反今火猶西流司曆過也猶西流言未盡沒知是九月曆官失一閏釋例論之備

疏注猶西至之備○正義曰月令季夏之月昏火星中詩云七月流火毛傳云流下也謂昏而見於西南漸下流也周禮司爟云季秋內火是九月之昏火始入十月之昏則伏[illegible]猶西流者言其未盡沒是夏九月也經書十二月則是夏九月歷官失一閏故以九月爲十月釋例長歷言諸儒皆以爲[illegible]實周之九月而書十二月謂之再失閏若如其

言乃成三失非但再也今以長歷推春秋此十二月乃夏之
九月實周之十一月也此年當有閏而今不置閏此爲失一
閏月耳十二月不應蝨故季孫怪之仲尼以斗建在戌火星
尚未盡沒據今猶見故言猶西流明夏之九月尚可有蝨也
季孫雖聞仲尼此言猶不即改明年十二月復蝨於是始悟
十四年春乃置閏欲以補正時歷也傳於十五年書閏月蓋
置閏正之欲明十四年之閏於法當在十二年也
○宋鄭之間有隙地焉隙地閒田○隙去逆反閒音閑又一本作閒地一音如字
曰彌作頃丘玉暢嵒戈
錫凡六邑○彌亡支反又亡爾反頃苦穎反又音傾暢勑亮反一本作王暢嵒五咸反戈古禾反錫音羊一音星歷反
子產與宋人爲成曰勿有是俱棄之
及宋平元
之族自蕭奔鄭在定十五年
鄭人爲之城嵒戈錫城以處平元之族○爲之于僞反
九月宋向巢伐鄭取錫殺元
公之孫遂圍嵒十二月鄭罕達救嵒丙申圍

宋師此事經在十二月𠁊上今倒在下更具列其月以爲別若丘明本不以爲義例故不皆齊同。倒丁老反
別如字又彼列反〔疏〕註此事至齊同。正義曰杜以此與經別故言丘明不以爲義例故使文不齊同劉炫以
爲傳說當時事耳亦倒本際地之事載其日月使與明年相
接今知不然者案宣二年壬申朝于武宮是十月五日下丁
亥冬趙盾爲旄車之族彼注云壬申是十月五日也既有日
而無月冬又在壬申下明傳文無較例彼既無倒本其事迹
後年相接足知此亦不爲倒本其事使九月在十二月之下
明傳因簡牘舊文或日月前後不以爲例若以倒敘其事爲
後年張本案傳之上下凡倒敘事爲後年張本者唯
道事之所由不具載其日月劉以此而規杜過非也
經十有三年春鄭罕達帥師取宋師于嵒書取覆而敗之。夏許男成卒無傳。成音城本或作戊。公會晉侯及
吳子于黄池陳留封丘縣南有黄亭近濟水夫差欲霸中國尊天子自去其僭號而稱子以告令
諸侯故使承而書之。近附近之近去起呂反僭子念反〔疏〕註夫差至書之。正義曰七年會吳于鄫十二年會

吳子壽夢皆不稱子此稱吳子故解之夫差欲霸中國尊天子而自號爲王則諸侯不服故去僭號自稱吳子以告令諸侯故諸侯之策承而書曰吳子吳語說此事云晉使命董褐告吳王曰今君奄王東海以淫名聞於天下君有短垣而自踰之況蠻荊則何有於周室夫命圭有命固曰吳伯不曰吳王諸侯是以敢辭夫諸侯無二君而周無二王君若無卑天子而曰吳公孤敢不順從君命吳王許諾是其去僭號也於此會去王號耳其於吳國猶稱王不改也 ○楚公子申帥師伐陳 無傳 ○於越入吳○秋公至自會 無傳 ○晉魏曼多帥師侵衛 無傳 ○葬許元公 無傳 ○九月螽 無傳書災 ○冬十有一月有星孛于東方 無傳平旦衆星皆沒而孛乃見故不言所在之次。○孛步內反見賢遍反 【疏】注平旦至之次。○正義曰公羊傳曰孛者何彗星也其言于東方何見于旦也杜用彼說衆星皆沒故不言所在之次 ○盜殺陳夏區夫 無傳稱盜非大夫。○夏戶雅反區烏侯反 ○十有二月螽 無傳前年季孫

雖聞仲尼之言而不正曆失閏至此年故復十二月實十一月。○復扶又反
傳十三年春宋向魋救其師救前年圍嵒師鄭子賸使
徇曰得桓魋者有賞魋也逃歸遂取宋師于
嵒獲成讙郜延二子宋大夫。○徇似俊反讙火官反郜古報反又古毒反以六
邑爲虛空虛之名不有。○爲虛虛並如字或音墟非○夏公會單平公晉
定公吳夫差于黃池平公周卿士也不書尊之不與會。○單音善不與音預○
六月丙子越子伐吳爲二隧隧道也。○隧音遂注同疇無
餘謳陽自南方二子越大夫。○謳烏侯反先及郊吳大子友
王子地王孫彌庸壽於姚自泓上觀之觀越師泓水名。○泓烏
宏反彌庸見姑蔑之旗姑蔑越地今東陽大末縣。○蔑亡結反旗音其大音

秦子孟康一云大音闕日吾父之旗也彌庸父為越所獲故姑蔑人得其旌旗不可
以見讎而弗殺也大子曰戰而不克將亡國
請待之彌庸不可屬徒五千屬會也○屬音燭注同王
子地助之乙酉戰彌庸獲疇無餘地獲謳陽
越子至王子地守丙戌復戰大敗吳師獲大
子友王孫彌庸壽於姚地守故不獲○守手又反下注同復扶又反丁
亥入吳吳人告敗于王王惡其聞也惡諸侯聞之○惡烏
路反注同自剄七人於幕下以絕口○剄古頂反○秋七月辛
丑盟吳晉爭先爭歃血先後○歃所洽反又所甲反吳人曰於周
室我為長吳為大伯後故為長○長丁丈反注並同大音泰晉人曰於姬

哀十三

姓我爲伯爲伉反伯趙鞅呼司馬寅寅晉大夫曰日旰矣旰晚也○旰古旦反大事未成二臣之罪也大事盟也二臣鞅與寅建鼓整列二臣死之長幼必可知也

【疏】趙鞅至知也○正義曰如此傳文則趙鞅所欲與吳戰也吳語云吳晉爭長未成邊遽乃至以越亂告吳王懼乃合大夫而謀曰無會而歸與會而先晉孰利王孫雒曰二者莫利必會而先之乃爲吳王設計布陳雞鳴乃定去晉軍一里昧明王乃秉枹鳴鼓三軍皆譁声動天地於是晉軍大駭乃令董褐請事實述等皆云董褐司馬寅也如彼文則吳請先戰国語各記其国之事言有此此故其文不同○註二臣鞅與寅○正義曰杜以鞅呼寅與語明其何憂国事故以二臣爲鞅與寅也劉炫以爲吳晉二臣今知不然者以趙鞅呼司馬寅自相與語云建鼓整列二臣死之皆是鞅寅自謂故知二臣鞅與寅也鞅既不共吳臣對論曲直何得以二臣爲吳晉之臣劉以爲吳晉之臣而規杜氏非也○建鼓○正義曰建立也立鼓繫之與戰也大射礼云建鼓在阼階西鄭玄云建猶樹也以木貫而載之樹之跗也彼謂立之於地所謂殺人搖鼓與

此別也對曰請姑視之反曰肉食者無墨墨氣色下今吳王有墨國勝乎国爲敵所勝大子死乎且夷德輕不忍久請少待之○少待無與爭輕遣政反疏反曰至死乎正義曰吳語說此事云董褐既致命乃告趙鞅曰臣觀吳王之色類有大憂小則嬖妾適子死不然則国有難大則越入吳將毒不可與戰主其許之說與此傳小異乃先晉人盟不書諸侯恥之故不錄疏乃先晉人正義曰吳語說此事云吳公先歃晉侯亞之與此異者經書公會晉侯及吳子傳稱公會單平公晉定公吳夫差吳皆在下晉實先矣繆播魯史策書傳采魯之簡牘魯之所書必是依實國語之書當国所記或可曲筆直己辭有抑揚故與左傳異者多矣鄭玄云不可以国語亂周公所定法傳玄云国語非丘明所作凡有共說一事而二文不同必国語虛而左傳實其言相反不可強合也吳人將以公見晉侯子服景伯對使者曰王合諸侯則伯帥侯牧以見於王伯王官伯侯牧

方伯○見晉如字又賢遍反使所吏反以見賢遍反伯合諸侯則侯帥子男以見於伯伯諸侯長〔疏〕王合至於伯○正義曰曲禮云五官之長曰伯是職方也九州之長入天子之國曰牧於外曰侯職方者二伯各主一方州長者州牧各主一州周禮所謂八命作牧九命作伯是也王合諸侯則伯帥侯牧當如康王之誥太保帥西方諸侯畢公帥東方諸侯以見於王也計當盡帥諸侯獨言帥侯牧者舉尊而言其實盡帥之也伯合諸侯則侯帥子男侯謂牧也牧帥諸國之君見於伯也亦當盡帥在會諸侯獨云子男舉小為言其實亦見在會者盡帥以見伯也自王以下朝聘玉帛不同故敝邑之職貢於吳有豐於晉無不及焉以為伯也今諸侯會而君將以寡君見晉君則晉成為伯矣敝邑將改職貢魯賦於吳八百乘若為子男則將半邾以屬於吳半邾三百乘○豐芳中反乘繩證反下及

注同而如邾以事晉如邾六百乘疏故敝至伯也○正義曰言其職貢於吳有豈於晉無有不及晉時以吳為伯故也○魯賦至事晉○正義曰哀七年傳茅夷鴻請救於吳云魯賦八百乘君之貳也邾賦六百乘君之私也今魯賦八百乘以貢於吳以吳為伯故也吳今帥魯以見於晉則吳為州牧魯為子男晉成伯矣邾是子爵以六百乘貢吳邾以吳為伯故也魯既以晉為伯吳為牧牧卑於伯則將半邾三百乘以屬於吳而如邾六百乘以事於晉也且執事以伯召諸侯而以侯終之何利之有焉吳人乃止既而悔之謂景伯欺之將囚景伯景伯曰何也立後於魯矣何景伯名將以二乘與六人從遲速唯命遂囚以還及戶牖戶牖陳留外黃縣西北東昏城是○從才用反牖音酉謂太宰曰魯將以十月上辛有事於上帝先王季辛而畢何世有職焉有職於祭事

【疏】魯將至而畢○正義曰七月辛丑盟因景伯以還令景伯稱十月當謂周之十月周之十月非祭上帝先公之將且祭禮終朝而畢無上辛盡於季辛之事景伯以吳信鬼皆虛言以恐吳耳

自襄以來未之改也魯襄公若不會祝宗將曰吳實然言魯祝宗將告神云景伯不會坐為吳所囚吳人信鬼故以是恐之○坐才臥反恐丘勇反且謂魯不共而執其賤者七人何損焉大宰嚭言於王曰無損於魯而祇為名適為惡名○共音恭祇音支不如歸之乃歸景伯吳申叔儀乞糧於公孫有山氏申叔儀吳大夫公孫有山魯大夫舊相識曰佩玉繠兮余無所繫之繠然服飾備也已獨無以繫佩言吳士不恤下○繠而捶反又而水反旨酒一盛兮余與褐之父睨之一盛一器也睨視也褐寒賤之人信但得視不得飲○盛音成又市政反注同褐戶葛反父如字又音甫

睨五計反【疏】註一盛至得飲○正義曰酒盛於器故謂一器為一盛說文云睨邪視也詩云無衣無褐何以卒歲鄭玄云褐毛布也人之貴者無衣賤者無褐是褐者寒賤人之衣服也言我與彼褐之父但得共睨視之不得飲之告已之乏飲也

對曰粱則無矣麤則有之若登首山以呼曰庚癸乎則諾軍中不得出粮故為私隱庚西方主穀癸北方主水傳言吳子不與士共飢渴所以亡○麤本又作麄七奴反呼火故反【疏】對曰至則諾○正義曰食以稻粱為貴故以粱表精若求粱米之飯則無矣麤者則有之若我登首山以叫呼庚癸乎女則諾軍中不得出粮與人故作隱語為私期也庚在西方穀以秋熟故以庚主穀癸在北方居水之位故以癸主水言欲致餅并致飲也土地名首山闕不知其處當在吳所營軍之旁

王欲伐宋殺其大夫而囚其婦人以宋不會黃池故言吳子悖惑○殺其大夫直兩反又作大夫誤悖補內反大宰嚭曰可勝也而弗能居也乃歸冬吳及越平終伍員之言【疏】吳及越平○正義曰言

曰不能報越求與之平終
伍員所謂二十年始弱也
經十有四年春西狩獲麟麟者仁獸聖王之嘉瑞也時無明王出而遇獲
仲尼傷周道之不興感嘉瑞之無應故因魯春秋而脩中興
之教絕筆於獲麟之一句所感而作固所以為終也冬獵曰
狩蓋虞人脩常職故不書狩者大野在魯西故言西狩得用
曰獲○狩手又反麟呂辛反又力珍反瑞獸也解見詩音常
常志反應應對（疏）註麟者至曰獲　正義曰公羊傳曰麟
之應中丁仲反　者仁獸也何休云一角而戴肉設武備
而不為害所以為仁也鄭玄詩箋云麟角之末有肉示有武
而不用釋獸云麐麕身牛尾一角李巡曰麟瑞應獸名孫炎
曰靈獸也京房易傳曰麟麕身牛尾狼額馬蹄有五采腹下
黃高丈二廣雅云麒麟狼頭肉角含仁懷義音中鍾呂行步
中規折旋中矩遊必擇土翔必有處不履生蟲不折生草不
羣居不旅行不入陷穽不入羅網文章斌斌說文云麒仁獸麋身
其聲麟大牝鹿也從鹿粦聲公羊傳曰麟有王者則至無王
者則不至孝經援神契云德至鳥獸則麒麟臻是言麟為聖
王之嘉瑞也此時無明王麟出無所應也出而遇獲失其所
以為歸也夫以靈瑞之物輒若是聖人見此能無感乎所以

感者以聖人之生非其時道無所施言無所用史麟者顯瑞故
爲感也何足見此獲麟於是傷周道之不興感嘉瑞之無應
故因魯春秋文加褒貶而脩中興之教若能用此道則周室
中興故謂春秋爲中興之教也春秋編年之書事不[illegible]三[illegible]而
絕筆於獲麟之一句者本以所感而作故所以用此爲終也
釋天云冬獵爲狩周之春夏之冬也故稱狩也桓四年公狩于
郎莊四年公及齊人狩于禚禚郎二者公親行皆書公者此
狩不書公卿者蓋是虞人賤官自脩常職公卿不行故不書
狩者名氏此狩常事本不合書書之者爲獲麟故也傳稱狩于
大野大野之澤在魯國之西故言西狩得用曰獲定九年傳
例也杜以獲麟之義唯此而已先儒穿鑿妄生異端公羊傳
曰有以告者曰有麕而角者孔子曰孰爲來哉孰爲來哉反
袂拭面涕沾袍曰吾道窮矣說公羊者云麟是漢將受命之
瑞周亡天下之異夫子知其將有六國爭彊秦項交戰然後
劉氏乃立夫子深閔民之離害故爲之隕泣麟者太平之瑞
聖人之類又云麟得而死此亦天告夫子將沒之徵也案此
時去漢二百七十有餘年矣漢氏起於匹夫先無王迹前期
三百許歲天已豫見徵兆其爲靈命何大遠乎言既不經事
無所據荀悅時出妄爲虛誕故杜氏序云含於反袂拭面稱
吾道窮亦無取焉然則其虛誕鄙其妖妄故無所取之也說

左氏者云麟生於火而遊於土中央軒轅大角之獸孔子作
春秋春秋者禮也脩火德以致其子故麟來而為孔子瑞也
奉德侯陳欽說麟西方毛蟲金精也孔子作春秋有立言西
方兌兌為口故麟來許慎謹按劉向尹更始等皆以為吉凶不並
瑞災不兼今麟為周異不得復為漢瑞知麟應孔子而至鄭
玄以為脩母致子不如立言之說密也賈逵服虔潁容等皆
以為孔子自衛反魯考正禮樂脩春秋約以周禮三年文成
致麟麟感而至取龍為水物故以為脩母致子之應吾以為龍
為水物以其育於水耳麟生於火豈其產於火乎孔子之作
春秋門徒盡知之矣丘明親承聖旨目見獲麟丘明何以不
言弟子何以不說子思孟軻去聖尤近荀卿著書尊崇孔舊
麟若應孔子而來著書無容不述何乃經傳羣籍了爾不言
以其既妖且妄故杜是無所取○**小邾射以句繹來奔**射小邾大夫句繹地名春
秋止於獲麟故射不在三叛人之數自此以下至十六年皆
魯史記之文弟子欲存孔子卒故并錄以續孔子所脩之經
○射音亦句古侯反繹音亦【疏】註射小至之經　正義曰此文與邾庶
其黑肱莒牟夷文同亦射是小邾大夫
以句繹之地來奔魯也其事既同其罪亦等傳稱庶其等為
三叛人不通數此為四叛人者以春秋之經止於獲麟獲麟

以上褒貶是仲尼之意此雖文與彼同而異非孔意故不數也若然魯史書此舊與彼同則竊地顯名史先縣矣而昭三十一年傳盛論書三叛人名懲不義也其善志也杜言書曰故書皆是仲尼新意案此類彼則彼是舊文言新意者仲尼所脩有因有革因若雖是仲尼因舊舊合仲尼之心因而不改即是新意所以彼傳歸功脩者謂之善志為傳所以脩之既定乃成為善也故釋例終篇杜自問而釋之云丘明之為傳所以釋仲尼春秋仲尼春秋皆因舊史策書義之所在則時加增損或仍舊史之無或改舊史之有雖因舊文固是仲尼之書也丘明所發固是仲尼之意也是其說也公羊穀梁之經皆至獲麟而盡左氏之經更有此下事者自此已下至十六年皆是魯史記之正文也仲尼所脩脩此記也此上仲尼脩記此下是其本文弟子欲存孔子卒故因經之末并錄魯之舊史以續孔子所脩之經記仲尼卒之月日示後人使知之且賈逵亦云此下弟子所記但不言是魯之舊史耳○夏四月齊陳恒執其君寘于舒州○寘之豉反疏陳恒執其君○正義曰成十七年晉欒書執晉厲公亦先執後弒與此事同彼不書者或此告彼不告且此非孔子所脩不同以為例也○庚戌叔還

卒無傳○五月庚申朔日有食之無傳○陳宗豎出奔楚無傳○豎上主反○宋向魋入于曹以叛曹宋邑○向舒又反魋徒回反○莒子狂卒無傳○狂其廷反○六月宋向魋自曹出奔衛宋向巢來奔○齊人弑其君壬于舒州【疏】齊人弑其君壬○正義曰宣四年傳例曰凡弑君稱君君無道也稱臣臣之罪也發凡言例是周公舊典此魯史不書陳恒之名蓋依凡例以齊君無道故○秋晉趙鞅帥師伐衛無傳○鞅於丈反○八月辛丑仲孫何忌卒○冬陳宗豎自楚復入于陳陳人殺之無傳○復扶又反○陳轅買出奔楚無傳○有星孛無傳不言所在史失之○孛步內反○饑無傳

經十四年春西狩於大野叔孫氏之車子鉏

商獲麟大野在高平鉅野縣東北大澤是也車子微者鉏商名○鉏仕居反疏注大野至商名○正義曰臣訓大也由其旁有大澤故縣以鉅野為名其澤在曲阜之西故稱西狩不書地者得常不書也賈逵云周在西明夫子道繫周服虔云言西者有意於西明夫子有立言立言之位在西方故著於西也按此澤實在魯西舊史因書西耳仲尼不改舊史何以得示已意若其本實東狩仲尼不得輒改為西以已意之所示妄改魯之狩處雖則下愚知其不可豈有斯人而為斯事以此立說何妄之甚杜以車子連文為將車之子故為微者鉏商是其名也家語說此事云叔孫氏之車士曰子鉏商王肅云車士將車者也子姓鉏商名今傳無士字服虔云車車士微者也子姓鉏商名以子為姓與杜異○以為不祥以賜虞人特所未嘗見故怪之虞人掌山澤之官疏以為至虞人○正義曰家語云子鉏商采薪於大野獲麟焉折其前左足載而歸叔孫以為不祥棄之於郭外使人告於孔子孔子曰麟也然後取之王肅云傳曰狩此曰采薪時實狩獵鉏商非狩者采薪而獲麟也傳曰以賜虞人此云棄之於郭外棄之於郭外所以賜虞人也然肅意欲成彼家語令與經傳狩同故強為之辭冀合其說要其文正乖不可合也今傳

言狩而獲麟非釆薪者也鉏商不是狩者麟非狩之所獲何以書為狩乎以賜虞人虞人當受之矣棄郭外非賜人之辭不得棄之以為賜人也公羊傳曰西狩獲麟何以書記異也何異爾非中國之獸也然則孰狩之薪釆者也薪釆者則微者也曷為以狩言之大之也曷為大之為獲麟大之也則公羊之意當時實無狩者為大麟而稱狩也家語雖出孔家乃是後世所録取公羊之說飾之以成文耳不可與左氏合也○**仲尼觀之曰麟也然後取之**言魯史所以得書獲麟○

【疏】註言魯至獲麟○正義曰若棄國不識則無由得書傳說仲尼觀之言魯史所以得書獲麟由仲尼辨之故也服虔云仲尼名之曰麟明麟為仲尼至也然則麟非常見魯人所疑仲尼聖者所言必信故魯從而取之此則愚民之信聖也服虔以仲尼名之即云為仲尼至然則防風之骨肅慎之矢季氏之賁羊楚王之萍實皆問仲尼而後知豈為仲尼至也○

小邾射以句繹來奔曰使季路要我吾無盟矣子路信誠故欲得與相要誓而不須盟孔子弟子既續書魯策以繫於經丘明亦隨而傳之終於哀公以卒前事其異事則皆畧而不傳故此經無傳者多○要於妙反又一

遙反注同使子路子路辭季康子使冉有謂之曰千乘之國不信其盟而信子之言子何辱焉對曰魯有事于小邾不敢問故死其城下可也彼不臣而濟其言是義之也由弗能濟成也○乘繩證反年內同○疏使子至弗能○正義曰季孫之意以小邾射不信千乘之國而信子路之言是其重子路過於一國子路當以為榮不宜恥與言約子路之意魯伐小邾非已能禁將令已言不信不可與射約也又射是竊地叛臣之罪惡者也而子路與之相要便是以射為義恥與不義交好故辭而不能也○齊簡公之在魯也闞止有寵焉簡公悼公陽生子壬也闞止子我也事在六年○闞苦暫反○及即位使為政陳成子憚之驟顧諸朝成子陳常心不安故數顧之○憚大旦反驟仕救反數所角反諸御鞅言於公鞅齊大夫曰陳

闞不可並也君其擇焉擇用一人弗聽子我夕々俱事

陳逆殺人逢之陳逆子行陳氏宗也子我逢之遂執以入執逆至朝陳

氏方睦欲謀齊國故宗族和使疾而遺之潘沐備酒肉焉

使詐病因內潘沐并得內酒肉潘米汁可以沐頭○遺唯季反潘芳袁反注皆同沐音木汁之十反饗守囚

者醉而殺之而逃子我盟諸陳於陳宗失陳逆懼其反

為患故盟之

【疏】盟諸陳於陳宗○正義曰陳宗陳氏宗主謂陳成子也盡集陳氏宗族就成子家盟也初

陳豹欲為子我臣豹亦陳氏族使公孫言己言己介達之○介

介音界媒介也亦因也已有喪而止既而言之既終喪也曰有

陳豹者長而上僂肩背僂○長如字又丁丈反僂力主反望視目望陽

事君子必得志得君子意欲為子臣吾憚其為人

也恐多詐故緩以告子我曰何害是其在我也使爲臣他日與之言政説遂有寵謂之曰我盡逐陳氏而立女若何對曰我遠於陳氏矣言已疏遠○説音悦女音汝遠如字又于萬反且其違者不過數人也常不從○數所注反何盡逐焉遂告陳氏子行曰彼得君弗先必禍子子行舍於公宮子行逃而隱於陳氏今又隱於公宮夏五月壬申成子兄弟四乘如公成子之兄弟昭子莊簡子齒宣子夷穆子安廪丘子意茲子芒盈惠子得凡八人二人共一乘○廪力甚反芒音亡【疏】註成子至一乘正義曰案世本僖子生昭子莊簡子齒宣子其夷穆子安廪丘子鑿茲芒子盈惠子得子我在幄幄帳也聽政之處○幄於角反處昌慮反出逆之遂入閉門成子入反閉門不納子我侍人

禦之子我侍人。禦本亦作御，魚呂反 子行殺侍人素在内，故得殺之 公與婦人飲酒于檀臺，成子遷諸寢。徙公使居正寢。檀，大丹反 公執戈將擊之，疑其欲作亂 大史子餘曰：「非不利也，將除害也。」言將爲公除害。大音泰。將爲，于僞反，下文逆爲余請、下注爲公同 成子出舍于庫，以公怒故 聞公猶怒，將出，曰：「何所無君？」子行抽劍曰：「需，事之賊也。言需疑則害事。需音須 誰非陳宗？言陳氏宗族衆多

疏「誰非陳宗」。正義曰：子行稱國内之人誰非陳宗，言陳氏宗族衆多，力足成事，何爲畏子，我欲出奔。

所不殺子者，有如陳宗！」言子若欲出，我必殺子，明如陳宗

疏「所不」至「陳宗」。正義曰：子行慮其怒出，故以殺子懼之。陳宗，謂陳之先人。此稱有如陳宗，由定六年孟懿子謂范獻子曰「所不以陽虎爲中軍司馬者，有如先君」，彼注云稱先君以誓其言，此亦然也。服虔云：陳宗，先祖鬼神也。

乃止子我歸屬徒攻闈與大門（闈宮中小門大門公門也○屬之欲反闈音韋）

疏

註闈宮至門也○正義曰釋宮云宮中之門謂之闈孫炎曰宮中相通小門也成子在公宮內知大門公門也計闈在宮內必是得入大門乃得至闈今言攻闈與大門皆不勝者公宮非止一門蓋從別門而入與得至闈故與大門並攻也

皆不勝乃出陳氏追之失道於弇中適豐丘（弇中狹路豐丘陳氏邑○弇於檢反又音淹狹音洽）豐丘人執之以告殺諸郭關（齊關名）成子將殺大陸子方（子方子我臣）陳逆請而免之以公命取車於道（子方取道中行人車）及耏眾知而東之（知其矯命奪車遂使東○耏音而矯本又作撟居表反）出雍門（齊城門也○雍於用反）陳豹與之車弗受曰逆為余請豹與余車余有私焉事子我而有私於其

[illegible]何以見魯衛之士。傳言陳氏務施○施式豉反東郭賈奔衛。賈即子方庚辰陳恒執公于舒州公曰吾早從鞅之言不及此悔不誅陳氏○宋桓魋之寵害於公恃寵驕盈公使夫人驟請享焉而將討之夫人景公母也數請享欲因請討之○數所角反未及魋先謀公請以鞌易薄鞌向魋邑薄宋公邑欲因易邑爲公享宴而作亂○鞌音安公曰不可薄宗邑也宗廟所在乃益鞌七邑而請享公焉僞喜於受賜以日中爲期家備盡往甲兵之備公知之告皇野曰余長魋也少長育之今將禍余請即救司馬子皇野司馬子仲○長丁丈反注同少詩照反仲曰有臣不順神之所惡也而況人乎敢不

承命不得左師不可左師向魋兄向巢也○惡烏路反請以君命召之左師每食擊鍾聞鍾聲公曰夫子將食既食又奏樂奏樂公曰可矣以乘車往曰迹人來告主迹禽獸者○迹子亦反【疏】注主迹禽獸者○正義曰周禮地官迹人掌邦田之政凡田獵者受令焉鄭玄云迹之言跡知禽獸之處也曰逢澤有介麇焉地理志言逢澤在滎陽開封縣東北遠疑非介大也○介音界麇九倫反獐也本又作麞二[illegible]反【疏】注地理志至大也○正義曰漢書地理志云開封縣逢澤在東北或曰宋之逢澤也臣瓚案汲郡古文梁惠王發逢忌之藪以賜民今浚儀縣有逢忌陂是也土地名宋都睢陽計去開封四百餘里非輕行可到故杜以遠疑非也蓋逢忌本鄭之旁別有近宋名逢澤也介大也釋詁文案方言云獸無耦曰介杜云大者逢澤大處不應唯有一麇若迹人上下告一麇不應公與左師俱獵故以介為大劉炫以為一麇而規杜氏非也公曰雖魋未來得左師吾與之田若何

皇野稱公命。君憚告子，難以遊戲煩大臣。○難，乃旦反，下文及注同。野曰嘗私焉。嘗，試也。君欲速，故以乘車逆子。與之乘，至，公告之故，拜，不能起。司馬曰：君與之言。使公與魋要誓。公曰：所難子者，上有天，下有先君。言雖誅魋，要不負言，使禍難及子。對曰：魋之不共，宋之禍也，敢不唯命是聽。司馬請瑞焉，瑞，符節，以發兵。【疏】注瑞符節以發兵。○正義曰：周禮典瑞云：牙璋以起軍旅，以治兵守。鄭衆云：牙璋瑑以為牙，牙齒兵象，故以牙璋發兵，若今時以銅虎符發兵也。彼用于帝天子之法，諸侯於其封內亦自以瑞節發兵，其物無文，以言之。以命其徒攻桓氏。桓氏，向魋。其父兄故臣曰：不可。司馬故臣與桓魋無怨者。其新臣曰：從吾君之命。遂攻之。子頎騁而告桓司馬。子頎，桓魋弟。桓司馬即魋也。○頎音祈。騁勑領反司馬欲入入攻君子車止之子車魋弟曰不能事君而又伐國民不與也祇取死焉向魋遂入于曹以叛哀八年宋滅曹以爲邑。○祇音支六月使左師巢伐之欲質大夫以入焉巢不能克魋懼公怒欲得國內大夫爲質還入國。○質音致注及下同不能亦入于曹取質不能得大夫故入曹劫曹人子弟而質之欲以自固魋曰不可既不能事君又得罪于民將若之何乃舍之舍曹子弟。○舍音赦又音捨注同民遂叛之向魋奔衛向巢來奔宋公使止之曰寡人與子有言矣不可以絕向氏之祀辭曰臣之罪大盡滅桓氏可也若以先臣之故而使有後君之惠也君臣則不可以入矣司馬牛致其邑焉而適齊牛桓魋弟也往守邑符信向魋出於衛地公攻之公文氏衛大夫求夏后氏之璜焉與之他玉而奔齊陳成子使爲次卿司馬牛又致其邑焉而適吳亦不與魋同○夏戶雅反璜音黃吳人惡之而反趙簡子召之陳成子亦召之卒於魯郭門之外阬氏葬諸丘輿阬氏魯人也泰山南城縣西北有輿城[illegible]其卒葬所在愍賢者失所○惡烏路反阬苦夷反或音岡輿音余○甲午齊陳恒弒其君壬于舒州壬簡公也孔丘三日齊而請伐齊三公曰魯爲齊弱久矣子之伐之將若之何對曰陳恒弒其君民

之不與者半以魯之衆加齊之半可克也公

曰子告季孫孔子辭辭不告○三日齊側皆反本又作齊伐齊三如字又息皆反

退而告人曰吾以從大夫之後也故不敢不

言嘗爲大夫而去故言後【疏】孔立至告人○正義曰論語録此事與此小異彼云沐浴而朝此云齊而請彼云公曰告夫三子此云公曰子告季孫礼齊必沐浴三子季孫爲長客記其一故不同耳彼於退而告人之下又云之三子告此無文者傳是史官所録記其與君言耳退○後别告三子惟弟子知之史官不見其告故傳無文也○初

孟孺子洩將圉馬於成洩孟懿子之子孟武伯也圉畜養也成孟氏邑○洩息列反圉魚呂反成宰公孫宿不受曰孟孫爲成之病

不圉馬焉病謂民貧困○爲于僞反孺子怒襲成從者不得

入乃反成有司使孺子鞭之恨恚故鞭成有司之使人○從者才用反

所吏反注同恚二瑞反秋八月辛丑孟懿子卒成人奔喪

非內袒免哭于衢聽共弗許請聽命共使○內如字又音納袒音但免音問衢其俱反共音恭注同懼不歸不成歸成為明年成叛傳

經十有五年春王正月成叛○夏五月齊高無丕出奔北燕無傳○丕普悲反○鄭伯伐宋無傳○秋八月大雩無傳○雩音于○晉趙鞅帥師伐衛無傳○冬晉侯伐鄭無傳○及齊平魯與齊平○衛公孟彄出奔齊無傳○彄苦侯反

傳十五年春成叛于齊武伯伐成不克遂城輸以偪成○夏楚子西子期伐吳及桐汭宣城德縣西

南有桐水出白石山西北入丹陽湖○汭如銳反陳侯使公孫貞子弔焉弔為楚所伐及良而卒良吳地將以尸入聘礼若賓死未將命則既斂于棺造於朝介將命○斂力驗反下同造七報反下文同介音界下文註皆倣此【疏】註聘禮至將命正義曰聘礼■也服虔云在林曰尸在棺曰柩礼稱既斂於棺傳言將以尸入者記言對文耳散則可以通隱元年傳曰贈死不及尸註云尸未葬之通稱也案聘礼賓入竟而死遂也主人為之具而殯介攝其命君弔介為主人主人歸礼幣必以用介受賓礼無辟也不饗食此謂入竟未至國都賓死其礼如此聘礼又云若賓死未將命則既斂于棺造於朝介將命鄭注云未將命謂侯間之後也此謂賓已至朝主人將欲行礼賓請問之後賓死以柩造朝以尸將事今公孫貞子卒於竟內依礼惟可以尸而入殯於賓館不合以柩造朝以尸將事今上介子尹云以尸將事者以吳人不納故芋尹引礼深以■之拄以傳有以尸將事故引聘礼斂于棺造于朝介將命以辭之其實貞子當殯於館不得以尸將事也吳子使大宰嚭勞且辭曰以水潦之不時無乃廩然

隕大夫之尸懍然隕隊動貌○勞力報反懍音老懍力甚反隕于敏反下同以重寡
君之憂寡君敢辭上介芋尹蓋對蓋陳大夫上介○重
直用反下注同寡君不敢辭上介絕句芋音于付反曰寡君聞楚為不道荐
伐吳國荐重也○荐在徧反滅厥民人寡君使蓋備使弔
君之下吏備猶副也○備使所吏反蓋芋尹蓋所同無祿使人逢天之
慼大命隕隊絕世于良絕世猶言棄世廢日共積廢行
道之日以共其殯斂所積聚之用○共音恭注同積子賜反又如字隕同隊直類反聚才喻反又如字一日
遷次一日一遷次不敢留君命今君命逆使人曰無以尸造
于門是我寡君之命委于草莽也且臣聞之
曰事死如事生禮也於是乎有朝聘而終以

尸將事之禮朝聘道死，以尸行事。○將，子匠反。疏於是至之禮。正義曰：上注所引者，是聘禮。若然，以尸將事之禮。聘禮又云：聘，遭喪入竟則遂也。不郊勞，不筵几，主人畢歸禮，賓唯饔餼之受。是聘而遭喪之禮也。其朝禮雖亡，賓殺及主遭喪，必亦有禮文。六年季文子聘於晉，求遭喪之禮以行，是也。又有朝聘而遭喪之禮遭所聘國喪。若不以尸將命，是遭喪而還也，無乃不可乎！以禮防民，猶或踰之，今大夫曰死而棄之，是棄禮也，其何以為諸侯主謂主盟也。先民有言曰：無穢虐士虐士，死者。備使奉尸將命，苟我寡君之命達于君所，雖隕于深淵，則天命也，非君與涉人之過也。吳人內之傳言芊尹蓋善禮。○內，如字，又音納。○秋，齊陳瓘如楚瓘，陳恒之兄子子玉也。○瓘，古喚反。過衛仲由見之仲由子路。過古禾反曰天或者以陳氏爲斧斤既斲喪公室而他人有之不可知也其使終饗之亦不可知也饗受也。斲陟角反喪息浪反下并注皆同若善魯以待時不亦可乎何必惡焉仲由事孔子故爲魯言。故爲于僞反下爲衛爲請並同子玉曰然吾受命矣子使告我弟弟成子也○冬及齊平子服景伯如齊子贛爲介見公孫成公孫成成宰公孫宿也曰人皆臣人而有背人之心況齊人雖爲子役其有不貳乎言子叛魯齊人亦將叛子。背音佩

【疏】曰人至貳乎。正義曰人皆臣人謂凡人皆臣事於人當一心事上今公孫成而有背人之心謂背魯適齊況他國齊人雖爲子役豈有不學子而爲叛貳乎言必效子而爲叛貳故杜云言子叛魯齊人亦

將叛子也子周公之孫也多饗大利猶思不義利不可得而喪宗國將焉用之喪宗國謂以邑入齊使魯有危亡之禍○焉於虔反成曰善哉吾不早聞命傳言孔丘之使皆忠於魯國陳成子館客使景伯子贛就館曰寡君使恒告曰寡人願事君如事衛君言衛與齊同好而魯未肯○好呼報反景伯揖子贛而進之對曰寡君之願也昔晉人伐衛在定八年齊爲衛故伐晉冠氏喪車五百在定九年冠氏陽平館陶縣○冠如字又古喚反因與衛地自濟以西禚媚杏以南書社五百二十五家爲一社籍書而致之○濟子禮反禚諸若反吴人加敝邑以亂在八年齊因其病取讙與闡亦在八年寡君是

以寒心若得視衛君之事君也則固所願也成子病之乃歸成（病其言也）公孫宿以其兵甲入于嬴（嬴齊邑○嬴音盈）○衛孔圉取大子蒯聵之姊生悝（孔圉孔文子也蒯聵姊孔伯姬○圉魚呂反蒯苦怪反聵五怪反悝苦回反）孔氏之豎渾良夫長而美孔文子卒通於内（通伯姬○渾户門反長丁丈反又如字）大子在戚孔姬使之焉（使良夫詣大子所○使之所吏反又如字）大子與之言曰苟使我入獲國服冕乘軒三死無與（冕大夫服軒大夫車三死死罪三○無與音預）與之盟爲請於伯姬（良夫爲大子請）閏月良夫與大子入舍於孔氏之外圃（圃園○圃布五反）昏二人蒙衣而乘（二人大子與良夫蒙衣爲婦人服也○乘繩證）

反下及注同 寺人羅御如孔氏孔氏之老欒寧問之稱姻妾以告 自稱昏姻家妾。欒力丸反姻音因 遂入適伯姬氏旣食孔伯姬杖戈而先大子與五人介輿豭從之 介被甲輿豭豚欲以盟。杖直亮反又音丈豭音加被皮寄反 疏 輿豭。正義曰豭是豕之牡者傳稱諸侯盟誰執牛耳則盟當用牛此用豕者鄭玄云人君用牛伯姬迫孔悝以豭下人君耳然則蒯聵自謀取國寧復降下人君於時迫促課得豭耳牲不備牛如孟任割臂以盟莊公楚昭王割子期之心以盟隨人此及明年大子所輿豭爲盟皆臨時偏劫難以文論也 迫孔悝於厠強盟之 孔氏專政故劫孔悝欲令逐輒○迫孔悝本又作𢛁悝厠初吏反強其丈反劫居業反令力呈反 遂劫以登臺欒寧將飲酒炙未熟聞亂使告季子 季子子路爲孔氏邑宰。炙章夜反下同 疏 註季子至邑宰。正義曰論語稱子路爲季季則字季故呼爲季子也使告季子則季子在外下云食焉不辟其難是食孔氏之祿故知為孔氏邑宰召獲駕乘車召獲衛大夫駕乘車言不欲戰。召上照反注同行爵食炙奉衛侯輒來奔季子將入遇子羔將出子羔衛大夫高柴孔子弟子將出奔疏召獲至食炙。正義曰丘明為傳雖詳於當時而此大煩碎計欒寧飲酒無可記録又此句顛倒辭義不允若倒此一句則上下各自相連當是後來誤耳曰門已閉矣季子曰吾姑至焉且欲至門子羔曰弗及不踐其難言政不及已可不須踐其難。難乃旦反注及下皆同季子曰食焉不辟其難謂食孔氏祿疏子羔至辟其難。正義曰子羔謂季子將欲救君故言政不及已不當踐其難季子欲救孔悝故言食其祿焉不辟其難子羔遂出子路入及門公孫敢門焉守門曰無入為也言輒已出無為復入。復扶又反季子曰是公孫求利焉而逃其難由不然利其祿必救其患有使者出乃入（因門開而入。）使（所吏反）曰大子焉用孔悝雖殺之必或繼之（言已必繼孔悝為難攻大子。焉於虔反）且曰大子無勇若燔臺半必舍孔叔大子聞之懼下石乞盂黶敵子路（二子蒯聵黨敵當也。燔音煩舍音捨又如字盂音于黶於減反）以戈擊之斷纓子路曰君子死冠不免（不使冠在地。斷丁管反）結纓而死孔子聞衛亂曰柴也其來由也死矣孔悝立莊公（莊公蒯聵也）莊公害故政欲盡去之（故政輒之臣。去起呂反）先謂司徒瞞成曰寡人離病於外久矣子請亦嘗之歸告褚師比欲與之伐公不果（比褚師聲子為明年瞞成

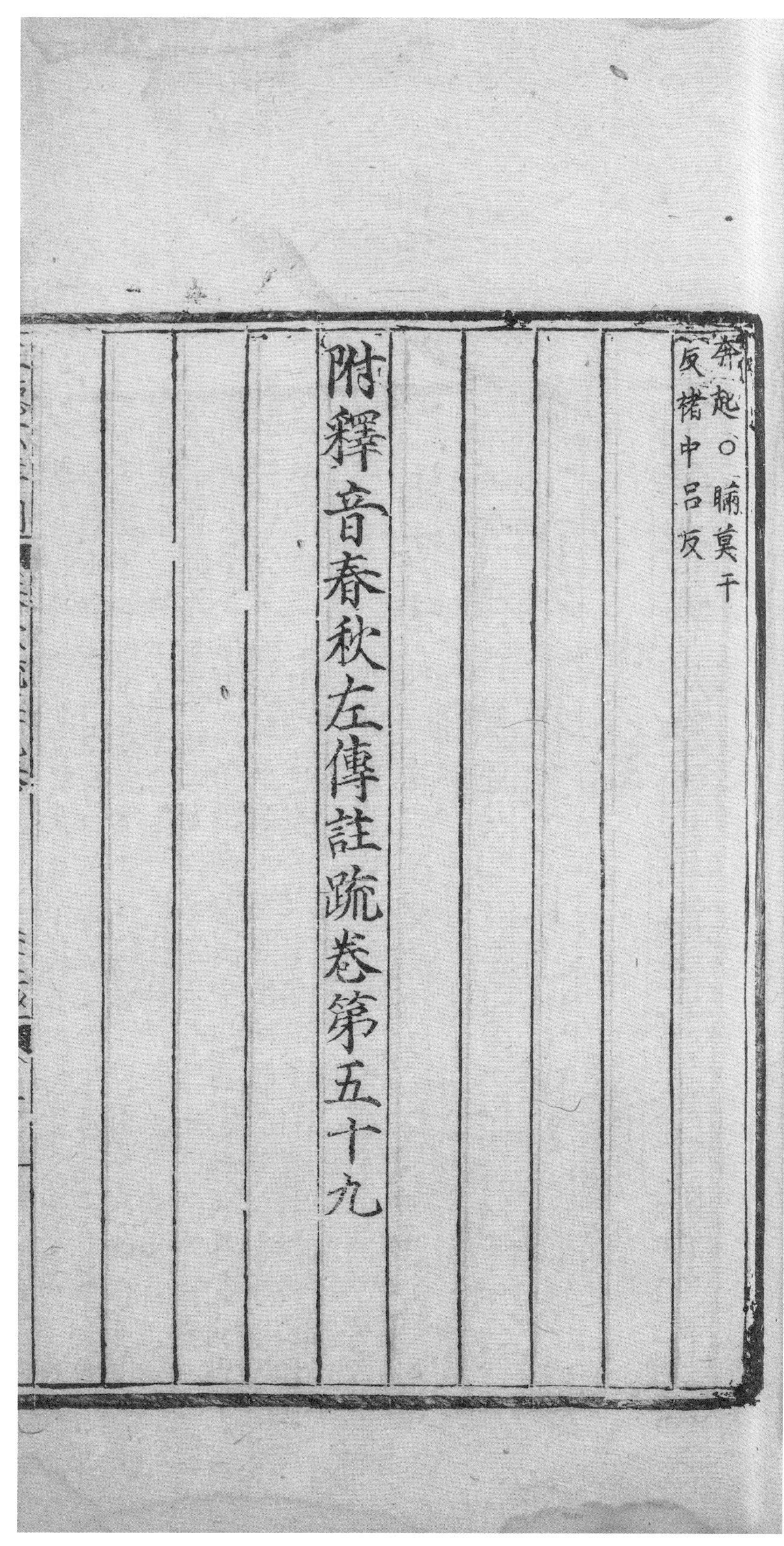

奔起○瞞莫干反褚中呂反

附釋音春秋左傳註疏卷第五十九

附釋音春秋左傳註疏卷第六十 哀十六年盡二十七年

杜氏註　孔穎達疏

經十有六年春王正月己卯衛世子蒯聵自戚入于衛衛侯輒來奔書此春皆從告○二月衛子還成出奔宋即蒲成。還音旋○夏四月己丑孔丘卒仲尼旣告老去位猶書卒者魯之君臣宗其聖德殊而異之魯襄二十二年生至今七十三也四月十八日乙丑無己丑己丑五月十二日日月必有誤。孔子卒孔子作春秋終於獲麟之一句公羊穀梁經是也弟子欲記聖師之卒故採魯史記以續夫子之經而終於此丘明因隨而作傳終於哀公從此已下無復經矣魯襄二十二年生至今七十三也本或作魯襄二十三年生至今七十一則與史記孔子世家異此本非也

【疏】註仲尼至有誤○正義曰魯臣見爲卿乃書其卒致事而卒猶尚不書仲尼書卒者魯之君臣宗其聖德殊而異之故特命史官使書其卒耳孔子世家云魯襄公二十

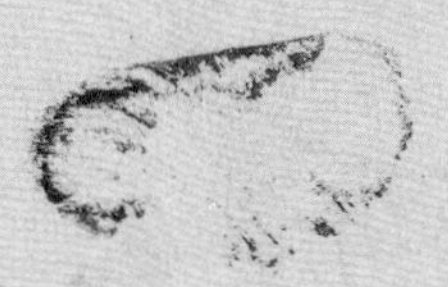

二年而孔子生孔子年七十三以魯哀公十六年四月己丑卒杜自以長歷校之四月十八日有乙丑無己丑己丑乃是五月十二日也日月必有誤者劉炫云春秋之例卿乃書卒縱令仲尼不告老例不合書而杜云告老去位猶書卒非也今知不然者案周禮典命云公侯伯之卿三命大夫再命仲尼爲魯大夫夾谷之會攝相事十一年傳云子爲國老是大夫尊者則二命以上準例合書故杜爲此注或可杜爲抑揚之辭以爲仲尼縱未去位例不合書告老去位猶書卒者欲明魯之君臣宗其聖德之甚劉不尋杜旨以爲例不合書而規杜過非也

傳十六年春瞞成褚師比出奔宋欲伐莊公不果而奔衛侯使鄢武子告于周武子衛大夫肸也○鄢於虔反肸許乙反曰蒯聵得罪于君父君母逋竄于晉晉以王室之故不棄兄弟寘諸河上河上戚也○逋布吳反竄七亂反寘之豉反天誘其衷獲嗣守封焉使下臣肸敢告執事王使

單平公對曰肸以嘉命來告余一人往謂叔
父余嘉乃成世復爾祿次敬之哉繼父之世還居君之祿次
○衷音忠單音善余嘉乃成世絶句方天之休言天方受爾以休○休音許糾反注及下同美也
弗敬弗休悔其可追傳終蒯聵之事○夏四月己丑孔
丘卒公誄之曰旻天不弔不憖遺一老俾屏
余一人以在位仁覆閔下故稱旻天弔至也憖且也俾使也屏蔽也○誄力軌反說文云謚也
旻亡巾反弔如字又音的憖魚覲反俾必爾反屏必領反縈縈余在疚嗚呼哀哉
尼父無自律疚病也律法也言喪尼父無以自爲法○縈求營反疚久又反父音甫喪息浪反
【疏】公誄至自律○正義曰周禮大祝掌作六辭以通上下
親疏遠近六曰誄鄭衆曰誄謂積累生時德行以賜之
命主爲其辭即引此傳是爲賜命之辭也鄭玄禮記注云誄
累也累列生時行迹讀之以作謚此傳唯說誄辭不言作謚

傳記羣書皆不載孔子之謚，蓋唯累其美行，示已傷悼之情，而賜之命，耳不爲之謚，故書傳無稱焉。至漢王莽輔政，尊尚儒術，封孔子後爲褒成侯，追謚孔子爲褒成宣尼君。明此之前，舊無謚也。鄭玄禮注云：尼父因且字以爲之謚。謂謚孔子爲尼父。鄭玄錯讀左傳，云以字爲謚，遂復妄爲此解。子贛曰：君其不沒於魯乎！夫子之言曰：禮失則昏，名失則愆。失志爲昏，失所爲愆。生不能用，死而誄之，非禮也。稱一人，非名也。天子稱一人，非諸侯之名。○愆，起虔反。君兩失之。○六月，衛侯飲孔悝酒於平陽，東郡燕縣東北有平陽亭。○飲，於鴆反。重酬之，大夫皆有納焉。納財賄也。醉而送之，夜半而遣之。夜遣出之，懼有孔悝不欲令人見。○令，力呈反。載伯姬於平陽而行，載其母俱去。及西門，平陽門。使貳車反祏於西圃。使副車還取廟主西圃。

圃孔氏廟所在柘藏主石函○柘音石圃布五反函音咸【疏】注使副至石函。正義曰：少牢饋食大夫之祭禮其祭無主鄭玄禘祫法注云惟天子諸侯有主禘祫大夫不禘祫無主耳今孔悝得有主者當特僭為之非禮也鄭玄駁異義云大夫無主孔悝之反祏所出公之主耳案孔氏姞姓春秋時國唯南燕為姞姓耳孔氏仕於衛朝已歷多世不知本出何國安得有所出公之主也知是僭為之耳

子伯季子初為孔氏臣新登于公升為大夫請追之遇載祏者殺而乘其車子伯殺載祏者許公為反祏孔悝怪載祏者久不來使公為反逆之○許公為如字人姓名反本亦作返音同遇之曰與不仁人爭明無不勝不仁人謂子伯季子也明無不勝言必勝○爭爭鬭之爭必使先射射三發皆遠許為許為射之殪傳言子伯不仁所以死也○射食亦反下同發如字一音廢遠于萬反殪於計反或以其車從從公為○從才用反又如字注同得祏於橐中孔悝出奔

宋○槀音託楚大子建之遇讒也自城父奔宋在昭十九年○城父音甫又辟華氏之亂於鄭在昭二十年○華戶化反鄭人甚善之又適晉與晉人謀襲鄭乃求復焉鄭人復之如初晉人使諜於子木請行而期焉請行襲鄭之期子木即建也○諜徒協反子木暴虐於其私邑邑人訴之鄭人省之得晉諜焉遂殺子木其子曰勝在吳子西欲召之葉公曰吾聞勝也詐而亂無乃害乎葉公子高沈諸梁也○葉始涉反子西曰吾聞勝也信而勇不爲不利舍諸邊竟使衛藩焉使爲藩屏之衛○竟音境下同藩方元反注同葉公曰周仁之謂信周親率

義之謂勇（率行也）吾聞勝也好復言（言之所許必欲復行之不顧道理○好呼報反）而求死士殆有私乎（私謀復讎）復言非信也期死非勇也（期必也）子必悔之弗從召之使處吳竟爲白公（白楚邑也汝陰褒信縣西南有白亭）請伐鄭子西曰楚未節也（言楚國新復政令猶未得節制）不然吾不忘也他日又請許之未起師晉人伐鄭楚救之與之盟勝怒曰鄭人在此讎不遠矣（比子西於鄭人）勝自厲劒子期之子平見之曰王孫何自厲也曰勝以直聞不告女庸爲直乎將以殺爾父平以告子西子西曰勝如卵余翼而長之（以鳥爲喻○女音汝卵來

管反長丁丈反楚國第用士之次第○第大細反我死令尹司馬非勝

而誰勝聞之曰令尹之狂也得死乃非我言我必殺之若得自死我乃不復成人○復扶又反子西不悛勝謂石乞石乞勝之徒○悛七全反曰王與二卿士二卿士子西子期皆五百人當之則可矣乞曰不可得也五百人不可得曰市南有熊宜僚者若得之可以當五百人矣乃從白公而見之與之言說告之故辭告欲作亂宜僚辭距之○熊音雄宜僚者本或作熊相宜僚相息亮反說音悅承之以劍不動救劍指其喉○喉音侯勝曰不爲利諂不爲威惕不泄人言以求媚者去之吳人伐慎白公敗之汝陰慎縣也○不爲于爲反下同諂勑檢反惕他歷反泄

息列反下同，以制反。〔疏〕勝曰至子公之。○正義曰：白公告之，知必許其爵位而宮僚辭，是不爲利而諂也。承之以劍，欲刺殺之，而宜僚不動，是不爲威而懼也。如此之人，必不是漏泄人言以求媚者也。言其必不泄已謀，故舍而去之。請以戰備獻，與吳戰之所得鎧杖兵器皆儲而獻之人，欲因以爲亂。○鎧，苦代反。杖，直亮反。〔疏〕與吳至爲亂。○正義曰：服虔云欲陳士卒甲兵與吳戰特所入獻捷。杜以陳列甲兵士卒以入王宮，人情所不許，豈當時肯聽之？故以爲戰時所得鎧杖兵器皆備具獻之。所得既多，欲因獻用之以作亂。許之，遂作亂。秋七月，殺子西、子期于朝，而劫惠王。子西以袂掩面而死。揜，於檢反。○劫，居業反。袂，彌世反。子期曰：「昔者吾以力事君，不可以弗終。」抉豫章以殺人而後死。以敍其多力。豫章，大木。○抉，烏穴反。石乞曰：「焚庫弑王，不然不濟。」白公曰：「不可。殺王不祥，焚庫無聚，將何以守矣？」

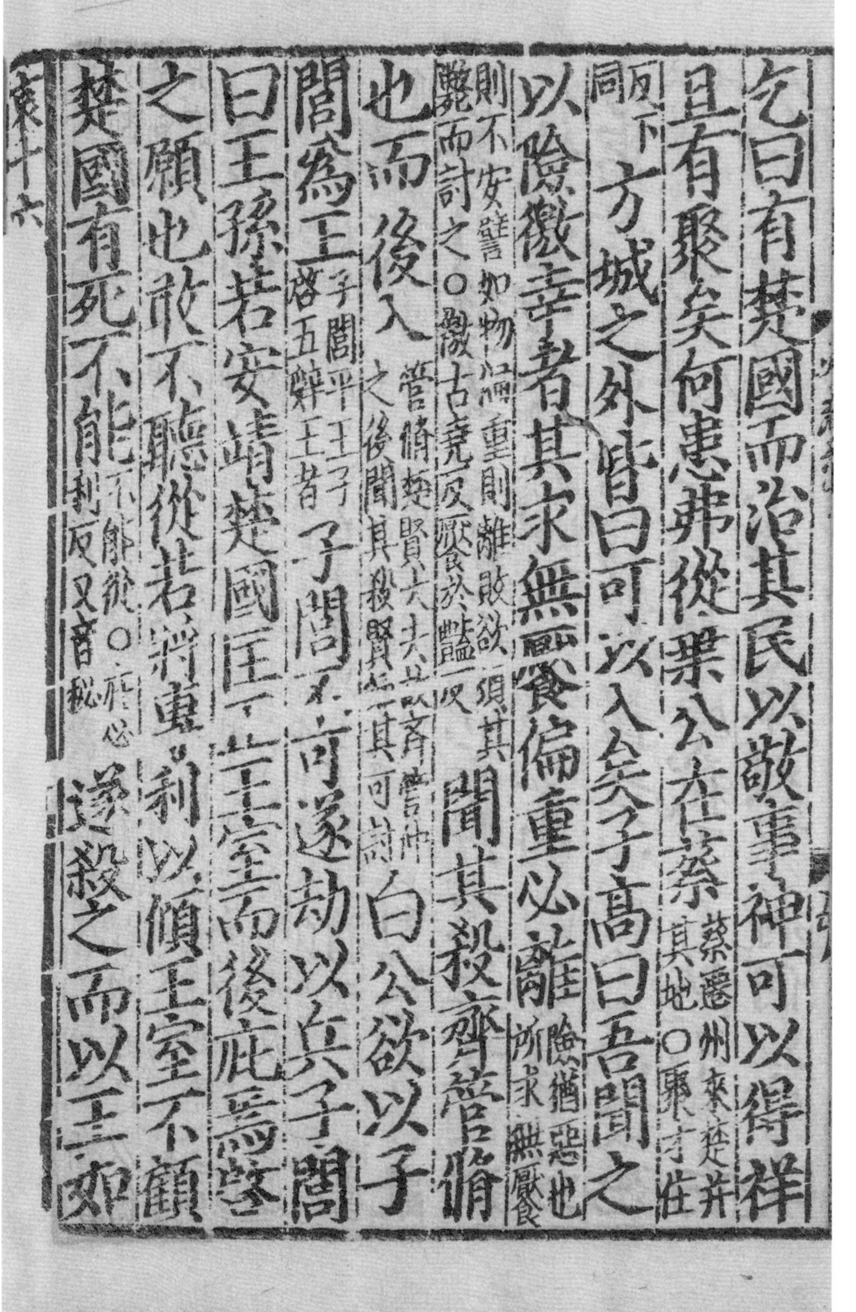

乞曰有楚國而治其民以敬事神可以得祥且有聚矣何患弗從葉公在蔡蔡遷州來楚并其地○葉舒涉反下同方城之外皆曰可以入矣子高曰吾聞之以險徼幸者其求無饜偏重必離險猶惡也所求無饜食則不安譬如物偏重則離散欲須其斃而討之○徼古堯反饜於鹽反聞其殺齊管脩也而後入管脩楚賢大夫以齊管仲之後聞其殺賢知其可討白公欲以子閭為王子閭平王子啓五辟王者子閭不可遂劫以兵子閭曰王孫若安靖楚國匡正王室而後庇焉啓之願也敢不聽從若將專利以傾王室不顧楚國有死不能不能從○庇必利反又音秘遂殺之而以王如

高府高府楚別府石乞尹門爲門尹圉公陽穴宮負王以如昭夫人之宮公陽楚大夫昭夫人王母越女○圉魚呂反葉公亦至及北門或遇之曰君胡不胄國人望君如望慈父母焉盜賊之矢若傷君是絕民望也若之何不胄乃胄而進又遇一人曰君胡胄國人望君如望歲焉歲年穀也○胄直又反日日以幾冀君來○幾音冀本或作冀若見君面是得艾也艾安也○艾魚廢反一音五蓋反民知不死其亦夫有奮心猶將旌君以徇於國旌表也○夫方于反或音扶奮方問反旌音精徇似俊反而又掩面以絕民望不亦甚乎乃免胄而進言葉公得民心遇箴尹固帥其屬

將與白公殺與白公年○箴之於反子高曰微二子者楚不國矣二子子西子期也伯宰之敗二子功多棄德從賊其可保乎乃從葉公使與國人以攻白公白公奔山而縊其徒微之微匿也○與國人與音預一本作使與國人如字與謂許與發也縊一賜反微如字匿也爾雅云匿微也匿女力反疏注微匿也○正義曰釋詁云匿微也舍人曰隱匿藏之微也郭璞曰微謂逃藏也左傳曰其徒微之是也生拘石乞而問白公之死焉對曰余知其死所而長者使余勿言長者謂白公也○為音偽長丁丈反注同曰不言將烹乞曰此事克則為卿不克則烹固其所也何害乃烹石乞王孫燕奔頯黄氏燕勝弟頯黄吳地○烹普庚反燕烏賢反頯丘鳥反又烏練反頯丘龜反頯求悲反諸梁兼二事二事令尹

司馬國寧寧安也乃使寧爲令尹子西之子子國也使寬爲
司馬子期之子而老於葉傳終言之葉始涉反○衛侯占夢嬖
人以能占夢見愛○嬖必計反求酒於大叔僖子僖子大叔遺○大叔音泰
不得與卜人比而告公曰君有大臣在西南
隅弗去懼害詐占卜夢而言○比毗志反去起吕反乃逐大叔遺遺
奔晉○衛侯謂渾良夫曰吾繼先君而不得
其器若之何國之寶器輒皆將去良夫代執火者而言將密
謀屏左右曰疾與亡君皆君之子也召之而擇材焉
可也召輒若不材器可得也輒若不材可廢其身因得其器豎告
大子大子疾大子使五人輿豭從己劫公而強

盟之盟求必立已○彊音加強其丈反且請殺良夫公曰其盟免
三死盟在十五年曰請三之後有罪殺之公曰諾哉
傳十七年春衛侯為虎幄於籍圃於田籍之圃新造幄幕皆
以虎獸為飾○幄於角反幕武博反成求令名者而與之始食焉大
子請使良夫以良夫應為令名○成絕句求令名者絕句應應對之應良夫乘衷
甸兩牡衷甸一轅卿車○乘衷甸時證反說文作佃云中也春秋乘中佃一轅車也牡茂后反疏
注衷甸一轅卿車○正義曰甸即乘也四丘為甸出車一乘
故以甸為名是古者乘甸同也衛侯本許良夫服冕乘軒則
衛侯既入良夫為大夫矣傳特言乘衷甸兩牡則良夫不合
乘之故知為卿車也兵車一轅而二馬夾之其外更有二驂
是為四馬今止乘兩牡而謂之衷乘者衷中也蓋以四馬為
上乘兩馬為中乘大事駕四小事駕二為等差故也知大事
駕四者異義古毛詩說天子之大夫皆駕四故詩云西牡騑
騑周道倭遲是也如今乘輿有大駕中駕小駕為行之等差

也其諸侯大夫士唯駕二無四二十七年陳成子以乘車兩馬賜顏涿聚之子士喪禮云賵以兩馬是唯得駕兩無三乘也下文大子數之三罪衷甸不在其數而傳言之者積其奢僭多也

紫衣狐裘紫衣君服

【疏】注紫衣君服○正義曰賈逵云然杜從之紫衣爲君服禮無明文要此云紫衣言良夫不合服之玉藻云玄冠紫緌自魯桓公始也鄭玄云蓋僭宋王者之後服也管子稱齊桓好服紫衣齊人尚之五素而易一紫孔子云惡紫之奪朱蓋當時人主好服紫衣君既服紫則臣不得僭今傳言紫衣爲良夫之罪明紫是君服良夫僭之故言紫衣君服也大夫狐裘非僭言之者爲袒裘張本

至袒裘不釋劍而食食而熱故偏袒亦不敬○袒音但

【疏】注食而至不敬○正義曰禮裘上有衣謂之裼玉藻云君衣狐白裘錦衣以裼之如此之類皆是裘上之裼衣也裼衣之上乃有朝祭正服裘上有兩衣也如此兩衣襲則二衣皆重之裼則袒正服露裼衣玉藻云裘之裼也見美也君在則裼盡飾也服之襲也充美也然則在君之所於法唯有露裼衣耳無露裘之時今良夫爲食熱之故偏袒其裘則并裘亦袒是不敬也劍是害物之器不得近至尊故近君則解劍良夫與君食而不釋劍亦不敬也

大子使

牽以退數之以三罪而殺之三罪紫衣袒裘帶劍疏三罪至帶劍○正義曰三者皆偪僭於君故以此爲三罪衷甸僭卿耳比此爲輕知衷甸非也○三月越子伐吳吳子禦之笠澤夾水而陳越子爲左右句卒句卒鉤伍相著別爲左右也○禦魚呂反下同笠音立夾居恰反陳直覲反句古侯反注同卒子忽反注及下注同著直畧反使夜或左或右鼓譟而進吳師分以御之越子以三軍潛涉當吳中軍而鼓之吳師大亂遂敗之左右句卒爲聲勢以分吳軍而三軍精卒并力擊其中軍故得勝也○譟素報反并如字又必政反○晉趙鞅使告于衛曰君之在晉也志父爲主請君若大子來以免志父不然寡君其曰志父之爲也恐晉君爲志父數使不一衛侯辭以難

大子又使椓之〔椓許父欲速得其處。○難乃旦反，椓中角反，處昌慮反〕。夏六月，趙鞅圍衛，齊國觀、陳瓘救衛〔國觀，國書之子。○觀工喚反，下陳瓘音同〕。得晉人之致師者，子玉使服而見之〔釋冃服服其本服〕，曰：「國子實執齊柄，而命瓘曰：『無辟晉師。』豈敢廢命〔欲必敵晉。○柄彼命反〕？子又何辱〔言不須來致師，自將往戰〕？」簡子曰：「我卜伐衛，未卜與齊戰。」乃還〔畏子玉〕。○楚白公之亂，陳人恃其聚而侵楚〔聚，積聚也。○聚才住反，注及下注邑聚同。積子賜反〕。楚既寧，將取陳麥。楚子問帥於大師子穀與葉公諸梁，子穀曰：「右領差車與左史老，皆相令尹、司馬以伐陳，其可使也〔言此二人皆嘗輔相子西、子期伐陳〕。」

今復可使。帥所類反相息亮反注及下而相國并注同與扶又反子高曰率賤民慢之懼不用命焉右領左史皆楚賤官。率所類反本又作帥下同子穀曰觀丁父鄀俘也武王以為軍率楚武王。鄀音若俘芳夫反是以克州蓼服隨唐大啓羣蠻彭仲爽申俘也文王以為令尹實縣申息楚文王滅申息以為縣。蓼本又作鄝音了朝陳蔡封畛於汝開封畛比至汝水。畛之忍反一音眞唯其任也何賤之有子高曰天命不謟謟疑也。謟本又作陷徒尸反令尹有憾於陳十五年子西伐吳陳使貞子弔吳以此為恨。憾本又作感戶暗反天若亡之其必令尹之子是與君盡舍焉舍右領與左史。盡尸獵反舍音捨又音赦注同臣懼右領與左史有二俘之賤而無其令德也王卜之武城尹吉武城尹子西公孫朝○朝如字使帥師取陳麥陳人御之敗遂圍陳秋七月己卯楚公孫朝帥師滅陳終鄭裨竈言五及鶉火陳卒亡○鶉音純王與葉公枚卜子良以為令尹枚卜不斥言所卜以令龜子良惠王弟○枚亡杯反沈尹朱曰言過於其志也志望也葉公曰王子而相國過將何為過相將為王也他日改卜子國而使為令尹子國寧也○衛侯夢于北宮見人登昆吾之觀衛有觀在■昆吾氏之虛今濮陽城中○觀音工喚反注同虛去魚反下文同濮音卜被髮北面而譟曰登此昆吾之虛緜緜生之瓜緜緜瓜初生也良夫善己有以卜成大之功若瓜之初生謂使衛侯得國○被皮義反瓜古華反

疏

衛侯至而譟。正義曰北宮衛侯之別宮於是衛侯在南宮夢裏身在北宮見人登昆吾之觀被髮北面而譟北宮在昆吾觀北故此人北面向君而叫譟也余爲渾良夫叫天無辜本盟當免三死而并數一時之事爲三罪殺之故自謂無辜。并必政反數所主反公親筮之胥彌赦占之赦衛筮史曰不害與之邑寘之而逃奔宋言衛侯無道卜人不敢以實對懼難而逃也。難乃旦反下文而難作同衛侯貞卜正卜夢之吉凶其繇曰如魚竀尾竀赤色魚勞則尾赤。繇直又反竀勑呈反衡流而方羊裔焉橫流方羊不能自安裔水邉言衛侯將若此魚。衡華盲反又如字方蒲郎反注同裔以制反大國滅之將亡闔門塞竇乃自後踰此皆繇辭。闔戶臘反竇音豆【疏】其繇至後踰。正義曰杜以魚勞則尾赤方羊不能自安裔焉謂魚至水邉以喻衛侯將如此是賈逵之說杜用之也鄭衆以爲魚勞則尾赤方羊遊戲喻衛侯淫縱杜不然者以此魚喻衛侯詩云魴魚頳尾王室如燬魚勞則毛赤以勞苦之魚比喻衛侯則方羊爲勞苦之狀若其方羊是縱恣之狀何得比勞苦之魚也劉炫以爲卜繇之辭文句相韻以裔焉二字宜向下讀之知不然者詩之爲躰文皆韻句其語助之辭皆在韻句之下即齊詩云俟我於著乎而充耳以素乎而其王詩云君子陽陽左執簧其樂只且之類是也此之方羊与下句將亡自相爲韻裔焉二字爲助句之辭上繇辭之例未必皆韻此云闔門塞竇乃自後踰不与將亡爲韻又一薰一蕕十年尚猶有臭不与懷公之踰爲韻是或韻或不韻理無定準劉以爲裔焉大国謂土地遠焉之大国近不辭矣又以方羊爲縱恣之狀而規杜過非也

冬十月晉復伐衛春伐未得志故○復扶又反入其郛將入城簡子曰止叔向有言曰怙亂滅國者無後不欲乘人之衰○向許丈反怙音戶衛人出莊公而與晉平晉立襄公之孫般師而還辟蒯聵也○般音班下同鄄音絹十一月衛侯自鄄入般師出初公登城以望見戎州戎州戎邑問

之以告公曰我姬姓也何戎之有焉言姬姓国何故有戎邑○翦之削壞其邑聚公使匠久久不休息公欲逐石圃石圃衛卿石惡從子○從才用反未及而難作辛巳石圃因匠氏攻公公闔門而請弗許踰于北方而隊折股終如卜言乃自後踰○隊直類反折之設反股音古戎州人攻之大子疾公子青踰從公青疾弟戎州人殺之公入于戎州己氏己氏戎人姓○己音紀又音杞初公自城上見己氏之妻髮美使髡之以為呂姜髢呂姜莊公夫人髢髲也○髡苦門反髢大計反又丁庭計反髲皮義反既入焉而示之璧曰活我吾與女璧己氏曰殺女璧其焉往遂殺之而取其璧衛人

哀十七

復公孫般師而立之十二月齊人伐衛衛人請平立公子起（起靈公子○女音汝下同其焉於虔反）執般師以歸舍諸潞（潞齊邑○潞音路）○公會齊侯盟于蒙（齊侯齊簡公弟平公敖也蒙在東莞蒙陰縣西故蒙陰城也○平公敖如字一本作驁五羔反又五刀反莞音官）孟武伯相齊侯稽首公拜齊人怒武伯曰非天子寡君無所稽首武伯問於高柴曰諸侯盟誰執牛耳（執牛耳尸盟者○相息亮反）季羔曰鄫衍之役吳公子姑曹（季羔高柴也鄫衍在七年○衍以善反）發陽之役衛石魋（發陽鄖也在十二年石魋石曼姑之子○魋徒回反鄖音云曼音万）武伯曰然則彘也（彘武伯名也鄫衍則大國執發陽則小國執據時執者無常故武伯自以為可執○彘直例反）

【疏】（注彘武至可執○正義曰）

依礼小国執牛耳武伯得季羔之言以鄫衍則大国執發陽則小国執小国執之既合古典武伯自以為得是小国故云然則𤄫也兆以傳有小国七用之執故云據時執者無常劉炫以為小国何得執牛耳何得云執者無常若如劉意季羔直言發陽何須云鄫衍之役是公子姑曹横覬杜濁詐訛○宋皇瑗之子麇瑗宋右師○瑗于眷反麇九師反有友曰田丙而奪其兄酁般邑以與之酁般般愠而行告桓司馬之臣子儀克克在下邑不与難亂故往○酁仕咸反愠紆問反怒也下与音預子儀克適宋告夫人曰麇將納桓氏公問諸子仲子仲皇野初子仲將以杞姒之子非我為子為適子杞姒子仲妻姒音似適丁歷反麇曰必立伯也伯非我兄是良材子仲怒弗從故對曰右師則老矣不識麇也言右師老不能為亂麇則不可知公執之執麇皇

緩奔晉召之召令還○令力呈反

傳十八年春宋殺皇瑗公聞其情復皇氏之族使皇緩爲右師言宋景公無常也緩瑗從子○緩戶管反從才用反疏注言宋至從子○正義曰世族譜瑗皇父充石八世孫緩充石十世孫則爲從孫非從子二者必有一誤○巴人伐楚圍鄾鄾楚邑鄾音憂初右司馬子國之卜也觀瞻曰如志子國末爲令尹時卜爲右司馬得吉兆如其志觀瞻楚開卜大夫觀從之後故命之命以爲右司馬及巴師至將卜師王曰寧如志何卜焉寧子國也帥所類反使帥師而行請承承佐王曰寢尹工尹勤先君者也伯寧之役寢尹吴由于以背受戈工尹固執燧象奔吴師皆爲先君勤勞○遂音遂爲于僞反三月楚公孫寧吴由于薳固敗巴

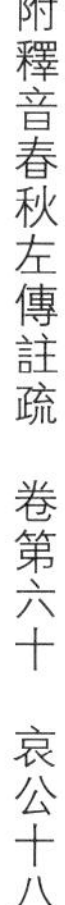

師于鄾故封子國於析君子曰惠王知志知用其意○薳于委反析星歷反夏書曰官占唯能蔽志昆命于元龜逸書也官占卜筮之官蔽斷也昆後也言當先斷意後用龜也○蔽必世反斷也注同尚書能作克克亦能也昆命于元龜今依尚書斷丁亂反下同【疏】夏書至元龜○正義曰夏書大禹謨之篇也唯彼能作先耳唯先蔽志昆命于元龜孔安国云帝王立卜占之官故曰官占蔽斷昆後也官占之法先斷人志後命於元龜言志定然後卜筮杜雖不見古文其解亦與孔合周禮謂斷獄為蔽獄是蔽為斷也昆後也釋言文其是之謂乎志曰聖人不煩卜筮惠王其有焉不疑故不卜也○夏衛石圃逐其君起起奔齊齊所立故衛侯輒自齊復歸逐石圃而復石魋與大叔遺皆蒯聵所逐

傳十九年春越人侵楚以誤吳也謀吳使不為備○夏

楚公子慶、公孫寬追越師，至冥，不及，乃還。冥，越地。○冥，莫丁反。

秋，楚沈諸梁伐東夷，報越。三夷男女及楚師盟于敖。從越之夷三種。敖，東夷地。○敖，五刀反。種，章勇反。

冬，叔青如京師，敬王崩故也。言敬王能終其世，終萇弘言東王必大克。叔青，叔還子。○敬王崩故也。案傳敬王崩在此年，世本亦爾。世族譜云敬王四十二年崩，敬王子元王十年，春秋之傳終矣。據此則敬王崩當在哀公十七年。史記周本紀及十二諸侯年表敬王四十二年崩，子元王仁立，則敬王是魯哀十八年崩也。六國年表起自元王，乃本紀皆云元王八年崩，子定王介立，定王元年是魯哀公之二十七年，與杜預世族譜爲異。又世本云魯哀公二十年是定王介崩，子元王赤立，則定王之崩年足魯哀二十七年也。衆說不同，未詳其正也。

【疏】註言敬至大克。○正義曰：自十六年以來，經今已終，傳無所解。當時之事亦不書記，所記者爲終竟前事。叔青如周，討不應錄，爲終萇弘之言，故錄之耳。萇弘言在昭二十三年。此叔青如京師，自爲敬王崩，未知敬王有年崩也。史記十二諸侯年表敬王四十一年孔子卒四十三年敬王崩則敬王崩在他年也周本紀云敬王崩子元王立八年崩子定王立六國年表定王元年左傳盡此則傳以定王元年終矣杜世族譜云敬王三十九年魯哀公十四年獲麟之歲也四十二年而敬王崩敬王子元王十年春秋之傳終矣與史記不同者但史記世代年月事多舛錯故班固以文多牴牾謂此類也案世本敬王崩貞王介立貞王崩元王赤立宋忠注引太史公書云元王仁生貞王介與世本不相應不知誰是則宋忠不能定也又帝王世紀敬王三十九年春秋元終四十四年敬王崩子貞定王立貞定王崩子元王立是世本與史記參差不同良以書籍久遠事多紕繆故杜違史記亦何怪焉劉炫以杜與史記不同而規其過未知劉意能定以否

傳二十年春齊人來徵會夏會于廩丘爲鄭故謀伐晉十五年晉伐鄭○廩力甚反爲于僞反下爲降同鄭人辭諸侯秋師還終叔向言晉公室卑○吳公子慶忌驟諫吳子曰不改必亡弗聽吳子弗聽出居于艾艾吳邑豫章有艾縣○艾五蓋反

遂適楚。聞越將伐吴，冬，請歸平越，遂歸。欲除不忠者以説于越，吴人殺之。言其不量力。○説，如字，又音悦。○十一月，越圍吴。趙孟降於喪食。趙孟，襄子無恤，時有父簡子之喪。楚隆曰：「三年之喪，親暱之極也。主又降之，無乃有故乎？」楚隆，襄子家臣。○暱，女乙反。趙孟曰：「黄池之役，先主與吴王有質，黄池，春十二年。先王，簡子。質，盟信也。○質如字。曰：『好惡同之。』今越圍吴，嗣子不廢舊業而敵之，嗣子，襄子自謂。欲吴非晉之所能及也，吾是以爲降。」楚隆曰：「若使吴王知之，若何？」趙孟曰：「可乎？」隆曰：「請嘗之。」嘗，試也。乃往，先造于越軍，曰：「吴犯間上國多矣，聞君親討焉諸夏之人莫不欣喜唯恐君之志不從請入視之許之告于吳王曰寡君之老無恤使陪臣隆敢展謝其不共展陳也。造之到反間間廁之間漢尸雅反共音恭黃池之役君之先臣志父得承齊盟曰好惡同之今君在難無恤不敢憚勞非晉國之所能及也使陪臣敢展布之王拜稽首曰寡人不佞不能事越以為大夫憂拜命之辱與之一簞珠簞小笥。難乃旦反簞音丹笥終嗣反（疏）註簞小笥。正義曰鄭玄曲禮註云簞笥盛飯食者圓曰簞方曰笥宣二年趙盾見餓人為之簞食注云簞笥也不言小此言小笥者以盛珠之器不宜與盛飯器同故云小耳使問趙孟問遺也。遺唯季反曰句踐將生憂寡人寡人死之不得矣王曰溺人必笑吾將有問也以自喻所問不急猶溺人不知所為而反笑。句古侯反溺乃歷反史黯何以得為君子晉史黯云不及四十年吳當亡吳王感問此也黯於感反對曰黯也進不見惡時行則行退無謗言時止則止。謗博浪反【疏】對曰至謗言。正義曰爲時所用進在朝廷言行無愆不見怨惡言人無惡之者時所不用退歸私室則無誹謗之言故得君子之名也杜辭進退之由由時可行則行故有進時可止則止故有退時易艮彖曰艮止也時止則止時行則行動靜不失其時其道光明言史黯行如此也王曰宜哉

傳二十一年夏五月越人始來越既勝吳欲霸中國始遣使適魯。使所吏反。秋八月公及齊侯邾子盟于顧齊人責稽首責十七年齊侯爲公稽首不見荅齊地。爲于僞反年末文注同因歌之曰魯

人之皐數年不覺使我高蹈皐緩也高蹈猶遠行也言魯人皐緩數年不知荅齊稽首故使我高蹈來為此會。皐古乃反數所主反注同覺音角又古孝反蹈徒報反

疏註皐緩至此會。正義曰士喪禮始死復魂之辭云皐某復鄭玄云皐長聲也皐者緩聲而長引之是皐為緩也高蹈高舉足而蹈地故言猶遠行也此盟于顓頊是齊地行不出竟而言遠者止為魯不稽首而為此會雖近猶恨故以遠言之耳

唯其儒書以為二國憂二國齊邾也言魯據周禮不肯荅稽首令齊邾遠至。令力呈反是行也公先至于陽穀先期至也。先悉薦反齊閭丘息曰君辱舉玉趾以在寡君之軍息閭丘明之後羣臣將傳遽以告寡君比其復也君無乃勤為僕人之未次次舍也。傳中戀反遽其據反比必利反請除館於舟道舟道齊地辭曰敢勤僕人不敢勤齊僕為魯除館

傳二十二年夏四月邾隱公自齊奔越曰吳爲無道執父立子越人歸之大子革奔越邾隱公八年爲吳所囚十年奔齊【疏】太子革奔越○正義曰革爲邾君十餘年矣乃稱爲太子者承其父歸之下故繫故言之○冬十一月丁卯越滅吳請使吳王居甬東甬東越地會稽句章縣東海中洲也○甬音勇會古外反稽古兮反句九具反如淳音拘韋昭亦音恂洲音州水中可居曰洲辭曰孤老矣焉能事君乃縊越人以歸以其尸歸絲史墨子胥之言也○焉於虔反縊一賜【疏】越滅至以歸○正義曰吳語說此事云越師入吳國圍王宮吳王懼使人行成越王曰昔天以越賜吳而吳不受今天以吳賜越孤敢不聽天之命而聽君之命乎乃不許成因使告吳王曰以民生之不長王其無死寡人其達王於甬句東夫婦三百唯王所安以役王年夫差辭曰孤之身實失宗廟社稷凡吳土地人民越既有之孤何以視於天下夫差將死使人告於子胥曰使死者無知則已矣若有知也吾其何面

目以見貧也遂自殺

傳二十三年春宋景曹卒景曹宋元公夫人小邾女季桓子外祖母【疏】注景曹至祖母○正義曰宋景曹者宋景公之母姓曹氏也昭二十五年傳云季公若之姊爲小邾夫人生宋元夫人生子以妻季平子此曹是平子之妻母故爲桓子外祖母也今康子是桓子之子父之外祖母卒故使冉有弔且送葬婦人多以姓繫夫此以景公見在遺弔景公故繫其子小邾姓曹故稱景曹季康子使冉有弔且送葬曰敝邑有社稷之事使肥與有職競焉肥康子名競遽也○與音預是以不得助執紼使求從輿人求冉有名輿衆也○紼音弗輿音餘曰以肥之得備彌甥也彌遠也康子父之舅氏故稱彌甥【疏】註彌遠至彌甥○正義曰彌者曾益之義故爲遠也釋親云母之昆弟爲舅謂我舅者吾謂之甥季桓子爲景公之甥景公爲康子父之舅氏也桓子於景公爲親甥故康子致辭於景公自以爲彌遠

甥有不腆先人之產馬，使求薦諸夫人之宰，薦，進也。○薦，進典反。其可以稱旌繁乎？稱，舉也。繫馬飾。繁，纓也。終纓祁之，言政在季氏。○繁，步干反，注同。○夏六月，晉荀瑤伐齊，荀瑤，荀躒之孫知伯襄子。○知音智。高無丕帥師御之。知伯視齊師，馬駭，遂驅之，曰：「齊人知余旗，其謂余畏而反也。」及壘而還。將戰，長武子請卜。武子，晉大夫。○御，魚呂反。壘，力軌反。知伯曰：「君告于天子，而卜之以守龜於宗祧，吉矣，吾又何卜焉？且齊人取我英丘，君命瑤，非敢耀武也，治英丘也。治齊取英丘。○守，手又反。祧，他彫反。以辭伐罪足矣，何必卜？」壬辰，戰于犂丘，犂丘，隰也。○隰音習，本亦作溼。齊師敗績，

知伯親禽顔庚（顔庚齊大夫顔涿聚。涿丁角反）。秋八月叔青如越始使越也越諸鞅來聘報叔青也（始。使所吏反）

傳二十四年夏四月晉侯將伐齊使來乞師曰昔臧文仲以楚師伐齊取穀（在僖二十六年）宣叔以晉師伐齊取汶陽（在成二年。汶音問）寡君欲徼福於周公願乞靈於臧氏（以臧氏世勝齊故欲乞其威靈。徼古堯反）臧石帥師會之取廩丘（石臧賓如之子）軍吏令繕將進（晉軍吏也。繕治戰備。繕市戰反）萊章曰君卑政暴（萊章齊大夫。萊音來）往歲克敵（禽顔庚也）今又勝都（取廩丘）天奉多矣又焉能進是躛言也躛過也○奉扶用反焉於虔反躛戶快反謂過謬之言服云僞不信言也字林作躗云夢言意不慧也音于劌反疏注躛過也○正義曰服虔云躛僞不信也杜云躛過謬言也但是不實之義各自以意訓耳役將班矣晉師乃還餼臧石牛生曰餼○餼許器反大史謝之晉大史○大音泰注同曰以寡君之在行在車牢禮不度不如礼度敢展謝之終臧氏有後於魯○邾子又無道越人執之以歸終子贛之言而立公子何何亦無道何大子革弟○公子荊之母嬖荊哀公庶子○嬖必計反將以爲夫人使宗人釁夏獻其禮宗人礼官也○釁許靳反夏戶雅反對曰無之公怒曰女爲宗司立夫人國之大禮也何故無之對曰周公及武公娶於薛武公敖也○女

音汝娶七住反下同孝惠娶於商孝公稱惠公弗皇商宋也○孝惠娶於商定八名宋是哀公之
父故諱夏爲諱而稱亦也稱口八謚反又如字自桓以下娶於齊桓公始娶文姜此
禮也則有若以妾爲夫人則固無其禮也公
卒立之而以荊爲大子國人始惡之惡公○惡烏路反注
同○閏月公如越得大子適郢適郢越王大子得相親說也○郢以井反
適郢越王句踐大子名說音悅將妻公而多與之地公孫有山
使告于季孫季孫懼使因大宰嚭而納賂焉
乃止懼公臣也季孫恐公因越討己故賂以求止計反嚭普美反賂音路
經二十五年夏五月庚辰衛侯出奔宋衛侯輒也疏
衛侯出奔宋○正義曰服虔云此下但有適城鉏以鉤越無奔宋之事其說未聞今杜云城鉏近宋邑善衛侯出近宋境

哀二十五

以欲奔宋衛人以奔宋告也衛侯為靈臺于藉圃與諸大夫飲
酒焉褚師聲子韤而登席古者見君解韤○圃布古反褚張呂反韤音伐足
衣也見賢遍反公怒辭曰臣有疾異於人足有創疾創初良反○若見
之君將㱿之㱿嘔吐也○㱿許角反又苦各反嘔烏口反吐他故反是以不敢不敢解
韤公愈怒大夫辭之不可共辭謝公不可解褚師出公戟其
手抵其手屈肘如戟形○抵音紙肘女九反曰必斷而足聞之褚師與
司寇亥乘曰今日幸而後亡恐死以得亡為幸○斷丁管反乘繩證反
公之入也奪南氏邑南氏子南之子公孫彌牟而奪司寇亥
政公使侍人納公文懿子之車于池懿子公文要要公有怨
使人發其車于池水中○要一遙反初衛人翦夏丁氏在十一年○夏戶雅反以

其帑賜彭封彌子（彭封彌子彌子瑕○帑音奴）彌子飲公酒納夏戊之女嬖以爲夫人其弟期大叔疾之從孫甥也（期夏戊之子疾姊妹之孫爲從孫甥與孫同列○飲於鴆反大音泰從如字又才用反注同）

【疏】註期夏至同列○正義曰期是夏戊之子戊是大叔疾之甥期爲大叔疾姊妹之孫也姊妹之子爲甥姊妹之孫與己之孫曹卑同列男子謂兄弟之孫爲從孫故謂姊妹之孫爲從孫甥

少畜於公以爲司徒夫人寵衰期得罪公使三匠久公使優狡盟拳彌（優狡俳優也拳彌衞大夫使俳優盟之欲辱之也○少詩照反優音憂狡古卯反拳音權俳皮皆反）而甚近信之故褚師比（輒臣褚師者○近附近之近下注皆同）公孫彌牟（喪邑者○喪息浪反）公文要（失邑者）司寇亥（奪政者）司徒期因三匠與拳彌以作亂皆執利兵無者執

斤斤工匠所執使拳彌入于公宮信近之故得入而自大子

疾之宮譟以攻公鄄子士請禦之鄄子士衛大夫○譟素報

反鄄音絹禦魚呂反後倣此彌援其手曰子則勇矣將若君何

言不可救○援音袁不見先君乎君何所不逞欲先君蒯聵也亂不逮

奔故為戎州所殺欲令早去○令力呈反且君嘗在外矣豈必不反當

今不可衆怒難犯休而易間也乃出將適蒲

蒲近晉邑○易以豉反間間廁之間下注內間為君間皆同彌曰晉無信不可將

適鄄鄄齊晉界上邑彌詐不知謀故公信之彌曰齊晉爭我不可將

適泠泠近魯邑○泠力丁反彌曰魯不足與請適城鉏城鉏

近宋邑○鉏仕居反以鉤越越有君宋南近越轉相鉤牽○鉤古侯反本或作拘同注同乃

適城鉏彌曰衛盜不可知也請速自我始乃載寶以歸欺衛君言君以寶自隨將致衛盜請速行已爲先發而同載寶歸衛也公爲支離之卒支離陳名○卒又忽反陳直覲反因祝史揮以侵衛揮衛祝史○揮音暉衛人病之懿子知之知揮爲內間見子之子之公孫彌牟文子也請逐揮文子曰無罪懿子曰彼好專利而妄妄不法○好呼報反夫見君之入也將先道焉若見君有入勢必道助之○道音導注下同若逐之必出於南門而適君所許■其爲君間不審察私知之○評音平又音病夫越新得諸侯將必請■焉揮在朝使吏遣諸其室難而逐之先遂其家○難乃旦反揮出信弗內再宿爲信○內如字又音納五日乃館諸外里

（列至公所在）遂有寵使如越請師（請師伐衛求入）○六月公至

自越（前年行今還）季康子孟武伯逆於五梧（魯南鄙地○梧音吾）

郭重僕（為公僕○重直龍反又直用反）見二子曰惡言多矣君

請盡之（二子不臣之言甚多欲使公盡極以觀之）公宴於五梧武伯為

祝（祝上壽酒○從之六反又之又反注同上時掌反壽音授又音受）惡郭重曰何肥

也（呰毀其貌○惡烏路反呰音紫）季孫曰請飲彘也（飲罰也○飲於鴆反注同）

以魯國之密邇仇讎臣是以不獲從君克免

於大行又謂重也肥（言重隨君遠行劬勞不宜稱肥○從才用反又如字劬其俱反）

公曰是食言多矣能無肥乎（以激三桓之數食言○激古歷反數所角反）

飲酒不樂公與大夫始有惡（為二十七年公孫邾起○樂音洛孫

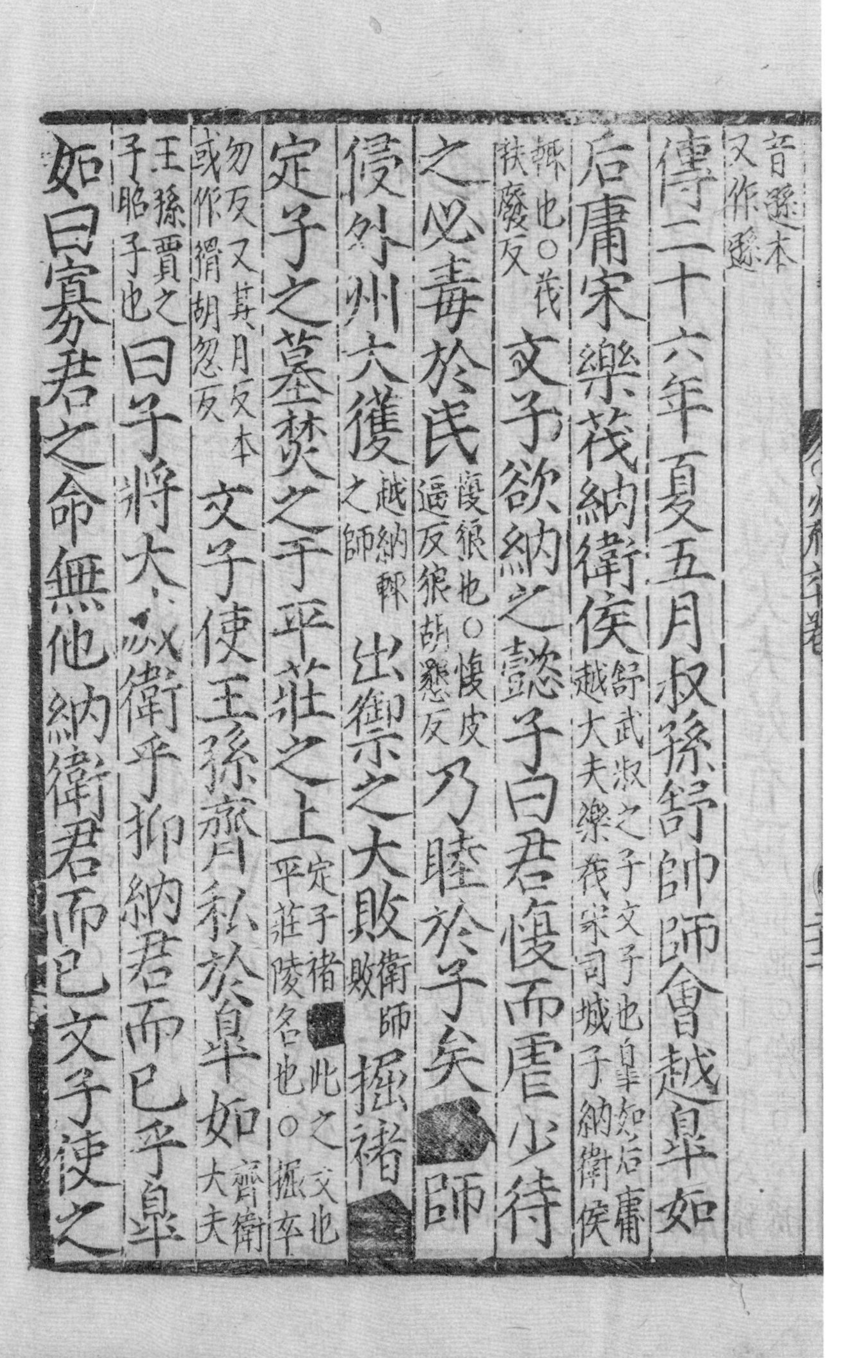
音遯本又作遯
傳二十六年夏五月叔孫舒帥師會越皋如后庸宋樂茷納衛侯舒武叔之子文子也皋如后庸越大夫樂茷宋司城子納衛侯輒也○茷扶廢反文子欲納之懿子曰君愎而虐少待之必毒於民愎狠也○愎皮逼反狠胡懇反乃睦於子矣■師侵外州大獲越納輒之師出禦之大敗衛師敗掘褚■定子之墓焚之于平莊之上定子褚■此之文也平莊陵名也○掘卒勿反又其月反本或作搰胡忽反文子使王孫齊私於皋如齊衛大夫王孫賈之子昭子也曰子將大滅衛乎抑納君而已乎皋如曰寡君之命無他納衛君而已文子使之

日本京都大學藏珍稀漢籍十一種　冊六

而問焉曰君以蠻夷伐國國幾亡矣請納之衆曰勿納曰彌牟亡而有益請自北門出欲以■心○幾音譏又音機衆曰勿出重賂越人申開守陴而納公申重也開重門而嚴設守備欲以恐公故不敢入○陴毗支反重直龍反下同守手又反恐立勇反不敢入師還立悼公悼公蒯聵庶弟公子黚也○黚低廉反疏注悼公至黚也○正義曰衛世家謂輙為出公■父黚殺出公子而自立是為悼公南氏相之以城鉏與越人公曰期則為此司徒期也○相息亮反疏以城至為此○正義曰衛侯先居城鉏以兵侵衛衛人申開守陴衛侯不敢入退還城鉏衛人得以城鉏與越者衛人賂遺於越■公所在亦以與之令苟有怨於夫人者報之夫人期姊也怒期而不得加戮故勑宮女令苦困期姊○令力呈反注同司徒期聘於越為悼公聘○為于偽反公

攻而奪之幣期告王越王出王命取之期以衆取之公怒殺期之甥之爲大子者忿期而及其姊爲夫人者遂復及夫人之子。復扶又反遂卒于越終言之也終效夷言死于夷○宋景公無子取公孫周之子得與啓畜諸公宮周元公孫子高也得昭公也啓得弟畜養也

【疏】註周元至養也。正義曰宋世家云景公卒公子得殺大子而自立是爲昭公昭公者元公之曾孫也昭公父元公孫糾糾父公子秦即元公小子也景公殺昭公父糾故昭公怨賊殺大子而自立其謚殺昭公得立之所由與此不合亦以得爲昭公也

未有立焉於是皇緩爲右師皇非我爲大司馬皇懷爲司徒皇懷非我從昆弟。從才用反靈不緩爲左師不緩子靈圍龜之後樂茷爲司城茷樂溷之子。溷戶門反又戶困反樂朱鉏爲大司寇朱鉏樂輓之子。鉏

徑居反輓音晚六卿三族降聽政三族皇靈樂降和同也因大尹以

達大尹近宮有寵者六卿因之以自通達於君大尹常不告而以其欲

稱君命以令不告君也國人惡之司城欲去大尹

左師曰縱之使盈其罪盈滿也○惡烏路反下注惡其同去起吕反重

而無基能無敝乎言[illegible]重而無德以爲基必叛也冬十月公游

于空澤空澤宋邑辛巳卒于連中連中館名○連如字又音輦大

尹興空澤之士千甲甲士千人○興如字興廢也或作輿字非奉公自

空桐入如沃宮奉公尸也梁國虞縣東南有地名空桐沃宮宋都內宮名○沃烏毒反使

召六子曰聞下有師君請六子畫畫計策○畫音獲六

子至以甲劫之曰君有疾病請二三子盟乃

盟于少寢之庭曰無爲公室不利大尹立啓奉喪殯于大宮三日而後國人知之司城茷使宣言于國曰大尹惑蠱其君而專其利令君無疾而死死又匿之是無他矣大尹之罪也言大尹所弒。劫居業反少詩照反下注同大宮音泰蠱音古匿女力反弒音申志反得夢啓北首而寢於盧門之外盧門宋東門北首死象盧門外失國也。首手又反注同

（疏）注北首死象。正義曰禮運云死者北首生者南鄉故以北首為死象

已爲烏而集於其上咮加於南門尾加於桐門曰余夢美必立桐門北門。咮張又反烏口大尹謀曰我不在盟少寢庭但以君命盟六卿大尹不盟無乃逐我復盟之乎使祝爲載書六

予在唐盂地名○復扶又反盂音于將盟之祝襄以載書告
皇非我襄祝名皇非我因子潞子潞樂茷○潞音路門尹得樂得
左師謀曰民與我逐之乎皆歸授甲使徇于
國曰大尹惑蠱其君以陵虐公室與我者救
君者也衆曰與之大尹徇曰戴氏皇氏將不
利公室戴氏即樂氏○徇似俊反與我者無憂不富衆曰無
別惡其號令與君無別○別彼列反注同戴氏皇氏欲伐公公謂樂啓樂
得曰不可彼以陵公有罪我伐公則甚焉使
國人施于大尹施罪於大尹大尹奉啓以奔楚乃立
得可城爲上卿盟曰三族共政無相害也○

衛出公自城鉏使以弓問子贛且曰吾其入乎子贛稽首受弓對曰臣不識也私於使者曰昔成公孫於陳僖二十八年衛成公奔楚遂適陳。使者所吏反孫音遜本亦作遜注除孫皆同甯武子孫莊子為宛濮之盟而君入在僖二十八年。甯乃定反宛於阮反濮音卜獻公孫於衛齊在襄十四年子鮮子展為夷儀之盟而君入在僖二十六年今再在孫矣謂十五年孫魯今又孫宋內不聞獻之親外不聞成之卿則賜不識所由入也詩曰無競惟民四方其順之詩思頌言無強惟得人也〔疏〕詩曰至順之。正義曰詩周頌烈文之篇言也無彊乎惟得賢人也若得其人四方諸国皆順從之矣若得其人四方以

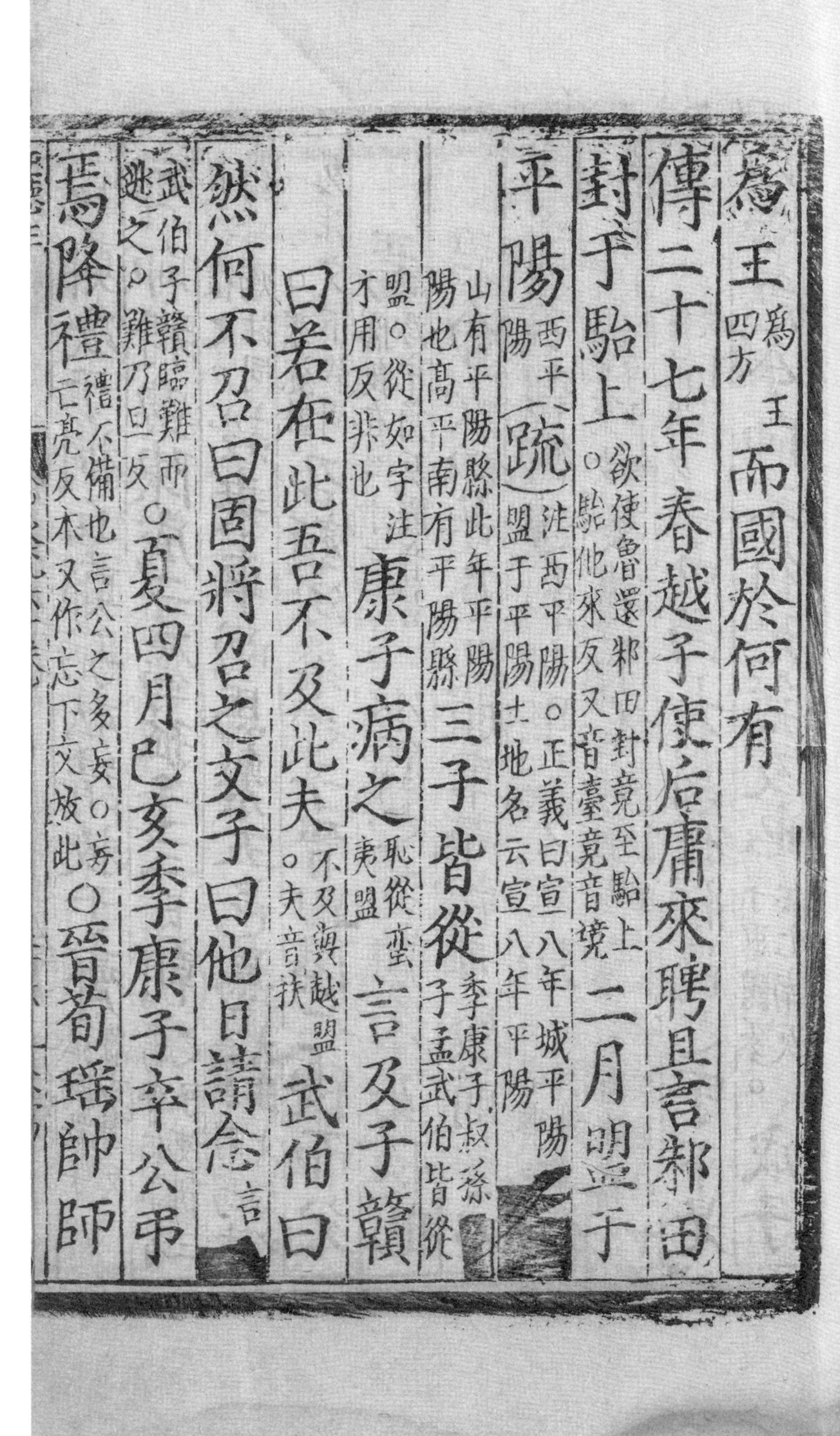

爲王爲王四方而國於何有

傳二十七年春越子使后庸來聘且言邾田封于駘上欲使魯還邾田封竟至駘上○駘他來反又音臺竟音境二月盟于平陽西平陽（疏）注西平陽○正義曰宣八年城平陽盟于平陽土地名云宣八年平陽山有平陽縣此年平陽陽也高平南有平陽縣三子皆從季康子叔孫[illegible]子孟武伯皆從盟○從如字注才用反非也康子病之恥從蠻夷盟言及子贛曰若在此吾不及此夫不及與越盟○夫音扶武伯曰然何不召曰固將召之文子曰他日請念言武伯子贛臨難而遺之○難乃旦反○夏四月己亥季康子卒公弔焉降禮禮不備也言公之多妄○妄亡亮反本又作忘下文放此○晉荀瑤帥師

伐鄭次于桐丘鄭駟弘請救于齊弘駟歂子。歂市專反齊師將興陳成子屬孤子三日朝屬會死事者之子使朝三日以禮之。屬音燭注同設乘車兩馬繫五邑焉乘車兩馬大夫服文並之。乘繩證反注文下皆同召顏涿聚之子晉曰隰之役而父焉隰役在二十三年。涿中角反隰音習以國之多難未女恤也君命女以是邑也服車而朝毋廢前勞乃鄭及留舒違穀七里穀人不知言其整也留舒齊地[illegible]去也。難乃旦反女音汝下同毋音無及濮雨不涉濮卜自陳留酸棗縣河東北經濟陰至高平。傍蒲浪反禮反下同子思曰大國在敝邑之宇下是以告急今師不行恐無及也子思國參。參七南反成子

衣製杖戈製雨衣也○子衣於旣反製音制杖直亮反又音丈立於阪上馬
不出者助之鞭之知伯聞之乃還畏其得衆心○阪音反一音扶
版反曰我卜伐鄭不卜敵齊使謂成子曰大夫陳
子陳之自出陳之不祀鄭之罪也十七年楚獨滅陳非鄭之罪蓋
知伯誣陳子故陳子怒謂其多陵人故寡君使瑤察陳衷焉衷善也○衷音
中謂大夫其恤陳乎若利本之顛瑤何有焉
言陳滅於己無傷成子怒曰多陵人者皆不在知伯其
能久乎中行文子告成子文子荀寅此時奔在齊○行戶郎反曰有
自晉師告寅者將爲輕車千乘以厭齊師之
門則可盡也成子曰寡君命恒曰無及寡無

畏衆雖過千乘敢辟之乎將以子之命告寡

君成子疑其有爲晉之心也。輕遣政反厭於甲反又音於輒反有爲于僞反下爲鄭同䟽無及寡。正義曰無陵侮寡少而横及之也文子曰吾乃今知所以亡自恨已無知

君子之謀也始衷終皆舉之而後入焉謀一事則當慮此三變然後入而行之所謂君子三思。三思息暫反又如字䟽君子至入焉。正義曰君子之爲謀也思其始思其中思其終三者盡無猜嫌皆可舉而行之然後設言以入前人焉今我三不知而入

之不亦難乎悔其言不可復公患三桓之侈也欲以

諸侯去之欲求諸侯師以遂三桓。侈昌氏反又尸氏反去起呂反下而去同三桓亦

患公之妄也故君臣多間間隙也公游于陵阪

遇孟武伯於孟武之曰請有問於子余及

死乎問可得壽死否對曰臣無由知之三問卒辭不去

對公欲以趙伐魯而去三桓秋八月甲戌公

如公孫有陘氏因孫於邾乃

遂如越國人施公孫有山氏以公從其家出故也繇子贛之言去不沒於魯

○悼之四年晉荀瑤帥師圍鄭

(疏)注悼公至○正義曰魯出哀公奔越國人迎哀公復歸立

子立是爲悼公傳稱國人罪於有不得復謂而卒於其家也焉遷耳

未至鄭駟弘曰知伯愎而好勝早下之則可行也○行去声好呼報反早一本作下戶嫁反

乃先保南里以待之保守也南里在城外

知伯入南里門于桔柣之門鄭人俘酅魁壘

壘晉士○桔户佶反挟大結反倖芳失反鄭尸丈反魁苦回反壘力軌反賂之以知政

魁壘閉其口而死將門將攻鄭門知伯謂趙孟入之對

曰王在此王謂知伯也在此何不自入[illegible]知伯曰惡而無勇何

以爲子惡貌醜也簡子奔敵子而立襄子故知伯言其醜且無勇何以立為子○敵丁歷反（疏）

注簡子至爲子○正義曰趙[illegible]子欲見簡子簡子召諸子伯之子卿曰師為將軍[illegible]毋恤[illegible]恤至

矣簡子曰[illegible]召諸子與語

對曰以能忍恥庶無害趙宗

乎知伯不悛趙襄子由是惎知伯惎毒也○[illegible]反其安

反遂喪之知伯貪而愎故韓魏反而喪之史記

晉懿公之四年魯悼公之十四年知伯帥韓魏圍趙襄子於晉陽諦魏反與趙氏

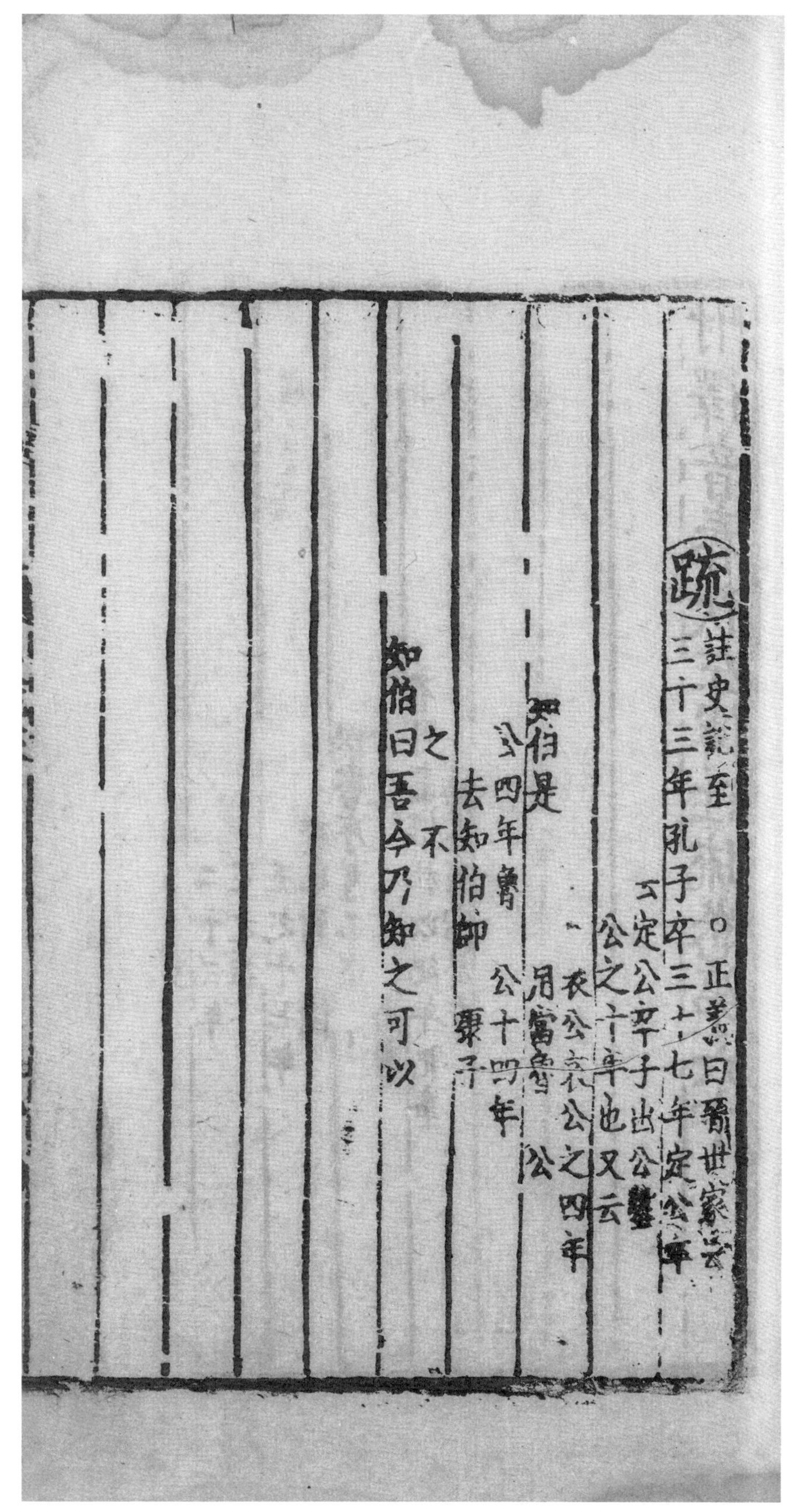

疏註史記至 ○正義曰魯世家云
三十三年孔子卒三十七年定公卒
云定公卒子出公鑿
公之十年也又云
哀公哀公之四年
知伯是
君當魯公
公四年魯公十四年
去知伯卽粟子
之不
知伯曰吾今乃知之可以

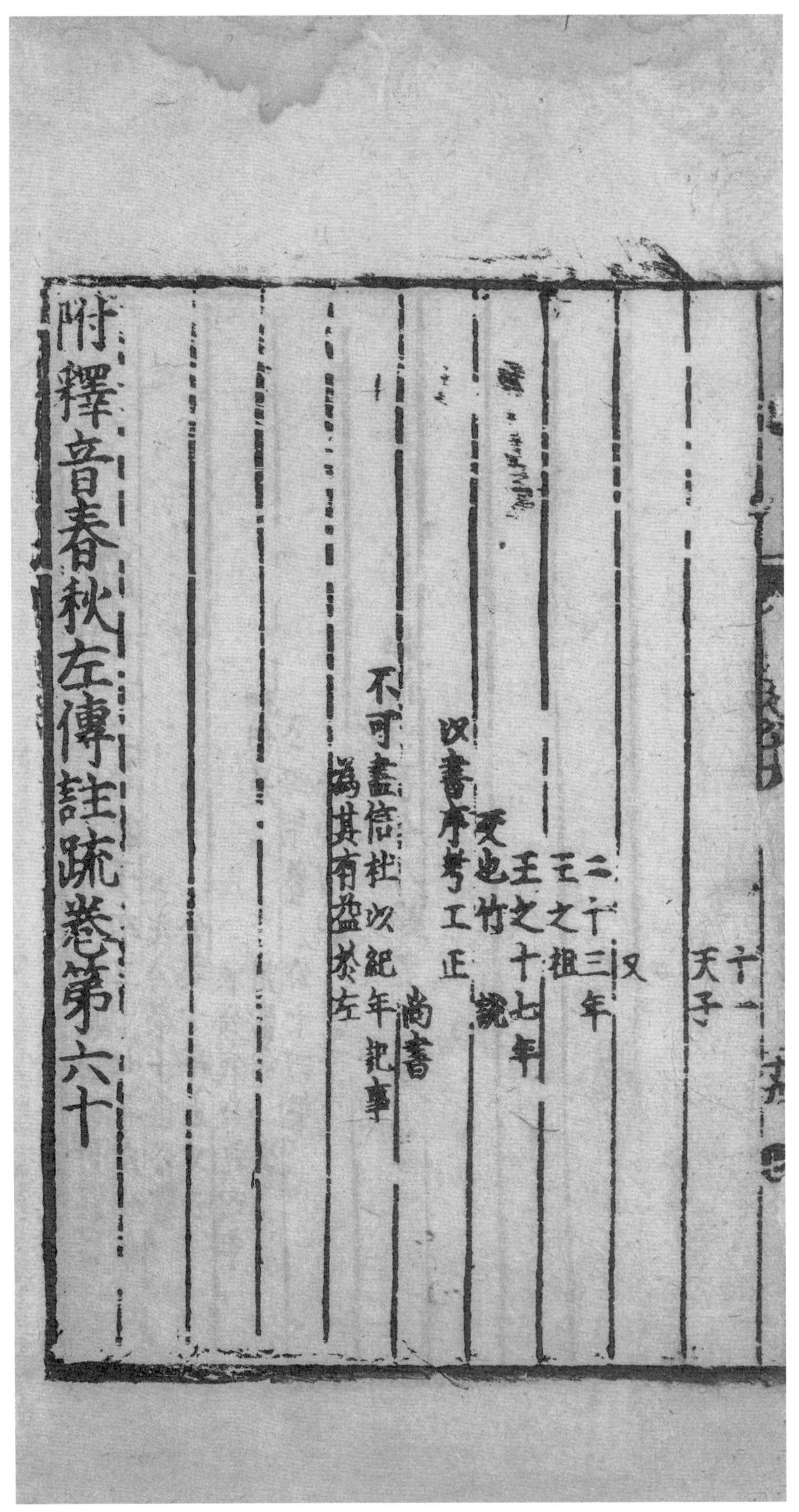

十一
天子
又
二十三年
王之祖
王之十七年
更也竹說
以書序考工正
尚書
不可盡信杜以紀年記事
為其有益於左

附釋音春秋左傳註疏卷第六十

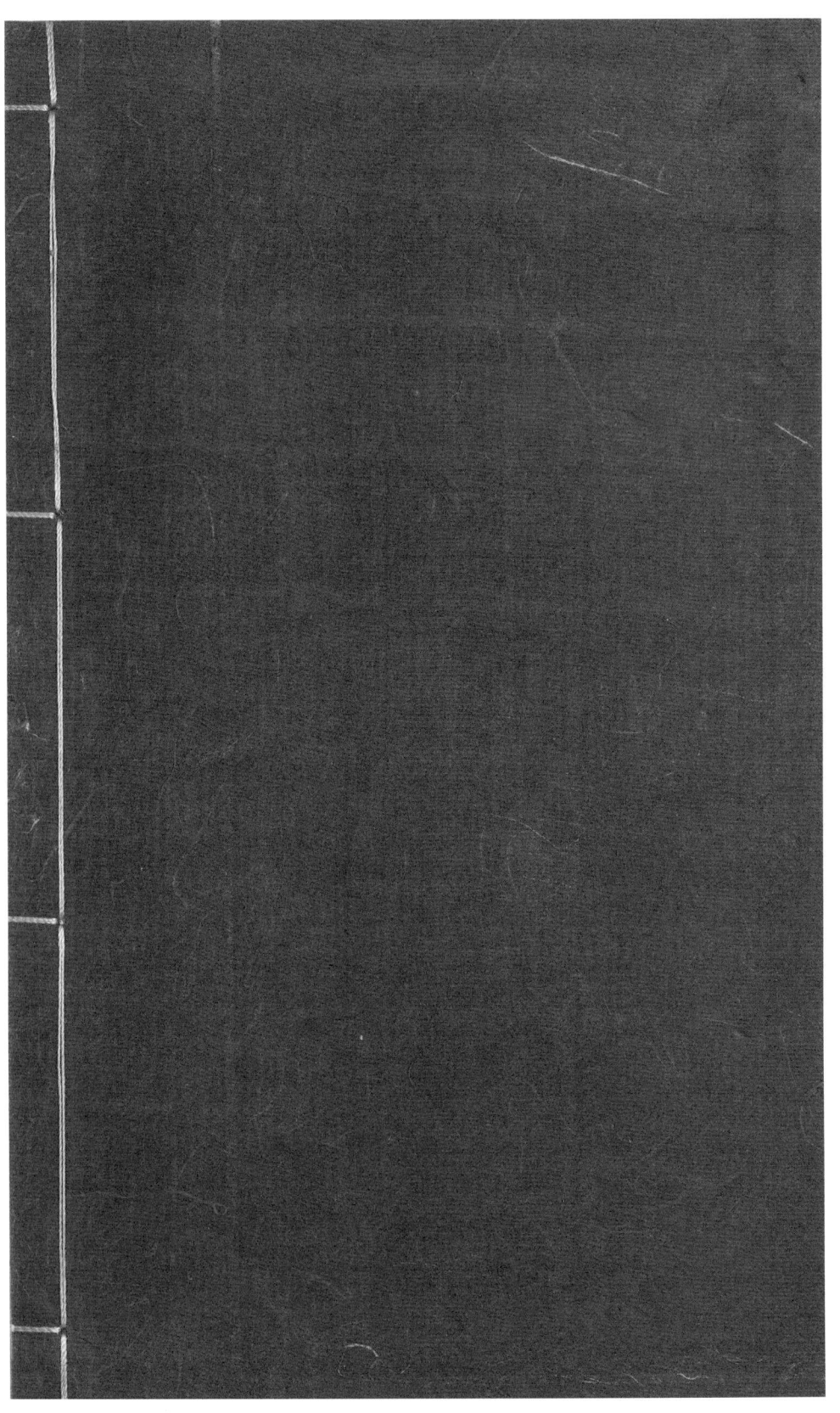

「左氏說」消失之謎

——後漢左氏學的形成與特質

池田秀三

一

後漢的學術、思想以今古文論爭爲中軸展開，這已經是不必再提的中國學術史常識，在論爭的展開中白虎觀會議荷負着極爲重要的意義，這一點如今也被後漢思想研究者廣泛認可。已故的日原利國氏對白虎觀會議地位的確立有重大貢獻，日原氏從各個角度分析了白虎觀會議，要其所說，則在於以「公羊對左氏」的圖式統一地整體把握會議。日原氏認爲，白虎觀會議的本質就在於以「親親之道」爲至上命題、以家族道德爲立國根底、標榜「禮教國家」的今文公羊學，與倡導「君臣（尊尊）之義」、志在將王者絶對化的國家主義即古文左氏學，這兩者之間國家觀念與政治路綫的鬥爭[①]。這一見解現在幾成定説。「定説」或許言過其實，但至少言及白虎觀會議或《白虎通義》（以下略稱《白虎通》），就不能不提及此日原氏説。

然而，針對日原説亦有反論，自不待言。較爲主要的異見，就是認爲日原氏的觀點被「公羊對左氏」的圖式限定了[②]。筆者也是懷抱同樣疑念的一員，認爲白虎觀會議不是政治路綫會議，而不過是「講論五經同異」的經學討論會，從而認爲《白虎通》研究中第一緊要事正在於闡明經説以怎樣的理論、方法折衷融合，貫通五經全體。這種想法，至今未改。但另一方面，近來又開始感覺到「公羊對左氏」的政治路綫鬥爭確是觸及事件本質的至論。從兩者圍繞諸侯定位的論爭中抉出白虎觀會議最大的課題，面對這種敏鋭的目光，除了感嘆其慧眼如炬，别無所能。

現在筆者對日原説的疑惑在於另外一點。即對作爲日原説另一題眼的、認爲「公羊學通過古文左氏學這一反面，事實上接近着左氏學，而變形爲絶對化君主權力的理論」這一觀點的疑義。如今，筆者不太贊同這種觀點了。這種觀點的哪些成分使筆者不能苟同呢？筆者又爲何改變了想法呢？希望本稿能多少説出其中的情狀。

---

① 參照《白虎通義研究緒論——とくに禮制を中心として——》（《日本中國學會報》第十四集，一九六二年）及《白虎觀論議の思想史的位置づけ》（《漢魏文化》第六號，一九六七年）。後兩文並收入《漢代思想の研究》（一九八六年，研文出版）。

② 町田三郎《後漢思想史研究のための序》（《東方學會創立四十周年記念東方學論集》，一九八七年）與邊土名朝邦《〈白虎通義〉研究序説——新たな視座をもとめて——》（《荒木教授退官記念中國哲學史研究論集》，一九八一年，葦書房）是有代表性的論文。

二

讀《白虎通》令人感到不可思議的是「左氏説」全然不見。斷言曰「全然不見」，從陳立《疏證》並非絶少的《左傳》引用量來看或許有些危險，但至少並不存在有着可以明確判斷爲左氏説形式、内容的文辭，這是事實。引用《左傳》則自然更是没有，也就是説，《白虎通》在表面上完全没有出現左氏説。雖然左氏學者也參加了會議（人數不明，具體參加的人中知名者唯有賈逵，不過，縱使左氏派的與會者只有他，實質上也足夠了），《白虎通》中他們的痕跡卻被仔細剔除。這究竟是怎麽回事呢？

問出這樣的問題，應該馬上就會自識者處獲得這樣的教示：《白虎通》只記載會議結論，會議採擇了今文公羊派的説法，自然不載其餘。或者是獲得勝利的今文公羊派抹煞、壓抑了反對派的古文左氏説。確實如此，但只是如此嗎？《白虎通》真的完全省略了論議過程，只載結論嗎？今文公羊派是如此的不寬容嗎？我無論如何也没法這麽想。以下就這幾點稍作敘述。

《白虎通》由四十三篇、三百八十章（目）組成（除去佚文）[1]，各章文字長短不齊，短者僅二十五字（《社稷篇》「社稷有樂」），長者超過千字（《號篇》「三皇五帝三王五伯」）。概言之短章占據多數，但長文也未能稱

---

① 章的劃分根據陳立《白虎通疏證》，盧文弨分章三百一十三，有若干異同。

少，三百字以上者就能數出二十條。此類長文章段當然混雜着議論，又多援引經典，因此我們通過此類條文，能在相當程度上懸擬會議的實際情況。

其文章的體式似乎也充分傳達了會議究竟如何進行。《白虎通》的文體基本上是問答體，今舉一例①：②

所以爲君隱惡何？君至尊，故設輔弼，置諫官。本不當有遺失。故《論語》（《述而篇》）曰：「陳司敗問：『昭公知禮乎？』孔子曰：『知禮。』」此爲君隱也。君所以不爲臣隱何？以爲君之於臣，無適無莫，義之與比。賞一善而衆臣勸，罰一惡而衆臣懼。若爲卑隱，爲不可殆也③。故《尚書》（《大誓》）④曰：「必力賞罰，以定厥功。」諸侯臣對天子，亦爲隱乎？然。本諸侯之臣今來者，爲聘問天子無恙，非爲告君之惡來也。故《孝經》（《事君章》）曰：

① 《白虎通》正文用盧文弨《抱經堂叢書》本。

② 譯者注：作者引《白虎通》漢文原文，先舉假名訓讀文，今全文漢譯，凡訓讀文，若並無作者個性讀法或獨特考量則徑予省略。

③ 似亦可訓爲「不可を爲して殆きなり（譯案：爲不可則危殆）」，但仍稍覺勉强（譯案：作者讀爲「殆（治）むべからずと爲すなり」（爲不可以治）），今以「殆」爲「治」之假借（參照《説文通訓定聲》）。上句也似可訓爲「卑しきもの爲に隱す」（譯案：意爲「爲卑者隱」，作者讀爲「若し爲に卑隱せば（若行卑隱之事）」），筆者的感覺中「卑隱」是一語，姑讀如此。

④ 《尚書·顧命》（僞古文則爲《康王之誥》）有「畢協賞罰，戡定厥功」文，此處或當標舉這些篇名，今從盧文弨「此見《尚書大傳》《大誓》篇。《御覽》百四十六又引作『戮力』」，説定爲《大誓》（陳立舉《詩〈思文〉疏》引《大誓》爲證）。《疏證》又改「必」爲「畢」，今仍底本。以下底本與《疏證》本文字異同不再一一注記。

「將順其美，匡救其惡，故上下能相親也。」君不爲臣隱，父獨爲子隱何？以爲父子一體而分，榮恥相及，故《論語》（《子路篇》）曰：「父爲子隱，子爲父隱，直在其中矣。」兄弟相爲隱乎？曰：然。與父子同義。（以下略）（《諫諍篇》）

這段文章曾經整理，這一點自然無法否定，但或許相當接近實録。其他人的情況我無法瞭解，但對筆者來説，它讓人想見會議的面貌。

上面一段文字援引了《論語》《尚書》《孝經》，這應該是會議上實際被提出的内容。《白虎通》引用文獻極多，以「某某曰」明示出典的就高達七十種①，而且基本上都是複數回引用（最多者《尚書》六十一條，其次《公羊傳》五十八條），此上再加上以「傳」標識或無標記的敘述説明部分引用，説《白虎通》全篇都被經典書證覆蓋也並不爲過。這些引文，正如前例所示，應該是如實登載了會議當場的引用。如此，這也就是《白虎通》作爲記録的忠實性的旁證。

説到作爲記録的忠實性，就不能忽視「或説」的存在。《白虎通》有四十條以上的條目殘存「或曰」「一

① 《白虎通》的引書體例極不統一（例如《春秋傳》和《公羊傳》、《詩》和《周頌》，前者視同《公羊傳》，後者計入引《詩》之數），很難確定正確的引書數目，今姑舉概數。不過，這種不統一也可以認爲是如實反映臨場引書方式，從而爲《白虎通》作爲會議記録的忠實性增一旁證。

説」，「或説」的殘存，從經義統一的角度講或許是會議的失敗，善意地看，或許也可以説這顯示會議中多數派並不是一定要壓倒少數派的意見①。逐一細緻保存這類「或説」的《白虎通》，作爲記録被認爲有很高的可信度和公平性，固其宜然。

如此看來，白虎觀會議上的少數意見也有一定程度被考慮到，認爲《白虎通》相當忠實地反映着會議的狀況或許並不是那麽奇特的想法。《白虎通》不一定就是偏向今文公羊學立場來編纂的書籍，而一定程度上考慮到古文説，吸取了其中有融合、容納可能的部分。書中引證《周禮》有七條，即其明證。如此，「左氏説」的全然不見又成了問題，已經不能認爲這是偶然，而只能認爲是受到了有意識地排除。爲何唯獨左氏説就要遭到全面的排斥呢？這一疑問雖是本稿執筆的直接動機，但客觀地看，我確信這一疑問的解明也是《白虎通》解讀事業的核心。下文雖想進入對這一問題的檢討，但有關《白虎通》體例，筆者尚有一件關心之事，姑先論之。

三

白虎觀會議向來被塑造爲涉及各種問題，今古文雙方在每事間都展開激烈論爭的形象。筆者所關心的，就是這

① 田中麻紗巳《〈白虎通〉の「或曰」「一説」について》（《京都女子大學人文論叢》第三八號，一九九〇年）認爲主説是多數説，「或曰」「一説」是得到一定程度支持、贊同的少數説，這之外還有少數説也不算的别説。

種塑造是否真實。如果實情就是所塑造的這樣，在會議中決定爲結論的經說中就一定會有異説，而它們未載入《白虎通》，就是被有意識地埋葬了。實際上，筆者迄今爲止就是這麼考慮的，近來纔開始對這種想法産生疑慮。説得清楚些，就是我開始懷疑，異説不被記載是因爲本不存在。舉例來展示這一點：

大夫將兵出，必不御者，欲盛其威，使士卒一意繫心也。故但聞將軍令，不聞君命也，明進退在大夫也。《春秋傳》曰：「此受命于君，如伐齊①，則還何？大其不伐喪也。大夫以君命出，進退在大夫也。」（《三軍篇》）

此文中所引《春秋傳》即《公羊傳》（襄公十九年），從而上面這段文字是純粹的公羊説。與之相對的左氏説確實未被記録，但左氏説之無記述並非來自公羊派的抹煞，而恐怕是大夫之進退並無相關左氏説的緣故。「大夫以君命出，進退在大夫」又見於《春秋繁露·精華篇》與《説苑·奉使篇》，是衆所周知的公羊説，若存在與之反對的左氏説，應當多少留有痕跡，然而，完全没有這種痕跡的殘留。而且限制將兵出國的大夫的裁量權事實上没有可能，很難想象有着合理主義傾向②，以責任倫理立場爲基礎的古文左氏學會積極提倡這種觀點。今本《左傳》有「聞喪而還，禮也」，這是下了認可大夫裁量權的評價。正如後述，《左傳》與左氏説並不一定一致，但這個例子中没有

---

① 《公羊傳》原文作「此受命乎君而伐齊」，「如」與「而」又是通用字（參照《經傳釋詞》），讀爲「如して齊を伐つ」（譯案：而伐齊）似乎也並無問題，今以其與「還」對文，姑訓爲「如く」（譯案：往伐齊）。

② 此所言「合理主義」，即不陷入觀念，而尊重接近現實的常識判斷。

强硬假設其不一致的理由。當然，以君主權力爲絶對權力的左氏學並不承認一般的大夫恣意行動，這一點公羊學自也相同，此例不過是面臨緊急事態的做法。綜上所述，「大夫以君命出，進退在大夫」於左氏學中亦無異論，判斷會議中一開始就不存在反論，也自然並非截然不可了。《白虎通》中旁徵其他文獻、也無法考知其異説者，蓋亦同然。自不能説所有經説都是這種情況，但就筆者所考察的範圍而言，相當一部分應該都是如此。

今所述乃左氏説不可見之例，而即使可以確認存在左氏説的情況，會議中左氏派也不一定提出了他們的反駁。下例正是這種情況：

王者所以太平乃巡守何？王者始起，日月尚促，德化未宣，獄訟未息。近不治，遠不安，故太平巡守也。何以知太平乃巡守？以武王不巡守，至成王乃巡守也。（《巡守篇》）

有關此項，正如陳立《疏證》所云[1]，古文學中存在「巡守不待太平」的異説：

《詩》毛説、《春秋》古文説皆以武王時即巡守，以太平乃封禪，巡守不必太平也。故鄭《詩譜》云：「武王伐紂，定天下，巡守述職。」宣十二年《左傳》：「昔武王克商，而作頌曰：『載戢干戈，載櫜弓矢。』」《毛詩》序：「《時

① 按理説《疏證》文本應該使用淮南書局原刻本，今爲便使用《皇清經解續編》所收本。更加便利的是中華書局《新編諸子集成》本，但此本句讀、校勘頗有問題，不可徑依（最大的問題是校者好像錯誤地認爲處處都要據原典改字）。

邁》，巡守告祭、柴望也。」《箋》：「武王既定天下，時出行其邦國，謂巡守也。」《毛詩》《左傳》皆古文家，《白虎通》多取今説，故不同也。

此説並未備爲「一説」，是在會議中遭到摒斥或封殺了嗎？還是説古文派當時本就没有提出異議？其間判定非常困難。考慮到賈逵也精通《毛詩》，前者或許更加穩妥。但筆者自身卻傾向此處並未提出異議的可能。這是因爲鄭玄明確提出與「太平封禪」相區别的即時巡守，但白虎觀會議當時的古文學是否有如此明確的區别意識還頗有疑義。

上文論證了《白虎通》不録異説的條目很可能是會議當場本就没有異議提出的觀點。這自然不是證據鮮明的論點，而不過是立足於筆者個人心證與印象的假説。但是，想到前節所論《白虎通》對少數意見一定程度的考慮，及其作爲記録的客觀性，這應當也不是毫無成立餘地的假説。

不過，我絶非想要强行辯稱所有無異説的條目一開始就不存在異論，從會議的召開是爲了「講論五經同異」來看，這種情況是不可能的。會議上雖有異説，後來被完全抹消痕跡的情況也不少，這一點應該是自明的。開卷第一句話就是這種情況的典型。

天子者爵稱也。（《爵篇》）

這一定義如果不設想「天子非爵稱」異説的存在就不會有意義，這一點應當不用再反覆説明。雖説縱使從現存文獻無法確認其存在，也很確定會有「天子非爵稱」這一異説，但幸運的是這一異説傳存至今。且看陳立《疏證》：

此《易》説、《春秋》今文説也。《周易乾鑿度》云：「《易》有君人五號：帝者天稱也，王者美行也，天子者爵號也，大君者與上行異也①，大人者聖明德備也。」《曲禮》疏引《五經異義》云：「天子有爵不？《易》孟、京説：『《易》有君人五號②：帝天稱，一也。』」説與《乾鑿度》文同，是天子有爵。「古《周禮》説：『天子無爵。同號於天，何爵之有。謹案：《春秋》左氏云「施于夷狄稱天子，施于諸夏稱天王，施于京師稱王」，知天子非爵稱也。』」從古《周禮》説。兩漢之世，《易》孟、京，《春秋》公羊立于學官。古《周禮》、古左氏尚未盛行，故與《白虎通》多異也。

---

① 原文「與」下有「興」字，今據武英殿聚珍本《易緯八種》刪（中華書局版《白虎通疏證》云「據《周易乾鑿度》改」，作「興盛行異也」，但作「盛」者實爲《五經異義》，校記有誤）。此句鈴木由次郎氏訓爲「上と行異るなり」（譯案：與其上所行相異）（《乾鑿度譯注》，收入《漢易研究》，明德出版社，1963年），但此説意義上講不通。《周易集解》所引臨卦六五「知臨，大君之宜。《象》曰：『大君之宜，行中之謂也』」荀爽注，「大君」指九二，言此爻陽得中位，宜上居於五（帝位）。從《乾鑿度》稍後的「大君者，君人之盛者也。《易》曰：『知臨，大君之宜，吉。』臨者，大也，陽氣在內。中和之盛，應于盛位。浸大之化，行于萬民。故言宜處王位，施大化，爲大君矣。臣民欲被化之詞也」之語看來，此荀注顯然依據《乾鑿度》而來。鄭注亦云「臨之九二有中和美異之行，應於五位，故百姓欲其與上爲大君也」，採取同樣的解釋。因此今以「上りて異を行ふに與る」（譯案：上行而參與行異），取君主爲中和美異之行，施大化，稱大君之意。

② 《異義》原文「君」作「周」，其意亦通，今姑從底本。

古文説中果有「天子非爵稱」之説，從而，賈逵在白虎觀會議中黨羽此説，展開論證，也就毋庸置疑了。所以如此説，是因为賈逵《左傳解詁》佚文中有「畿内稱王，諸夏稱天王，夷狄稱天子」（《穀梁》成公八年疏引①），許慎所言「《春秋》左氏」實當即賈逵此説（説不見於《左傳》本文）②。但「天子無爵」自然是《周禮》説（雖説如此，此説在《周禮》中亦無明證③），實際上左氏説是否能從邏輯上推出「天子無爵」，我雖稍感不安，但兼通《周禮》的賈逵應當會將兩説一體視之。高弟許慎應該就是如此繼承了乃師的論證，筆寫「謹案」斷語的吧。

另一方面，陳立將今文説定爲《易》説、《春秋》今文説。《易》説明載於《五經異義》，但未舉《公羊》之名。陳氏爲何就這麼將它定爲公羊説呢？原因就在《公羊傳》成公八年何休注：

> 或言王，或言天王，或言天子，皆相通矣。以見刺譏是非也。王者號也，德合元者稱皇，德合天者稱帝，

---

① 《左傳》成公八年疏亦引之，但「畿内」與「諸夏」順序相反，當以《穀梁》疏爲是。此條《解詁》並非成公八年之文，而本當屬隱公元年「秋，七月，天王使宰咺來歸惠公、仲子之賵」。

② 皮錫瑞《五經異義疏證》亦以爲「許所引之左氏説，蓋即本之賈侍中」，《曲禮》疏有「許慎、服虔等依京師曰王，夷狄曰子」。蔡邕《獨斷》亦云「王，圻内之所稱。王有天下，故稱王。天王，諸夏之所稱。天下之所歸王，故稱…天王。天子，夷狄之所稱。父天母地。故稱天子」。此《獨斷》以左氏説爲主，混雜今文説。

③ 《天官·冢宰》「維王建國」《釋文》引干寶注云「王，天子之號，三代所稱也」，恐襲此古《周禮》説，此外則並無相關説法。但《公羊疏》所引《辨名記》有「天子無爵」，未詳與《周禮》有何關聯。

仁義合者稱王……天子者，爵稱也。聖人受命，皆天所生，故謂之天子。

陳氏比定不誤。但這自是何休的説法，或許不能斷言會議當時就有「天子爵稱」的簡明觀點。不過這恐怕不成問題，因爲就算會議以前公羊説中並無「天子爵稱」之説，但與會的公羊學者毋庸置疑也會贊同《易》説[①]與下文引及的《孝經緯》[②]之説（就我所見，這恐怕近於實情。也就是會議之後，「天子爵稱」説逐漸作爲公羊説實質化了[③]）。

就上文考察看來，白虎觀會議中，圍繞天子有爵無爵、天子是否爵稱，今文公羊派與古文左氏派之間無疑展開了激烈論戰。而《白虎通》中只有今文派議論。這只能認爲是今文派完全否定古文派，並從會議記録中剔除古文派的痕跡（議論最後的裁決者雖然是章帝，但難以發現皇帝積極干預議論、左右結論的痕跡，恐怕還是簡單贊成多數派説法）。

---

① 《白虎通》文中並無今文《易》説的直接引用，令人有點在意，但「天子者爵稱也」之後的「爵所以稱天子何？王者父天母地，爲天之子也」似乎根本於《乾鑿度》「天子者，繼天理物，改一統，各得其宜。父天母地，以養萬，至尊之號也」。下文「《易》曰：伏羲氏之王天下也」正如陳立所説，「《白虎通》蓋引用京、孟本也」，似乎使用了孟喜、京房系統的文本，由此看來，難以否定此處依據了今文《易》説。

② 「故《援神契》曰：天覆地載，謂之天子，上法斗極。《鉤命決》曰：天子，爵稱也。」

③ 《朝聘篇》（佚文）中記載「五年一朝」的規定，但此説不見於《公羊傳》，而如日原氏所指摘，明顯依據《王制》。

對今文公羊派而言，「天子爵稱」説是必須堅守的底綫，但這對古文左氏派而言也是一樣。引發這一毫無妥協餘地的對立的，是關乎兩者存在基礎的、根本理念的對立。如果要説根本理念是什麽，雖然陳腐，但最後不免還是要歸結到認爲天子高居天上的（「與天同號」）古文左氏學「尊尊之義」，與認爲天子處於天的支配之下，居於禮教社會頂點的今文公羊學的「親親之道」的對立。這就是我一開始説日原氏的見解實在是直擊要害的至論的原因。

此處已經呈現出結論，但關於如此對立的背景，我認爲還有一些潛藏的理由。日原氏認爲諸侯地位是「公羊對左氏」圖式的典型與核心，下文就通過考察《白虎通》關於諸侯地位的議論探求其理由。

四

《白虎通》以諸侯爲「不純臣」，並説明如此規定的原因如下：

> 王者不純臣諸侯何？尊重之，以其列土傳子孫，世世稱君，南面而治。凡不臣者，異於衆臣也。朝則迎之於著，覲則待之於阼階，升降自西階。爲庭燎，設九賓，享禮而歸。是異於衆臣也。

也就是説，諸侯雖然臣屬於天子，同時自身也有君主的一面，並不能像對待天子直屬家臣的卿大夫一樣純以臣下待之。

此「諸侯不純臣」之義，正如日原氏所指摘，是成爲公羊學根幹的主要學説之一，但上文規定在《公羊傳》中其實並不存在。《公羊傳》中没有「純臣」「不純臣」的用語，同時無論如何也都找不到不以諸侯爲純臣的言説，《白虎通》作爲此説證據舉出的根據都是《公羊傳》以外文獻的間接證據。也就是説，《公羊傳》中本無「純臣」「不純臣」這樣的範疇，毋寧説本來就没有做出這種區别的想法吧①。

但如果要問以「諸侯不純臣」爲公羊説是否錯誤，答案是並非錯誤，「諸侯不純臣」非常明確就是公羊説。若問如何得知，則正如陳立《疏證》所引，《五經異義》（《毛詩·周頌·臣工》疏引）中明載「公羊説：諸侯不純臣」。如此，公羊學爲何、如何創始這一學説就成了問題，如果只看公羊説，那無論尋繹多少經説都找不到答案，只有將之與反對派，也就是日原氏所謂「反措定」左氏説合觀，纔能明瞭公羊説的意義。因此，此處將目光暫且轉向左氏説。

左氏學有關諸侯地位的規定同樣見於《五經異義》，即「左氏説：諸侯者，天子蕃衛純臣」。但此「蕃衛純臣」之規定，與公羊學一樣，在《左傳》中也找不到明確證據，不僅是没有這方面的議論，連「蕃衛」「純臣」之語都不見使用（不過「純臣」隱公四年傳君子之言有「石碏純臣也」之用例，但此處純臣乃純忠之臣的意思，與此

① 或許也會有根據前章「不臣妻父母」根本於《公羊傳》推測「諸侯不純臣」也是同一由來的傾向，這也是講不通的。詳細説明限於篇幅，暫且省略，「不臣妻父母」確實是公羊説，但並非是《公羊傳》本有的思想。應該明確區分《公羊傳》的思想與公羊説。

處所論並無直接關係[①]）

不過就「蕃衛」而言，並非没有類似的用語。例如僖公二十四年傳：

周之有懿德也，猶曰「莫如兄弟」，故封建之。其懷柔天下也，猶懼有外侮，扞禦侮者，莫如親親，故以親屏周。

又昭公二十六年傳：

昔武王克殷，成王靖四方，康王息民，竝建母弟，以蕃屏周。亦曰：「吾無專享文武之功，且爲後人之迷敗傾覆而溺入于難，則振救之。」

皆是其例。但此類用例無論如何也無法推導出「諸侯蕃衛純臣」，不只如此，上面兩例怎麽看都支持着「諸侯不純臣」之説，但舉「親親」「無專」（杜注「不敢專，故建母弟」）二語即可明瞭。親藩與一般異姓諸侯之間自有等級差别，但「諸侯蕃衛純臣」之説則認爲包括兄弟在内的諸侯一是純臣，和《左傳》原意終究不能相容。也就是説，左氏説「諸侯蕃衛純臣」是與《左傳》毫無關係的、創造出來的學説，這就是此説特異性所在[②]。

---

① 但石碏以「大義滅親」的發揚稱「純臣」，如此，此語也頗有可能以「諸侯純臣」説爲發想的根源。

② 從許慎《五經異義》「謹案」中屢言「無明文」也可看出，某説在某書中並無明確依據的情況並不少見。但那些區别大半關於具體的禮制差異，「諸侯純臣」這樣純粹的理念問題究竟是少數。

今文學實際上也承認諸侯是「蕃衛之臣」。《白虎通》中也反覆明載諸侯是蕃衛之臣：

《穀梁傳》曰：「天子有六軍，諸侯上國三軍，次國二軍，下國一軍。」①諸侯所以一軍者何？諸侯，蕃屏之臣也。任兵革之重，距一方之難，故得有一軍也。（《三軍篇》）

王者巡狩，諸侯待于境者何？諸侯以守蕃爲職也。《禮·祭義》曰：「天子巡狩，諸侯待于境也。」（《巡狩篇》）

（諸侯）上以尊天子、備蕃輔，下以子養百姓，施行其道。（《封公侯篇》）

（諸侯）又爲天子守蕃，不可頓空也。（《崩薨篇》）

「蕃（藩）衛」「蕃屏」「蕃輔」「蕃翰」等種種用語，不只《白虎通》，先秦兩漢文獻中類似的表現也頻繁出現。也就是説，以諸侯爲蕃衛之臣，並非屬於特定學派的觀念，而是共通的觀點，强言之亦可稱常識了。這些文獻中未見有關諸侯是否純臣的議論，自也是當然，因爲諸侯非純臣這一點是議論之前的默認前提。針對此類説法，左氏派就提出了「諸侯純臣」的新説，這是前所未有的、異質的觀念，自然也就受到以公羊派爲首的今文派的强烈反對與完全否定，左氏派對此自然也嚴陣以待。所以這麽説，是因爲爲了對抗左氏説，公羊派不得不明確揭示「諸

① 《穀梁傳》襄公十一年原文爲「古者天子六師，諸侯一軍」，與此處所引相異。陳立以爲「此所引四句，似皆《穀梁傳文》」可疑，似可認爲是穀梁説（但所據爲《周禮》和《司馬法》）。

侯不純臣」。大體上看，圍繞諸侯是否純臣的論爭由左氏派挑起，公羊派則加以應對，這就是我對白虎觀會議的基本看法（當然，也不知道白虎觀會議是否就是這一論爭的發端，論戰很可能可以追溯到會議以前。但從後述賈逵《左氏長義》在建初元年成立看來，正式開始當在建初以降，進而白虎觀會議也就是論爭最重要的一幕了）。

「諸侯蕃衛純臣」之説，爲防公羊學攻擊，做了周到的準備，對左氏派而言可以説是王牌武器了。在《五經異義》僅存佚文的狀態下，殘文中許慎（自然以「諸侯蕃衛純臣」之説爲是）判斷經説是非都不止一次地以此説爲根據可以看出此説在左氏學中得到何種程度的重用。

> 諸侯未踰年，出朝會與不出會何稱？《春秋》公羊説云：「諸侯未踰年，不出境在國中稱子，以王事出亦稱子。非王事而出會同，安父位不稱子。」左氏説：「諸侯未踰年，在國内稱子，以王事出，則稱爵。詔於王事，不敢伸其私恩。」謹案：《春秋》不得以家事辭王事。諸侯，蕃衛之臣，雖未踰年，以王事稱爵，是也。（《通典》卷九三引《五經異義》）①
>
> （謹）按：左氏之説：諸侯，藩衛之臣，不得棄其封守。諸侯千里之内奔，千里之外不奔。四方不可空虛，故（大喪）遣大夫也。（《通典》卷八〇引《五經異義》）

① 《王制》疏引《五經異義》作：「謹按：易下邳傳其容説：『諸侯在千里内皆奔喪，千里外不奔喪。若同姓，千里外猶奔喪。親親也。』容説爲近禮。」合而觀之，除去同姓的情況，左氏與傳其容説相同，可知許慎原則上應該支持左氏説。

「諸侯蕃衛純臣」之説，正如上文所見，並非《左傳》本文自然引出的説法，而是爲打倒公羊學，有意識地創造出的論點。將這一點一般化，就是説左氏學是以公羊學爲靶子，爲了打倒它而創造、形成的學説。左氏學的特質和基本性格就在於它是一開始就以對抗公羊學爲目的，有意識地被創造的學問體系。而左氏學帶有這種性格也是無可奈何的事，可以説劉歆建議立學左氏而遭到今文學諸博士的拒絶時，左氏學就確定了這種發展方向，這就是後來者的悲哀。不過也有後來者纔有的長處，這就是後來者能充分斟酌、批判在前的學説，探求其弱點，從而高效地加以應對。左氏學十二分地活用了這一長處。

五

構築了後漢左氏學基礎的兩位學者賈徽與鄭興都各自著有《左氏條例》，其内容很遺憾已不可得知，但既然是「條例」，也就應該是樹立左氏義例的努力。這些義例中應該也有後來演變爲左氏説的部分，但不難設想義例定立之時模仿了公羊學，或者更恰當地説，目公羊學爲反面教材。《後漢書》本傳就明載鄭興曾學《公羊春秋》。

鄭興之子鄭衆也有題爲《春秋難記條例》的「條例」，但其内容現在也不可得知。不過從《公羊疏》（何休《序》疏）中「鄭衆亦作《長義》十九條十七事，專論公羊之短、左氏之長，在賈逵之前」看來，鄭衆明確有意識地比較研究公羊、左氏，並以左氏爲是。

接着，賈逵終於登場了。根據《公羊疏》，賈徽之子，這位後漢古文學的中心人物也作有《（左氏）長義》四十一條①，「云公羊理短、左氏理長」。賈逵《長義》的内容概要，幸而在其本傳中有所殘存：

> 帝善逵説，使出《左氏傳》大義長於二傳者。逵於是具條奏之，曰：「臣謹擿出《左氏》三十事尤著明者，斯皆君臣之正義、父子之紀綱。其餘同《公羊》者，什有七八，或文簡小異，無害大體。至如祭仲、紀季、伍子胥、叔術之屬，《左氏》義深於君父，《公羊》多任權變。其相殊絶，固以甚遠，而冤抑積久，莫肯分明。……凡所以存先王之道者，要在安上理民也。今《左氏》崇君父，卑臣子，彊幹弱枝，勸善戒惡，至明至切，至直至順②。」

---

① 《經典釋文》序録亦云「逵受詔，列《公羊》《穀梁》不如《左氏》四十事，奏之。名曰《左氏長義》」（《御覽》卷六一〇引《三輔決録》略同），下引本傳「三十事」爲「四十事」之誤有很高可能性。《左傳》（杜預序）疏則云「至章帝時，賈逵上《春秋大義》四十條，以抵《公羊》《穀梁》。帝賜布五百匹，又與左氏，作《長義》」，以爲《長義》之外又作《春秋大義》，可疑。另外何休《序》疏也有譯注。《公羊疏》研究會《公羊注疏譯注稿一》（1983年，汲古書院）。

② 這道上疏衆所周知，有著論及《左傳》與圖讖關聯的敘述，因爲與本稿主題無關，此處略去。有關賈逵學術，參照田中麻紗巳《賈逵の思想について》（木村英一博士頌壽紀念《中國哲學史の展望と摸索》，1976年。後收入《兩漢思想の研究》，1986年，研文出版）。關於賈逵與圖讖的關聯，參照井ノ口哲也《後漢時代における五經と讖緯》（《後漢經學研究會論集》創刊號，2002年）。

賈逵並非要與公羊學展開全面論爭，而將焦點放在君父問題，這是看破公羊學弱點在此的賈逵的巧妙策略，這一策略也是從後漢初年就以公羊學爲靶子不斷發展的左氏學的精粹所在。如今傳存的左氏説大半都與天子、諸侯、大夫身份秩序相關，可以證明這一策略並不止於泛泛的總論。

與這樣準備周密的左氏學相對峙，公羊學卻並未特別謹慎用心，就算批評他們在最爲必要的理論强化上有所懈怠，對於安住於博士禄位的他們而言，這也是不得已的事。當然，並非完全没有對抗措施，例如光武時期的范升，他向皇帝建言：

> 左氏不祖孔子而出於丘明，師徒相傳，又無其人。且非先帝所存，無因得立。五經之本，自孔子始，謹奏《左氏》之失凡十四事。（《後漢書·范升傳》）

他更「上太史公違戾五經、謬孔子言，及《左氏春秋》不可録三十一事」，但最終遭到論敵陳元的駁斥：

> 臣元竊見博士范升等所議奏《左氏春秋》不可立，及太史公違戾四十五事。案升等所言，前後相違，皆斷截小文，媟黷微辭。以年數小差，掇爲巨謬，遺脱纖微，指爲大尤。抉瑕擿釁，掩其弘美，所謂小辯破言，小言破道者也。（《後漢書·陳元傳》）

左氏不祖孔子而出於丘明，也就是「《左氏》不傳《春秋》」的批評是公羊學的套語，但對認爲「左丘明好惡與聖人同，親見夫子。而公羊、穀梁在七十子後，傳聞之與親見之，其詳略不同」（《漢書・劉歆傳》）的左氏學而言不算什麽打擊①。這樣，范升不過只是以「左氏非先帝所存」主張博士既得利益而已。范升以後，公羊學也没能充實自己的理論壓倒左氏學，而陷入學説的臃腫與邏輯的死胡同，也就呈現出何休所言的慘狀：

> 説者疑惑，至有倍經任意，反傳違戾者。其勢雖問，不得不廣。是以講誦師言，至於百萬，猶有不解，時加釀嘲辭。援引他經，失其句讀，以無爲有，甚可閔笑者，不可勝記也。（《公羊解詁》序）

結果，招致了「治古學、貴文章者，謂之俗儒。至使賈逵緣隙奮筆，以爲《公羊》可奪，《左氏》可興」（同上），「賈逵幾廢《公羊》」（同上疏）的事態。

不過對公羊學而言幸運的是，救世主出現了。這位救世主就是白虎觀會議上今文公羊派的首領李育。這位「沈思專精，博覽書傳，知名太學，深爲同郡班固所重」（《後漢書・儒林傳》）的「通儒」反省了范升等人的「多引圖讖，不據理體」，著《難左氏義》四十一事②，在白虎觀會議中「以《公羊》義難賈逵」，得益於他的「往返皆有理據」，今文公羊學險勝。儘管李育如此盡心，公羊學也已經不能在大局上奪回主導權，「二創」③仍舊持續，以至

---

① 《左傳》是與《春秋經》表裏一體的傳的觀點，其後被桓譚確立、王充繼承。

② 從相同的條目數量看來，很可能逐一反駁了賈逵《左氏長義》。

③ 上述「倍經任意，反傳違戾」與「援引他經，失其句讀」二創。

於何休對先師發出了「斯豈非守文持論、敗績失據之過哉？余竊悲之久矣」的慨嘆。

認爲公羊學抑制天子權限，確保諸侯主權，給人以相對於「尊尊之義」更加重視「親親之道」的印象，這是對公羊學不合理的期待。《公羊傳》本未倡導抑制君主的絶對權限，而且就漢代《公羊》學言，它「不以家事廢王事」「屈親親而伸尊尊」，承認國家權力的絶對性的傾向已爲日原氏所詳述①。就《白虎通》而言，今文公羊派讓天子高居與諸侯和公卿以下臣民懸絶的至高至尊之御座，從而保證其絶對性的苦心孤詣，翻書一讀即可明瞭。今只舉一例，《崩薨篇》云：

王者崩，諸侯悉奔喪何？臣子悲哀慟怛，無不欲觀君父之棺柩，盡悲哀者也。

《喪服篇》亦有：

諸侯有親喪，聞天子崩，奔喪者何？屈己親親，猶尊尊之義也。②

這兩條規定所有諸侯即使在親喪中也應該奔赴天子大喪的條文，都是被日原氏作爲「在君臣大義之前犧牲父子私

① 《春秋公羊學の漢代的展開》（《日本中國學會報》第十二集，1960年。後收入注1所揭書）。

② 「猶尊尊之義也」不甚通。劉師培《白虎通義斠補》云「猶疑伸訛，己字疑衍」，雖欲從之，難於徵信。今雖無理，仍依字面讀之（譯案：作者訓爲「猶如尊尊之義」）。

恩」、諸侯地位實質上「跌落爲蕃衛純臣」的例證而舉出的文句。但實際上雖有親喪必爲天子奔喪是公羊說，左氏說則認爲不論是否親喪，諸侯都派遣上卿，而身不奔喪。

公羊説：天王喪，赴者至，諸侯哭。雖有父母之喪，越紼而行事，葬畢乃還。左氏説：王喪，赴者至，諸侯既哭問故，逐服斬衰。使上卿弔，上卿會葬。（《禮記・王制》疏引《五經異義》）

此處從表面上看，公羊説相比左氏説更以「君臣大義」爲先。

《白虎通》正是這樣以天子絶對化的國家主義爲基本立場，一言以蔽之，其理念果然還是在於「强幹弱枝」。如果《白虎通》的主導理論是公羊學説，那當時的公羊學説主導理念必然也就在於强幹弱枝了①。然而，公羊學的這張金字招牌還是被左氏學奪走了。宋意在白虎觀會議召開的建初年間奏上的、這篇諷諫濟南王康、中山王焉厚遇踰制的疏文就是其明證：

《春秋》之義，諸父昆弟無所不臣，所以尊尊卑卑，彊幹弱枝者也。陛下德業隆盛，當爲萬世典法，不宜以私恩損上下之序，失君臣之正。（《後漢書・宋意傳》）

---

① 南部英彦《〈白虎通〉に見える公羊學の性格について》（《集刊東洋學》第八二號，一九九九年）詳細論述了東漢初年已經有「深於君父」的内容，而白虎觀會議當時的公羊學已經具備「强幹弱枝」的理論。筆者基本同意南部氏的觀點。

「諸父昆弟無所不臣」顯然依據了左氏説，對宋意而言，《春秋》之義就是左氏説。此人學習今文大夏侯《尚書》，是否瞭解左氏説與公羊説的區别則不得而知。不過，如果他瞭解，自不待言，即使不瞭解，他的疏文也顯示出「尊尊卑卑，强幹弱枝」此時已經廣泛在左氏學語境下使用。

這種改换是如何發生的呢？此種改换正是因爲左氏學提出的懸置「親親之道」①，只以「尊尊之義」爲根本理念的單純清晰的方針。「君臣之義」與「强幹弱枝」的主張，當然與承認「大義滅親」相關聯，但如果强調「大義滅親」，就有與儒家基本教義「親親之道」衝突的危險。或許正是如此，左氏學纔擱置了「親親之道」，只採「尊尊之義」，但棄置「親親之道」，「父子之道」也無法完全拋棄，因此又在父子間規定了與君臣同樣的絶對服從關係，尊父卑子，以孝爲子的單方面義務。這樣的父子不是「親親」，而是「尊尊」的關係。也就是説，不只是「君臣之正義」，「父子之紀綱」中也包含尊尊之義，基本理念化約爲一，左氏學就此得到極爲清晰的理論。

然而，公羊學並不能這麽做。《公羊傳》中「親親之道」明確出現了三次（莊公三十二年、閔公元年、閔公二年，另外莊公二十七年也見「親親」之語。順便一提，「尊尊」語不可見），而且「親親」還作爲筆法的原理被使用。自己尊奉的經典中有此等明文，公羊學無論如何也不可能放棄「親親之道」。剩下的方法只有讓「親親之道」放棄。

① 《左傳》中也有以「親親」爲美德的文句（參照本文第四節所引僖公二十四年傳等），可知「親親」之義終究不可完全放棄。

與「尊尊（君臣）之義」的共存，把「尊尊」放置於「親親」之上了，實際上，公羊學也選擇了這種方法。《白虎通》自然是以兩者共存爲前提構成的，《朝聘篇》「夫臣之事君，猶子之事父，欲全臣子之恩，一統尊君」就是顯證，《三綱六紀篇》也是其典型表現。不過，雖然剩下的方法只有這一種，公羊學自身並没有「不得已」的意識，因爲兩者共存本就是董仲舒以來公羊學的傳統，兩者共存在原理上並無問題。「親親之道」與「尊尊（君臣）之義」並不對立，而應該是相互協調、補充的關係。但左氏學正盯上了這一點，衝擊着公羊學無法放棄「親親之道」的弱點，言説公羊學對「尊尊（君臣）之義」的輕視，一方面又對左氏深於「尊尊（君臣父子）之義」加以宣傳。前引賈逵曾云「《左氏》義深於君父，《公羊》多任權變」「《左氏》崇君父，卑臣子，强幹弱枝，勸善戒惡」，正是這種宣傳文。這一戰略在白虎觀會議中雖然没有顯示出直接效果，卻逐漸滲透學界，成爲左氏學建立優勢的原動力。這是將論點聚焦在「君父」上的左氏學的作戰勝利（左氏學的邏輯與《左傳》解釋實際上還有很多不完備的地方，但有這些缺陷，左氏學仍然浸透學界、占據優勢，筆者認爲不是因爲别的，就在於其單純清晰。關於這點擬另文論述）。

正如上文所述，日原氏認爲，到白虎觀會議時，公羊學通過古文左氏學這一「反措定」，轉變成爲强調君主權絶對化的理論，這樣的一面確實無法否定。與左氏學的論爭，對理論的整備、提升確實發揮了很大作用。但是，即便没有左氏學的發展，公羊學基本上也已經有了君主權力絶對化的理論。在白虎觀會議上，面對左氏學一方站在尊尊立場上的巧妙挑發，公羊學派只好採取標榜「親親之道」、保證諸侯權限的立場（從而如果要説什麽「反措定」的話，毋寧説是左氏學以公羊學爲反措定）。雖然和一般的思考方向相反，但筆者認爲白虎觀會議的情況就是這樣。

（朱瑞澤　譯）

訓點資料展開史中有鄰館藏《春秋經傳集解卷第二》的位置①

小助川貞次

關鍵詞： 春秋經傳集解；藤井有鄰館；漢籍訓點資料；敦煌加點本；訓點資料展開史

摘要： 本稿認爲以唐代寫本而聞名的有鄰館藏《春秋經傳集解卷第二》是第一群點性質的乎古止點本位的訓點資料，從加點内容、加點方法可以推定加點年代在平安中期以前。又從這一資料所見加點特徵確定它在訓點資料發展史中的位置，推測漢籍訓點資料中除早經指出的佛書訓點資料外，還有以中國樣式爲源頭的另一條支流。

1.概要

1.1 文本殘存狀況

有鄰館藏《春秋經傳集解卷第二》（國寶）以雙行小注表示杜預《集解》，殘存從桓公二年傳文中間開始，到

① 譯者注：本文並非討論《附釋音左傳註疏》，卻是利用註疏及其他文獻資料研究《左傳》的佳例。古代和中世日本的學問實態正以寫本講讀爲主，本文或許可以讓人管窺中國讀者未必熟悉的古代、中世學問方法。

桓公十六年傳文開頭的，約相當於卷二整體1/4內容的146行（包含中間兩處脱落）。其文本推定爲初唐書寫，因此其價值早被注意①。紙背完整抄寫《雙林善慧大士小録並心王論》，有「承曆二年七月七日午時書了遍照院僧□□」識語。本卷殘缺部分基於與寬永八年（一六三一）跋刊本（《和刻本經書集成》第7輯，汲古書院，1976年）的行數比可以進行復原，文本與紙背的關係如表1所示。

表1　《春秋經傳集解》與紙背的關係

復原紙數	現存紙數	左傳	紙背
（1–3）	（欠損）		
4	1	001–022［22］	185–168［18］
5	2	023–036［14］	167–150［18］
（5）	（欠損）	（不連續）	（連續）
6	3	037–058［22］	149–120［30］
7	4	059–080［22］	119–090［30］

① 本資料於平成12年11月5日、平成13年5月6日、20日、平成14年5月5日、平成15年5月18日在藤井齊成會有鄰館隔着玻璃櫃進行了5回原本調查。本稿所用圖版據《唐鈔本左伝残卷雙林善慧大士小録并心王論》（有鄰館，1930年）。此外，大阪市立美術館編《唐鈔本》（同朋舍出版，1981年）登載第77–85行圖版，文化廳監修《國寶》10（每日新聞社，1984年）登載第37–45行圖版，週刊朝日百科《日本の国宝》063（總第1169號，1998年）登載了第37–53行圖版，皆爲彩色圖版，因此可以確認朱筆加點。其文本價值參照楊守敬（1930）、內藤湖南（1930）、羅振玉相關論述。另外，作爲本稿基礎資料的釋文和訓讀文，擬另文發表。

續表

復原紙數	現存紙數	左傳	紙背
8	5	081–102［22］	089–060［30］
9	6	103–124［22］	059–030［30］
（10–21）	（欠損）	（不連續）	（連續）
22	7	125–146［22］	029–001［29］
（23–25）	（欠損）		

（）內爲欠損紙數，［］內爲一紙行數

顯然，紙背《雙林善慧大士小録並心王論》是將《春秋經傳集解卷第二》首尾和中間兩處裁斷後再度接合並在紙背書寫的。問題在於，如今七紙連成的《春秋經傳集解卷第二》紙背並不是隨意被拿來書寫《雙林善慧大士小録並心王論》，而好像存在有意識的協調。這是考慮到《雙林善慧大士小録並心王論》無過不足地從如今最末第七紙紙背書寫到開頭第一紙紙背，同時其文又首尾完結，這很難認爲是偶然。漢籍古寫本紙背書寫佛典之例甚多①，與本資料相同的現象在天理圖書館藏《五臣注文選》和紙背《弘決外典鈔》之間也能觀察到②，這讓人感受到利用漢籍紙背書寫佛典中某些必然性的意圖。

① 築島裕（1996）56頁。

② 小助川貞次（2002）111頁以下。

1.2　加點概要

本資料全卷都施有筆觸極微細的朱點（包括一部分墨點）①。多所剥落，確認不乏困難，但作爲訓點資料還是可以舉出兩點特徵。第一，本資料是在其他漢籍訓點資料中前所未有的用第一群點乎古止點加點的。第二，幾乎見不到假名點的和訓，而可以説是乎古止點本位的資料。歸納表2中可以確認的所有加點内容，可以製作出乎古止點圖和假名字體表。②

---

① 關於本資料的加點，慶應義塾大學附屬研究所斯道文庫微縮膠卷的卷頭信息云「朱筆句點乎古止點（譯者注：ヲコト點是日本人訓讀漢文時，在漢字的四周、中間特定位置施加點狀、綫狀、鉤狀等多種符號，以替代假名，表示讀法或文字語法位置、關係，本文以其爲專名，直接用漢字字面「乎古止點」翻譯）、朱（交一部墨）反切、有朱墨筆校語」。沼本克明（1982）指出「其他平安中期經書訓點資料還有唐鈔本《左傳》殘卷（據複製本），此卷也寫入『汪烏黄反』『向先亮反』（桓公第二）等反切注音，都和通志堂本《經典釋文》一致」（637頁）。有關角筆點是否存在，因爲是隔着玻璃櫃調查，無法確認，但從迄今爲止的角筆研究成果看，應該可以期待本資料也存留角筆點痕跡。

② 譯者注：表中有很多專有術語，略解説如下：返點用來調整兩字前後位置；合符分音合符、訓合符，用合符連接的字在訓讀時應視爲一體；假名點即用假名標示的内容；聲點在敦煌卷子中也常見，用來標示漢語聲調。中田祝夫曾將全部乎古止點分爲八組，根據成立時間次第劃分第一群點到第八群點，其後雖有學者修補，但已經奠定分類基礎，第一群點蓋謂此。星點則是圓形點。其餘術語則參照作者下文解説。

表2 加點內容一覽

加點內容	經傳	集解	備考
乎古止點	200	318	第一群點
返點A	51	119	左下角星點
返點B	2	2	左側點發
合符	6	12	□-□
句讀點	123	167	
假名點	6	3	部分爲草假名
聲點	13	16	
寫入音注	16	4	朱19、墨1
「●・	7	32	對應《正義》
科點	22	—	經文對傳文
校語	7	11	朱10、墨8
合計	453	684	

假名字體表

ワ	ラ	ヤ	マ	ハ	ナ	タ	サ	カ	ア
						ヒ	大		
ヰ	リ		ミ	ヒ	ニ	チ	シ	キ	イ
				ㄩ					
	ル	ユ	ム	フ	ヌ	ツ	ス	ク	ウ
				小?		川	云		
ヱ	レ	江	メ	ヘ	ネ	テ	セ	ケ	エ
				ㄩ					
ヲ	ロ	ヨ	モ	ホ	ノ	ト	ソ	コ	オ
ら									

平古止點圖

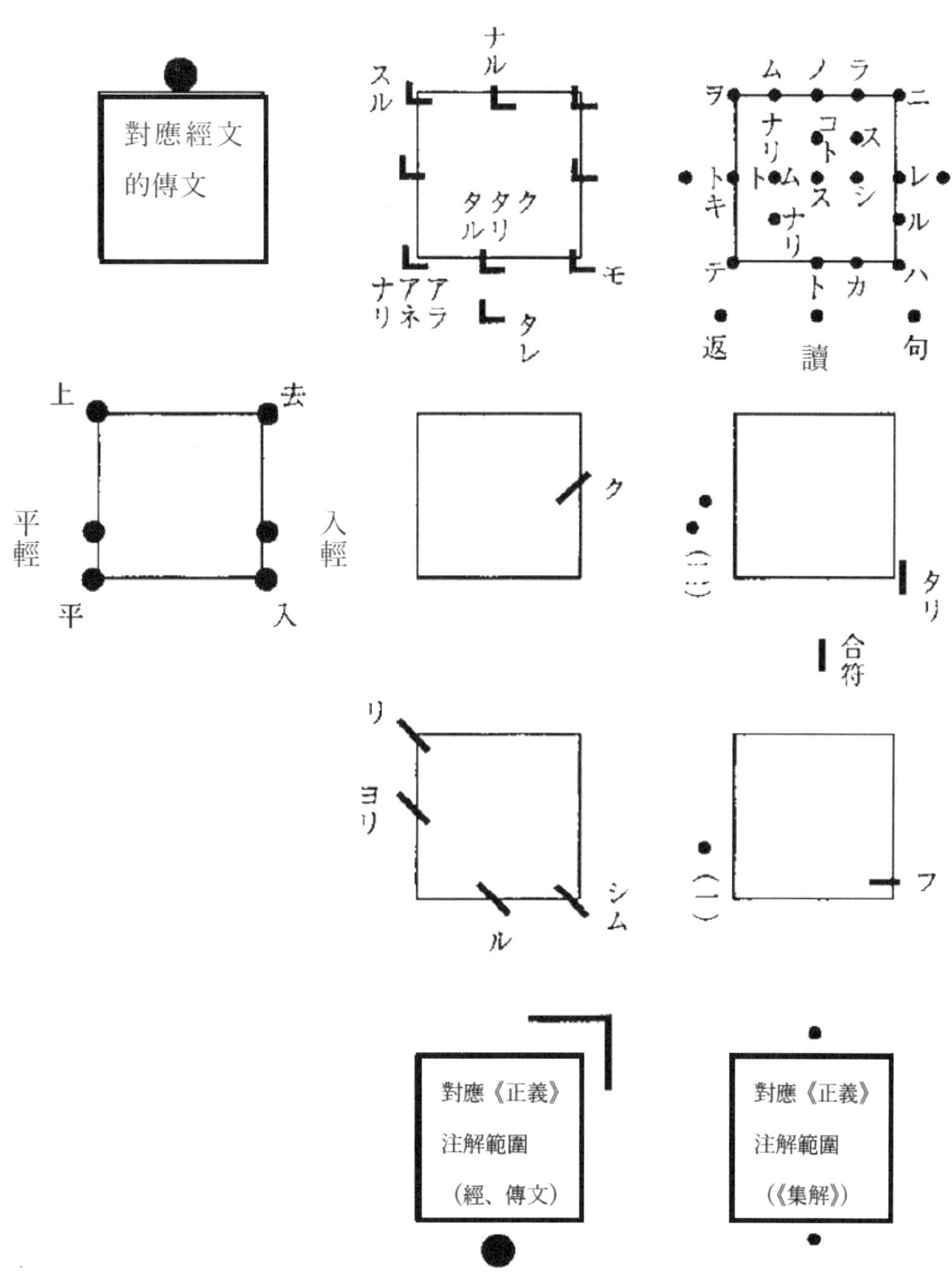
對應經文
的傳文
ナル
スル
タタク
ルリ
ナアア
リネラ
モ
タレ
ム ノ ラ
ヲ
ニ
ナリ
コト
ス
トキ
トム
ス
シ
レ
ル
ナリ
テ
ト
カ
ハ
返
讀
句
上
去
平輕
入輕
平
入
ク
(二)
タリ
合符
リ
ヨリ
シム
ル
(一)
フ
對應《正義》
注解範圍
(經、傳文)
對應《正義》
注解範圍
(《集解》)

2.加點内容與加點方法

本資料並無關於書寫、加點的識語，難以確定加點年代。但全卷加點筆跡極其微細這一特徵和《古文尚書》《毛詩唐風》《漢書楊雄傳》《世説新書》等早有研究的平安中期漢籍加點資料共通。尤其是假名點較少，以乎古止點爲主的加點特徵與《世説新書》《毛詩唐風》類似（不過兩書是第五群點資料）。本資料給人以强烈的加點在平安中期及其以前的印象。

2.1　乎古止點

乎古止點「を」和「に」，字左上角的「を」有119處，右上角的「に」有104處，基本没有不確定的例子，因此可知左上「を」和右上「に」的關係不是簡單的誤點，而顯示着本資料爲第一群點。衆所周知，漢籍訓點資料所用的第五群點是九世紀末以來在天台宗中以第一群點爲基礎成立的，第一群點則是平安初期（九世紀）以來行用的淵源較古的東西。本資料與常用於佛書訓點資料的第一群點有何關係，這是一個問題。本資料乎古止點的形態基本只有單星點、鉤點、綫點三種，與佛書訓點資料相比較爲單純。漢字中軸綫上的星點，從上到下分别爲「の」、「す」、「と」，與第一群點（西墓點、仁都波迦點）的「か」、「の」、「も」也不同。另一方面，星點反映在點壺中被區分得很細緻，這一點和佛書訓點資料相通，關於這一點《毛詩唐風》也同樣，但這些資料具體的點法則互相不一致。雖然同樣是博士家點，紀傳道文本中使用的乎古止點（古紀傳點）很早就定型，但明經道文本的乎古止點到平安中期還沒有得到統一①。本資料的乎古止點似乎是可以與「古紀傳點」相對稱爲「古明經點」的古早形態，但現存漢籍訓點本資料，尤其是平安中期加點資料極其稀少，無法看出與本資料有直接聯繫的系統的乎古止點。

2.2 假名點

假名點只能觀察到9處、12文字（皆朱點，其中包含難以識讀的文字），其點法皆在漢字字畫左右施以極細小筆跡，可以辨認草假名體的「を」、「ひ」、「へ」。現存平安中期漢籍訓點資料使用草假名、平假名和省畫假名這兩種不同的假名體系，隨着時代往後，草假名和平假名使用減少，平安後期以降以省畫假名爲主，只不過還有部分草假名、平假名殘存②。本資料假名點過少，其使用狀況尚不明確，但根據這種推移趨勢，至少可以認爲是與現存平安中期漢籍訓點資料同時期的東西。以下列出所有可以觀察到的例子（所在行數用三位數字表示，乎古止點用平假名，假名點用片假名，補讀則括注片假名。同時原卷經傳單行，《集解》雙行）。

---

① 築島裕（1969）104—105頁。

② 小林芳規（1967）727頁以下。

012 傳文「脩舊好也」脩右側「ヲサ」（乎左）［ヲサ（ム）］

021 集解「成其衆」成右側「云」（ス）［（ナ）ス］

042 集解「相奄密」密右側「ヒ」（［比］）［ヒ（ソカナリ）］

047 集解「告于廟也」告右側一字（疑爲ツ）［ツ（ク）］

052 傳文「夜獲之」獲右側「ツ」（川）［（エ）ツ］

086 傳文「再赴」再右側「タ」（字体作ヒ形）［（フ）タ（タヒ）］

088 傳文「公疾病」病右側「ヘ」（疑爲「部」之偏旁）［ヘ（イナリ）］

094 傳文「鄭子元請爲左矩…」請左下似「ふ也」的文字

105 傳文「射王中肩」射右下兩字（無法判讀）

2.3　合符

合符可見到18處，都是連接漢字中部的口-口形式。其中，有「胥-命」（039經文）、「相-奄」（042集解）之類訓合。這種對音合、訓合不加區分的形態可見於平安初期資料①。

---

① 小林芳規（1979）。

【音合】16例

僭-號（シ）て（011集解） 歆-至を（014傳文） 嘉-耦を（024傳文）

怨-耦（ヲ）（024傳文） 訊-諫（ス）（027集解） 輔-貳（ス）（034集解）

約-言（ヲ）（039集解） 々（戎）-僕なり（050集解） 謙-敬を（063集解）

殷-懃を（063集解） 祭-足（ヲ）（108傳文） 始-殺（シテ）（115傳文）

嘉-美（ス）（122集解） 本-事（140集解） 作-爲す（142集解）

讒-構（シ）て（144集解）

【訓合】2例

胥-命（039經文） 相-奄こと（042集解）

2.4 寫入音注與聲點（破讀）

寫入音注（反切、直音）共有20處，除去無法判讀的1處（039集解「唾」右側），其餘全部包含在陸德明《經典釋文》中（表3）。《經典釋文》内容作爲參考被寫入寫本的現象已有研究[①]，本資料對應部分《經典釋文》條目

① 足利衍述（1932）、沼本克明（1982）、原卓志（1987a）（1987b）。

數爲102條（包括只有字體注的4條），被寫入殘卷的差不多只有兩成（19/98=0.19），這遠少於《古文尚書》《毛詩唐風》等平安中期經書訓點資料。不過另一方面，聲點（爲便行文，將「破讀」也計算在内）有29處，其中22處與《經典釋文》條目一致（22/29=0.76），如表4所示，《經典釋文》音注和實際加點的四聲位置也基本一致。運用寫入音注和聲點兩種方法加點的只有表3所示3例，可以説從整體看，《經典釋文》内容通過寫入音注和聲點兩種方法互補地寫入。

表3　寫入音注與《經典釋文》的關係

位置	出文（聲點）	寫入位置：寫入音注	判定	通志堂本《經典釋文》
029傳文	靖	右側：才井反	○	才井反
029傳文	欒	右側：力官反	○	力官反
036集解	殺（去）	上欄：（所）界反	○	所界反
036傳文	覬	右側：音冀	○	音冀
036傳文	覦	右側：音羊朱反	△	羊朱反字林羊住反説文云欲也
037經文	嬴	左側：音盈	○	音盈
039集解	唖	右側：□□□	—	所洽反
045經文	讙	右側：呼歡反	△	呼端反
064傳文	芮	左側：如鋭反	△	如鋭反國名
082經文	從	右側：如又才用反	○	如字又才用反
084集解	蚣	右側：相容反	○	相容反
084集解	蝑	右側：相魚反	○	相魚反

續表

位置	出文（聲點）	寫入位置：寫入音注	判定	通志堂本《經典釋文》
094傳文	矩	下欄：拒俱甫反	△	俱甫反方陳也下同
097傳文	萃	右側：似類反	○	似類反
101傳文	縫	右側：扶容反	○	扶容反
102傳文	繻	右側：音須	○	音須
115傳文	閉	右側：必計反	△	必計反又必結反字林方結反
116傳文	烝（平輕）	右側：之丞反	○	之丞反
130傳文	汪	右側：烏黄反	△	烏黄反池也
139傳文	向（去）	右側：先亮反（墨）	○	先亮反

*判定：○：與《經典釋文》一致。△：與《經典釋文》部分一致。

表4　聲點與《經典釋文》內容的關係

	平				上				去				入			
	全清	次清	全濁	次濁	全清	次清	全濁	次濁	全清	次清	全濁	次濁	全清	次清	全濁	次濁
平	2															
平輕	1															
上								1								
去	1								6		7	2				
入輕															1	
入															1	

2.5　用於對照《正義》的標識符號

在經書訓點資料的學習中，與《經典釋文》一樣被利用的還有孔穎達所編《正義》，這一點已被廣泛接受[1]。本資料第37行「經三年」上欄有朱筆「正六」（《正義》卷第六）注記，也可以見到在《集解》（雙行小注）開頭、結尾處以朱筆點發之例（多所剥落，亦有類似空心圈點者），這些點發與《正義》標示起止的部分（「注…至…」）一致。雖然也有《正義》標起止但不見朱筆點發的例子（28例），但《正義》不標起止的部分則無法確認到朱筆點發。這應該可以看作原來加點剥落，而本資料顯然參照了《正義》。

一方面，部分經文傳文書寫中也夾有鉤形印記和較大的點發，這些部分與被點發的《集解》一樣都與《正義》標起止一致。《正義》雖標起止而無法見到鉤形印記、較大點發的例子（5例）也存在，可以與《集解》部分同樣看成剥落的結果。

這種在經文（單行）中用鉤形朱印、較大朱點表示與《正義》的對應關係，在注文（雙行）中用朱點表示與《正義》的對應關係的方法在《春秋經傳集解》保延五年點中無法見到（但彼處有引用《正義》的批注）。在《古文尚書》資料群中，這也是只見於平安中期點的現象，由此可以窺見平安中期對經書的訓讀、加點存在一定類型。

---

① 山田孝雄（1932）、石塚晴通（1983）、小助川貞次（2005）。

表5　用於對照《正義》的標識符號（《集解》）

	有《正義》	無《正義》
有朱點	2（14）	0
無朱點	23	48

（）内爲存疑之例，不計算在内。

表6　用於對照《正義》的標識符號（經傳文）

	有《正義》	無《正義》
有朱鉤	2（1）	0
無朱鉤	5	—

（）内爲存疑之例，不計算在内。

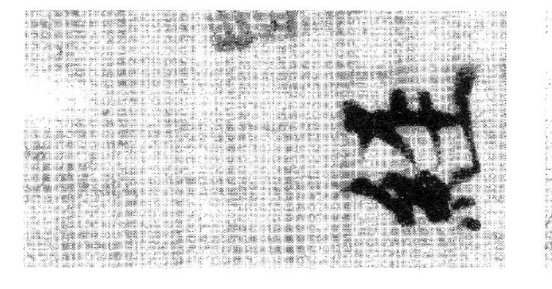

圖1　「正六」（行037）

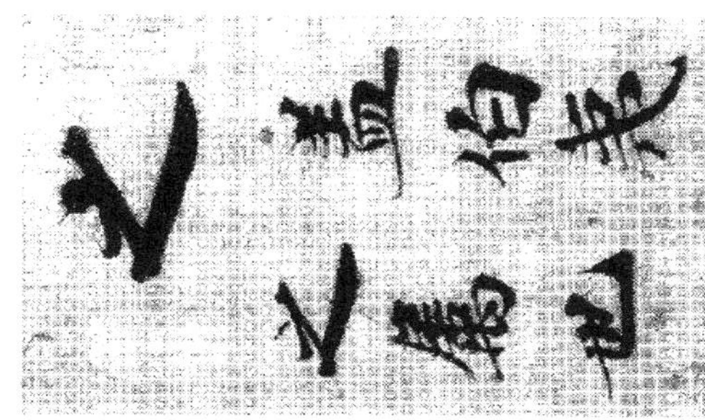

圖2　朱筆點發（行004《集解》）

圖3　朱筆鉤印、朱點（行020傳文）

2.6 用於對應經傳文的「科點」

《春秋經傳集解》文本由《春秋》經文、解釋經文的《左氏傳》（傳文）與用雙行小注表示的解釋經傳的杜預《集解》，一年經傳文爲一個文本單元。但經傳文並不一定一一對應，也有無傳之經（《集解》於此類經文注曰「無傳」）與無經之補傳等情況，某傳文解釋經文中哪一條有時不好判斷。簡略表示此種關係如下（…爲杜預《集解》，數字爲按照經文次序標上的連續編號，字母表示無經之傳）：

經某年：經1…經2…[無傳]　經3…　　　經4…

傳某年：傳1…　　　　　傳3…傳A…　傳4.1…伝4.2…伝B…

本資料中與經文對應的傳文開頭加有「科點」（●）（一條經文對應兩段以上的傳文時，第二段以下的傳文開頭不施加「科點」），傳文中可見的「科點」有22處，傳文與經文對應，但也沒有「科點」之例有9處。其中4處是因爲在「傳某年」這種傳文整體開頭而未予加點。剩下5例沒有加點的理由還不清楚，但從整體看這種「科點」顯然是爲了清晰表示經傳對應關係的符號。

這種表示經傳文對應關係的「科點」在《春秋經傳集解》保延五年點也可以見到，這一點與用於對應《正義》的符號情況不同。同時「科點」還廣泛見於其他漢籍訓點資料，在平安中期，它可能不是只用於經書文本的符號。

上文考察的加點内容、加點方法都與現存平安中期漢籍訓點資料相通，顯示本資料加點年代很可能與這些資料同時，乃至更在前一時代。尤其是從用於對應《正義》的符號與《古文尚書》平安中期點一致這一點上可以窺見漢籍訓點資料特別是經書的訓讀、加點有着共通的學問基礎。

3.假名點和訓稀少的理由

3.1 「學問活動較少」的假設

本資料既然與平安中期漢籍訓點資料有着相通的性格，那麽，爲什麽很難看見假名點和訓呢？因爲訓讀、加點是對漢文的解讀工作，加點稀少，似乎可以認爲是因爲支持這種解讀工作的學問活動並没有充分展開。但如上所述，本資料顯然與平安中期經書訓點資料有着共通的學問基礎，以加點稀少爲理由無法否認學問活動的存在。

3.2 「顯示某種加點階段實態」的假設

我們看到訓點資料，容易將其默認爲完成加點的資料。這是自識語有「點了」之語的一些資料類推而來的結果，但像本資料這種没有識語的情況，實際上並没有完成加點的證據。進而，本資料的加點可以認爲是有「文本對校——科點、句讀、破讀、注釋書的參考引用——乎古止點——假名點」這樣階段性的加點工序①。這樣考慮，假名點和訓稀少的理由就容易説明了。

3.3　「假名點和訓有必要性」的假設

如果認爲本資料未完成加點，那麼在接下來的假名點加點階段究竟要施加什麼樣的假名點（和訓）呢？本資料有雙行小注的杜預《集解》，也參照了《正義》《經典釋文》等注釋書，這一點是確實的。其中，杜預《集解》和《正義》的内容多是説明制度文物、故事、專有名詞（人名、地名）或文章表現、文本邏輯，一字一句解釋文本的訓詁學内容則非常稀少。與《漢書・楊雄傳》天曆二年點顔師古《集注》（雙行小注）和《漢書》諸家注（批注）中可見「A，B也」類型的注釋形成對照。以下舉本卷開頭部分爲例：

武王克商遷九鼎于雒邑（002傳文）

（集解）九鼎殷所受夏九鼎也武王克商乃營雒邑而後去又遷九鼎焉時但營雒邑未有都城至周公乃卒營雒邑謂之王城即今河南也故傳曰成王定鼎于郟鄏也（002—004）

---

① 小助川貞次（2006）。

（正義）注九鼎至郟鄏○正義曰據宣三年傳知九鼎是殷家所受夏九鼎也戰國策稱齊救周九鼎顔率謂齊王曰昔周伐殷而取九鼎一鼎九萬人挽之九鼎八十一萬人挽之挽鼎人數或是虛言要知其鼎有九故稱九鼎也知武王遷九鼎於洛邑欲以爲都者鼎者帝王所重相傳以爲寶器戎衣大定之日自可遷置西周乃徙九鼎處于洛邑故知本意欲以爲都又以商書洛誥説周公營洛邑則知武王但有遷意周公乃卒營之地理志云河南縣故郟鄏地也武王遷九鼎焉周公致太平營以爲都是爲王城至平王居之言既今河南城者晉時猶以爲河南縣成王定鼎宣三年傳文（據藝文印書館八册本《十三經注疏附校勘記》）

可見注釋書説明中只記載了「九鼎是什麼」（《集解》《正義》）、「遷九鼎在營建都城上有什麼意義」（《集解》《正義》）、「有關雒邑的考證」（《集解》《正義》）、「《集解》所引傳出典爲何」（《正義》）這些問題的相關論述，對動詞「遷」「克」卻全無説明。另一方面，《集解》訓詁學内容在殘卷中僅能見到以下例子（《正義》亦然）：

・爵飲酒器也（014）→反行飲至舍爵策勳焉禮也（014傳）

・既盡也（041）→秋七月壬辰朔日有食之既（041經）

・驂騑馬也（051）→驂絓止（051傳）

・冬獵曰狩也（067）→經四年春正月公狩于郎（067經）

・宰官也（069）→夏天王使宰渠伯糾來聘（069經）

・外相朝皆言如（079）→夏齊侯鄭伯如紀（079經）

・蚣蝑之屬也爲災（084）→螽（084經）

・萃聚也集成也（098）→既而萃於王卒可以集事從之（097–098傳）

・旝旃也（103）→命二矩曰旝動而鼓（103傳）

・寔實也（120）→經六年春正月寔來（120經）

・汪池也（130）→祭仲殺雍糾尸諸周氏之汪（130傳）

如果從《集解》所釋，爵就應該有「サカヅキ」訓，既就應該有「ツク」訓，驂就應該有「ソヘウマ」訓，狩就應該有「カリス」訓，宰就應該有「ツカサ」訓，如就應該有「ユク」訓，螽就應該有「キリギリス」訓（但若從《集解》後半「爲災」，則或當是「蝗災」），萃就應該有「アツマル」訓，集就應該有「ナス」訓，旝就應該有「ハタ」訓，寔就應該有「マコトニ」訓，汪就應該有「イケ」訓。但尋繹大字部分的文脈，基本無法感受到這種和訓的必要性。這些詞語多是表示事物的名詞，或者如「狩」「如」一般推測應有的和訓就是常用用法，但作爲動詞或副詞，「既」「狩」「如」「萃」「集」「寔」中，「既」用乎古止點加點「く」，爲「（ツ）く」，「寔」用乎古止點加點「ニ」，爲「（マコト）ニ」，則在必要時還是會有加點。

杜預《集解》和《正義》中有敷衍經傳的部分，但經傳表現過於簡潔以致必須要進行日本語解釋，换言之必須用假名點施加和訓的難解語句也不多（全卷不見漢文釋義批注，或許也出於同一理由）。前揭假名點之例，實際上也不是訓詁學問題，應該考慮本資料是否有與其他平安中期漢籍訓點資料的和訓不同的加點意圖。至少，本資料難以見到假名點和訓，或許不是因爲在乎古止點階段中斷了加點工序，而是本來就没有用假名點施加和訓的必要。

另一方面，《經典釋文》雖出反切、直音，但實際上還是以揭示字音别義的「破讀」爲多。例如「爲」字，《經典釋文》標注「于僞反」時，就不是平聲的「成爲」「製作」之意，而應當理解爲去聲的「爲了」之義，可以看成是與「A，B也」同類的訓詁學注釋内容（在好、上、少、殺、中、見等字中情況相同）。

故祭天遠爲百穀祈膏雨也（114集解）（「爲」字有去聲點）

故（ニ）天（ヲ）祭（リ）遠（ク）百穀（ノ）爲（ニ）膏雨を祈（ルナリ）［也］

不過這些破讀都與常用漢字的意義相關，聲點（破讀）的加點只要能顯示出這個字屬於哪種讀法的範圍，换言之，只要能表示出在多音之間的選擇結果，其加點的功能就充分實現了。

4.「假名點没有必要性」的假設

上文推測資料中難以見到假名點和訓，是因爲本來就没有如此加點的必要，那麽如何理解下面這兩點呢？第一，本資料加點密度與後世資料例如《春秋經傳集解》保延五年點相比有相當的差距；第二，用乎古止點表現的内容，如果用假名點加點就會更加明確，減少誤讀可能，爲什麽還是特地要用乎古止點呢？

·朔日有食之既《無傳既盡也…》（041經文）

既字有乎古止點「く」：（ツ）く（「盡」之意）

·傳五年春正月甲戌己丑陳侯鮑卒再赴/也（086傳文）

赴字有乎古止點「く」：（ツ）く（「告」之意）

「既」字乎古止點「く」雖然有《集解》「既盡也」爲參考，但也可能讀爲「（コトコト）く」（《觀智院本類聚名義抄》中「既」（佛下末11裏）「盡」（僧中8裏）均記爲「コトコトク」），「赴」也可能讀爲「（オモム）く」（《觀智院本類聚名義抄》中「赴」（佛上36表）除「ツく」外第一訓就是「オモムく」）①。這兩例都是

① 讀「赴」爲「ツグ（告）」蓋據《左傳》序文「赴告策書，諸所記注，多違舊章」《釋文》「（赴告）告古毒反一音古報反崩薨曰赴禍福曰告」。

在文字下方的鉤點，與另外3例（（042集解「既」、079集解「起（赴）」、089傳文「赴」））一起解釋爲「ッ」亦無不可。但另一方面「獲」（052傳文）加有假名點「ッ」（（エ）ッ），如果此乎古止點是「つ」，那麽如「獲」讀所示，另外選擇假名點「ッ」不選擇乎古止點「つ」的理由就無法説明了。

如此看來，假名點並非全無必要，似乎也有一些用乎古止點並不能充分加點的地方。

圖4　乎古止點「く」（左041、右086）

圖5　假名點「ッ」（052）

5.訓點資料展開史中本資料的定位

解決上面這一問題的關鍵在於本資料在訓點資料發展史中的定位。上文通過考察加點内容、加點方法，提出了本資料可能是與現存平安中期漢籍訓點資料同時代或更在前一時代的推測。平安初期漢籍訓點資料今雖不存，但從後世有關漢籍訓點資料的批注、訓讀狀況的記録和《日本紀私記》、《宇多天皇宸翰周易抄》等現存資料來看，可以推測當時的漢籍訓點資料是以萬葉假名爲主的全卷加點資料或單行點本①。佛書在奈良時代末期就有了加點資料，僅平安初期（九世紀）現存資料也有百種左右，其中萬葉假名較多，這也更增强了上述推測的可能性。另一方面，現存漢籍訓點資料加點方法的起源被認爲是平安中期（十世紀）從天台宗吸取了乎古止點（第五群點）和省畫假名加點手法的結果②。本資料乎古止點是第一群點，而第五群點正是在天台宗中以第一群點爲基礎發展出來的，由此，本資料可以在這一發展中得到定位。

近年來，以對敦煌文獻中的角筆符號、注記的調查研究爲基礎，小林芳規博士提出了「（智證大師）圓珍在唐

---

① 小林芳規（1967）165頁以下。

② 中田祝夫（1954）439頁以下、小林芳規（1967）738頁以下、築島裕（1969）106頁以下。

時習得，歸朝後也繼續使用的『點』是以科段點、句讀點爲主，類似敦煌文獻加點的東西」的重要見解①，平安中期漢籍訓點資料中共通的句讀、科點、破讀、聲點、注釋也可能是經由天台宗被導入漢籍的新樣中國學問。應該承認漢籍訓點資料與天台宗的關係。

那麼，下面一點如何理解呢？法國國家圖書館藏P. 2509《春秋經傳集解》（僖公二十八年經—三十三年末尾）中存在與本資料和《古文尚書》平安中期點所見科點形態類似的符號。

傳28年「初楚子王（113）——曰莫余毒也已●（125）

「是會也（153）——壬申公朝于王所《集解》●（158）

傳29年「介葛盧聞牛鳴（179）——問之而信《集解》●（180）

傳30年「九月甲午（193）吾其還也亦去之●（211）

傳32年「冬晉文公卒（245）——擊之必大捷焉《集解》　（248）

「杞子自鄭（248）——秦師遂東《集解》●（260）

傳33年「晉秦師過周（269）——以間弊害邑若何《集解》●杞子（282）

「晉原軫曰（286）——掩大德《集解》●（306）

---

① 小林芳規（1997）。

「初白季使過冀（311）———文公以為下軍大夫●（319）

同樣的科點可以在大英圖書館藏S. 10《毛詩鄭箋》中看到[①]。這些科點並不表示與《正義》的對照關係，但使用「｣」和「●」來表示「限定特定文本範圍」的功能卻和本資料與《古文尚書》平安中期點類似。不過這些科點也見於佛典，因此不能説是漢籍獨自的東西，但觀察破讀、聲點，可以看到敦煌加點本與日本漢籍訓點資料在同一文本同一處加點的情況[②]。舉P. 2516《古文尚書》（盤庚中末尾）和岩崎本《古文尚書》平安中期點同一處爲例（破讀、聲點加點處加粗表示，《經典釋文》被注字則施加下劃綫）：

P.2516（26行–27行）

我乃**劓**<u>殄</u>滅之亡遺育亡**卑**<u>易</u>種于茲

新邑《劓割育**長**也不吉之人當割絶滅之／無遺**長**其類無使<u>易</u>種於此新邑也》

正文「卑」中央有朱點，雙行小注兩「長」字中央有朱點破讀。

岩崎本（135行—136行）

---

① 小助川貞次（2007b）。

② 小助川貞次（2007c）（2007d）。

我乃劓殄滅之亡遺

育亡卑易種于茲新邑《劓割育長也不吉之人當割地滅／之无遺長其類无使易種於此／新／邑也》

正文「劓」有朱筆去聲聲點，左側有墨筆「魚器反」注記。「卑」有朱筆上聲聲點，「易」有朱筆入聲聲點，「種」有朱筆上聲聲點。小注兩「長」有朱筆上聲聲點，「易」有朱筆入聲聲點，「種」有朱筆上聲聲點。

《經典釋文》［劓］魚器反徐吾氣反　［殄］徒典反　［易］如字又以豉反注同

［長］丁丈反下遺長同

前已指出，日本經書訓點資料受到《經典釋文》强烈影響①，敦煌加點本的破讀卻不一定這樣忠實於《釋文》，而多爲只有常用字意義辨別或類似字體辨別功能的加點②。但如上引例中「卑」字之類不載於《經典釋文》者的一致，以及如諸「長」字一般可以認爲是採用《釋文》「［長］丁丈反下遺長同」之説的部分的一致之類，也可以觀察到一些難以認爲是偶然的現象。這種某一文本固有的加點（加點位置）當然是佛典世界中無法產生的，如果不認爲《古文尚書》這一文本有超越語言、地域的固有的學問基礎，這種現象是無法説明的。至於《春秋經傳集解》，日本現存資料較少，因此無法與敦煌加點本直接比較，但考慮到它也屬於經書範圍，可以推測應該與《古文尚書》情況

① 足利衍述（1932）、沼本克明（1982）、原卓志（1987a）（1987b）。

② 小助川貞次（2007a）。

相同。

漢籍的相關事宜當時不是以佛家爲中心而是以律令制下大學寮、博士家爲中心進行管理，這種制度基本模仿唐制①。然則作爲學問活動的訓讀、加點行爲一開始也應該以中國樣式爲模仿對象。如果從本資料中將乎古止點、返點以及數量很少的假名點除去，其姿態就類似於敦煌加點本而非佛書訓點資料，這讓人推測曾經可能存在過像現存敦煌加點本那樣、没有乎古止點和假名點（也就是只有科點、句讀、破讀（聲點）、注釋等）的中國樣式的漢籍訓點資料。如今關於十世紀以前漢籍訓點資料的推測，除了萬葉假名本或單篇抄出本之外，似乎還可以認爲留存着本資料這樣以句讀點、諸符號和乎古止點爲主的資料。

然則漢籍訓讀、加點的起源發展，在天台宗的影響之外，還有獨立地吸收中國樣式的一條支流。本資料在開闢這種二元論解釋的空間一點上意義重大，同時，也讓人感受到詳細調查現存的漢籍無點資料（唐代寫本、奈良時代寫本）的必要性。

引用文獻：

足利衍述（1932）《鎌倉室町時代之儒教》（日本古典全集刊行会）

① 桃裕行（1947）、仁井田陞（1997）。

石塚晴通（1983）《岩崎本古文尚書・毛詩の訓点》（《東洋文庫書報》第15號）
小助川貞次（2002）《日本国内に現存する文選古鈔本の原本調査に基づく文選訓読についての総合的研究》（科研費報告書，代表小助川貞次）
小助川貞次（2005）《尚書正義との関係から見た古文尚書平安中期点の問題》（石塚晴通先生退職記念会編《日本学・敦煌学・漢文訓読の新展開》，汲古書院）
小助川貞次（2006）《訓点資料が出来上がるプロセスについて》（《訓点語と訓点資料》117輯）
小助川貞次（2007a）《東アジア漢文訓読資料としての敦煌加点本の意義》（《国語国文研究》131號）
小助川貞次（2007b）《敦煌本毛詩鄭箋（S.10）の加点方法について》（科研費報告書《大英図書館所蔵朝鮮本及び日本古書の文献学的・語学的研究》，代表藤木幸夫）
小助川貞次（2007c）《日本語訓点資料における破音の意義》（韓日国際ワークショップ「古代韓日の言語と文字」，待刊於《口訣研究》第20輯）
小助川貞次（2007d）《漢字文化圏における中国語と日本語の訓読加点の様相》（国際シンポジウム「日本漢文の黎明と発達」，二松学舎大学）
小林芳規（1967）《平安鎌倉時代に於ける漢籍訓読の国語史的研究》（東京大学出版会）

小林芳規（1979）《訓点における合符の変遷》（《訓点語と訓点資料》第62輯）

小林芳規（1997）《敦煌文献に加点された角筆の符号と注記及び本邦の古訓点との関係》（《訓点語と訓点資料》第100輯）

築島裕（1969）《平安時代語新論》（東京大学出版会）

築島裕（1996）《平安時代訓点本論考（研究篇）》（汲古書院）

内藤湖南（1930）《春秋経伝集解巻第二跋》（有鄰館複製本巻末附）

中田祝夫（1954）《古点本の国語学的研究（総論篇）》（講談社）

仁井田陞（1997）《唐令拾遺補 一附唐日両令対照一覧》（東京大学出版会）

沼本克明（1982）《平安鎌倉時代に於る日本漢字音に就ての研究》（武蔵野書院）

原卓志（1987a）《古文尚書平安中期点における朱声点・点発について》（《広島大学文学部紀要》第46巻）

原卓志（1987b）《毛詩唐風平安中期点における経典釈文の利用—声点・点発を通して—》（《国文学攷》第114號）

桃裕行（1947）《上代学制の研究》（目黒書店）

山田孝雄（1932）《岩崎男爵家蔵春秋経伝集解巻第十解説》（古典保存会）

楊守敬（1930）《春秋経伝集解巻第二跋》（有鄰館複製本巻末附録）

羅振玉《敦煌本春秋経伝集解跋》（《鳴沙石室古籍叢殘》）

（朱瑞澤　譯）